Volker Demuth

—

Unruhige Landschaften

Der Autor Volker Demuth lebt nach Aufgabe einer Medienprofessur heute als freier Schriftsteller in Berlin. Sein umfangreiches Werk, das mehrfach ausgezeichnet wurde, umfasst Lyrik, Prosa und Essay.

Volker Demuth

Unruhige Landschaften

Ästhetik und Ökologie

Königshausen & Neumann

Bibliografische Information der Deutschen Nationalbibliothek

Die Deutsche Nationalbibliothek verzeichnet diese Publikation in der Deutschen Nationalbibliografie; detaillierte bibliografische Daten sind im Internet über http://dnb.d-nb.de abrufbar.

Gedruckt auf säurefreiem, alterungsbeständigem Papier
Umschlag: skh-softics / coverart
Umschlagabbildung: Elfi Greb, www.bergproduction.de

Printed in Germany
ISBN 978-3-8260-7550-6
www.koenigshausen-neumann.de
www.ebook.de
www.buchhandel.de
www.buchkatalog.de

Inhalt

„Sollte die Realität irgendwem gehören, dann jenen, die sich weigern, sie zu besitzen."

John Burnside, Über Liebe und Magie

Unruhige Landschaften

Die Landschaft, weit draußen und von den unverdrossen wachsenden urbanen Ansammlungen aus schwer zu sehen, rückt heimlich ins Zentrum. Dabei denke ich nicht an die Flut von Landschaftsmagazinen, nicht an die anhaltende Konjunktur der Tier- und Landschaftsfilme und ich meine damit auch nicht die zunehmende Sehnsucht von Stadtgesellschaften, auf dem Land umgeben von schöner Landschaft zu leben, und sei es auch bloß am Wochenende. Nein, Landschaften rücken auf andere Weise ins Zentrum unserer gegenwärtigen Welt.

Erstmals in der Geschichte zeigt sich die Gesamtheit irdischer Landschaften menschlichem Einfluss und zivilisatorischen Einwirkungen ausgesetzt. Wir begegnen in der Landschaft nicht mehr dem Fremdartigen, dem uns gegenüber stehenden Natürlichen, wir treffen vielmehr auf uns selbst, unsere eigene Spur, unser selbstgemachtes Unheil, unsere eigenen progressiven Gespenster. Seitdem die Aufmerksamkeit für die »Umwelt« gewachsen und mit wissenschaftlichen Forschungen unterlegt worden ist, entsteht ein Bewusstsein über die ökologische Verarmung und Bedrohung von Landschaften. Die Pauperisierung ist von der Klassentheorie in die Ökosphäre hinüber gewandert. Landschaften sind zum Problemfall geworden, und das Nachdenken über sie muss so umfassend sein, wie es die Schwierigkeiten und innigen Verknüpfungen des Lebens sind, denen wir in ihnen begegnen.

Nicht oder schwach besiedelte Landschaften nehmen siebenundneunzig Prozent des Festlands der Erdoberfläche ein, wobei die Hälfte der Weltbevölkerung sich auf nur einem Prozent der Landfläche zusammenballt. Dennoch ist der überwiegende Teil der Landschaften aus ihrem natürlichen Zustand, in sich selbst – das bedeutet: in zyklischen Abläufen und selbstorganisierenden Ereignissen und Gleichgewichten – zu ruhen, durch anhaltendes menschliches Einwirken in Unruhe versetzt worden. Durch ihre ursprünglichen biologischen Balancen werden natürliche Räume in einer bewegten Ruhe gehalten, deren Verschiebungen in aller Regel in Zeiträumen vonstattengehen, die Lebewesen die nötigen Modifikationen und Anpassungen erlauben. Durch die moderne Zivilisation, durch die von ihr ausgelösten ruhelosen und rasenden Bewegung kippen die feinen räumlichen Gleichgewichte des nichtmenschlichen Lebens. Die entstehende Unruhe zeigt sich in semantischen wie sachlichen Bewegungen, von denen hier zu sprechen sein wird, weil sie nicht allein die Eigenart bearbeiteter und beeinflusster Landschaften umwandeln. In Wahrheit hat die Dynamik menschlicher Eingriffe inzwischen ein Ausmaß erreicht, womit die allmähliche Denaturierung innerhalb eines einzigen Menschenlebens in eine oft irreparable Zerstörung übergegangen ist. Was Regenwälder waren, sind nunmehr erodierende Steppen. Flussauen haben sich in monokulturelle Produktionsflächen der Agrarindustrie transformiert. Und aus vielfältigen Naturgebieten wurden dichte, lebensfeindliche Verkehrsräume.

Zwischen dem, was ich hier integrale Landschaften nennen werde, wo ein zwischen sozialen Einheiten, politischen Strukturen und naturräumlichen Bedingungen langsam gewachsenes Lebensgefüge besteht, und den Landschaften unsrer Gegenwart klafft ein zivilisatorischer Sprung. In den dramatischen Landschaften äußerster Unruhe, wie wir sie im Verlauf der Moderne weit über die westliche Welt hinaus geschaffen haben, wird der zentrale Konflikt unserer Zeit ausgetragen. Nicht zwischen einem weltlichen und göttlichen Gebot wie in antiken Tragödien. Auch nicht zwischen aristokratischer Macht und sittlichen Normen wie im bürgerlichen Trauerspiel. Dieser Konflikt betrifft das Leben als Ganzes. Er verläuft, grob gesagt, zwischen lokalem Lebensraum und globalem Wirtschaftsraum.

Zusehends häufiger und immer drastischer werden die Ausmaße von brennenden, vertrocknenden, schmelzenden, überfluteten und überschwemmten Landschaften. Tatsächlich sind die Szenarien, mit denen die Medienwirklichkeit durch Bilder verheerender Taifune und riesiger Waldbrände, von schwindendem Polar- und Gletschereis, sich ausdehnenden Wüsten und verlandenden Seen angereichert wird, für uns inzwischen allgegenwärtig. Ergänzt werden sie durch cineastische oder wissenschaftliche Simulationen vom apokalyptischen Niedergang weiter Landstriche des Erdballs in der absehbaren Zukunft. Die Ökonomien der Katastrophe sind zum einträglichen und globalen Vorführprogramm unserer Zeit geworden. Sie erzeugen Kapital und Aufmerksamkeit, also jene beiden Leitwährungen, durch die das Gesellschafts- und Wirtschaftssystem am Laufen gehalten werden. Es ist vielleicht noch nicht entschieden, doch erscheint es mir nicht unwahrscheinlich, dass die Ökonomie der Katastrophe eine Unterbehörde jener Macht ist, für die sie signiert.

Mediengesellschaften neigen dazu, ihre Wahrnehmung nach dem Grad der in Aussicht stehenden Emotionen zu organisieren. Durch ihre Verkopplung mit der gesellschaftlichen Öffentlichkeit einerseits und wissenschaftlicher Forschung andererseits bleiben sie im Grunde an Fakten und Erkenntnisse gebunden, zumindest solange eine gegenteilige Politik der Macht dies nicht ändert. Dass tiefgreifende klimatische Veränderungen und deren Ursachen beharrlich geleugnet, dass die Zerstörung weiter und wertvoller Landschaften durch die Auswirkungen menschlichen Handelns abgestritten werden, folgt einem ähnlichen Reizschema wie das Gegenteil der Katastrophenbilder. Mehr als jeder Glaube haben Unwahrheiten ihre Orthodoxie. Die Alarmisten indes entwickeln oft kaum weniger ausgeprägte orthodoxe Züge wie die Beschwichtiger und Leugner, und so stellt sich am Ende lediglich die Frage, welcher Glaube letztlich der mehr seligmachende sein kann.

Trotzdem wäre in der heutigen Lage, wo es um die Zukunft des Lebens auf der Erde und folglich darum geht, ob wir eine in weiten Teilen zerstörte Welt hinterlassen, nichts unangebrachter als Zynismus. Die Aufdringlichkeit des Faktischen ist dermaßen drückend, dass die brachiale Schädigung, ja die Zerstörung des Planeten durch eine unersättliche Zivilisation die wahrscheinlichste Variante ist, welche die Zukunft der Menschheit bereithält. Der Eindruck lässt sich allerdings nicht einfach wegwischen, dass gerade an Stellen, wo in der öffentlichen Debatte über Klima, Umwelt oder Biosphäre debattiert wird, angstgeleitete Mechanismen der Problemverarbeitung greifen, die hauptsächlich dazu führen, eine Distanz herzustellen, durch die es gelingt, eine vermeintlich souveräne Sachlichkeit, einen Übersättigungsüberdruss oder schlichte Resignation zwischen unser Leben und dessen Gefährdung zu schieben. Das Verschweigen und Verdrängen ist in der Thematisierung aktiv. Dabei geht es, sehr konkret und äußerst lebensnah, um jene Landschaften, in denen wir alle, jeder einzelne von uns lebt, und die in Wahrheit unsere Lebensgrundlagen darstellen, weil weder Milch noch Brot aus dem Supermarkt kommen.

Wo eine globale Menschheit nach und nach zu verstehen lernt, wer den Preis für die Übernutzung, Auslaugung, Erosion und Verwüstung der Landschaften bezahlt und dass es am Ende nicht nur tierische und pflanzliche Organismen sein werden, sind wir heute aufgefordert, nicht bloß politische Kulissen zu schieben und am offiziellen Skript der Gesellschaften ein wenig herum zu korrigieren. Sowenig wie es ausreicht, neoromantisch in Landschaftsstimmungen einzuschwingen oder Fake-Tales vom heilen, friedvollen Landleben weiterzureichen, so ungenügend ist es auch, nach dem Bild einer idealisierten reinen Natur, Reservate für Pflanzen und Tiere einzurichten, die ihrer Eigenart entsprechend einräumen müssen, einer Logik von Isolation und Ausschließung zu unterliegen. Worum es tatsächlich geht, sind folgenreiche Veränderungen innerhalb unserer kulturellen Grammatik und ihrer elementaren Begriffe. Landschaft ist einer der bedeutungsvollsten davon, vor allem dann, wenn wir ihn in einer intensiven Verbindung von Ästhetik und Ökologie denken.

Obwohl es doch naheliegt, versteht es sich keinesfalls von selbst, der ästhetischen Ordnung des politischen Handelns im Rahmen ökologischer Belange unsere Aufmerksamkeit zuzuwenden. Es ist durchaus bemerkenswert, dass die Ästhetik innerhalb der politischen Ökologie nach wie vor nicht die ihr zukommende analytische Beachtung erfährt, denn tatsächlich ist der Naturraum seit Erschaffung erster ästhetischer Objekte, von an Höhlenwände gesprühten oder in Mammutelfenbein geschnitzten Tieren, zum symbolischen Raum von Artefakten geworden, und an diesem Zivilisationssprung hat sich auch unter den Bedingungen der fotografischen Bilderzeugung oder des *Landscape writing* nichts verändert. Im Gegenteil, die ästhetische Symbolisierung natürlicher Räume hat eine neue Qualität erreicht.

Kulturgeschichtlich erwachsen daraus menschliche Gestaltungsspielräume, die Natur neuen Konfigurationen unterziehen, sie in eine formalisierte Größe verwandeln oder zur Inszenierung der Gegenwart herrichten. Mit jedem weiteren Zeichen, das dem Repertoire hinzugefügt wird, wachsen auch die Möglichkeiten, Landschaften zu imaginieren, sie in der Vorstellungskraft zu machtvollen Gebieten umzuformen oder visionären ästhetischen Entwürfen auszuliefern. Nicht zuletzt gehören zu den fantastischen Umarbeitungen auch jene oftmals literarischer Imagination entstammenden politischen Utopien, die Landschaften wie »Atlantis«, »Taprobane« oder »Bensalem« zu verheißungsvollen Räumen sozial befriedeter, gerechter und maßvoller Gemeinschaften machen – oder sie der gegenteiligen Entwicklung preisgegeben sehen.

Während Landschaften in aller Regel von naturschützerischem Moralismus und einer Politik des ökologischen Aktivismus ungestüm vereinnahmt werden, entgeht beharrlich die Bedeutung ihrer ästhetischen Dimension. Das ist umso verhängnisvoller, als gerade dadurch die wesentliche Voraussetzung außer Acht bleibt, wie wir, gewissermaßen in einem primären, unumgehbaren Akt, auf Natur und Landschaft blicken, wie wir sie erleben und auf welche Weise sie in unserer Vorstellungskraft geformt wird. Was wir damit am Ende unglücklicherweise verfehlen, ist die ästhetische Ordnung ökologischer Praxis, ist der grundsätzlich ästhetische Akt von Repräsentation. Und das bedeutet nicht weniger, als dass jegliches Engagement seiner unverzichtbaren Grundlage entbehrt: der Repräsentation seines Gegenstands.

Vor diesem Hintergrund kann es geradezu paradox anmuten, wenn das Erleben von Landschaften zu den bevorzugtesten ästhetischen Neigungen zählt. Warum wirken sie auf uns so faszinierend? Was ist so besonders daran, durch ein Hochmoor zu streifen oder an Feldgehölzen entlang zu spazieren? Landschaften verlocken, befremden, ergreifen oder erwecken Schauder in uns. Seit jeher wurden sie als Objekte von Bezauberung und Angst erlebt. Trotz moderner Urbanisierung ist ihre Anziehungskraft ungebrochen. Und das ändert sich auch nicht, wenn wir uns in Lebensstile einfügen, die von einer spätmodernen Widersprüchlichkeit gezeichnet sind. Die mobilen Milieus mit ihrem urbanen Nomadismus, täglich innerhalb von Städten und Jahr für Jahr zwischen zahllosen Metropolen unterwegs zu sein, verspüren gleichzeitig wachsende Lust, in Naturlandschaften zu reisen, um dort Urlaub zu machen, um die Seele in etwas baumeln zu lassen, nach dem sie sich sehnen. Eine Seelenlage, deren typischen Zwiespalt schon Tucholsky 1927 ironisch lyrisierte: *»Eine Villa im Grünen mit großer Terrasse, / vorn die Ostsee, hinten die Friedrichstraße, / mit schöner Aussicht, ländlich-mondän, / vom Badezimmer ist die Zugspitze zu sehn – / aber abends zum Kino hast dus nicht weit. / Das Ganze schlicht, voller Bescheidenheit.«*

Wer die Möglichkeit dazu hat, reist an idyllische Karibikstrände, wandert im Andengebirge oder macht Rafting auf nepalesischen Flüssen. Gleichzeitig sehen wir auf unseren mobilen Bildschirmen die arktische Kryosphäre wegschmelzen und erwarten den Niedergang weiter Landstriche des Erdballs in der absehbaren Zukunft. Eine der rätselhaftesten Fragen dieser Zeit lautet daher, warum Fehlentwicklungen so lange nicht wirklich wahrgenommen wurden? Warum waren die meisten blind und unempfindlich für die Zerstörung von vormals intakten Landschaften? Weshalb wurden nur wenige dadurch berührt, wenn riesige Seen austrockneten, und weshalb waren wir nicht zutiefst bestürzt darüber, dass das komplexe Leben aus so vielen Landschaften verschwand? Schließlich: Aus welchem Grund fällt es so schwer, auf all die groben Fehlentwicklungen mit einer angemessenen Veränderung unseres Handelns und unserer Lebensweise zu reagieren?

Ich bin mir bewusst, wie sonderbar es sich zunächst anhört, doch mir scheint der Hauptgrund ein ästhetischer zu sein: Das Sensorium für die Koexistenz von Natur und Mensch, so bedeutungsvoll wie nirgendwo sonst in den Landschaften dieser Erde, wird von einer Vernunft anthropozentrischer Bedürfnisse aggressiv überformt und abgestumpft. Es konnte für moderne Subjekte nicht sein, was vernünftigerweise nicht sein durfte, weil als rational galt, was tatsächlich das Verhalten von *»rational fools«* (Amartya Sen) war: Landschaften als endlos manipulierbare Objekte zu behandeln. Die konstruktive Vernunft nutzte dabei jede weitere ihrer Konstruktionen zur Abschirmung unserer Sensitivität, nicht nur, doch insbesondere vor der Landschaft. Um diese Blockade der unmittelbaren Wahrnehmungsfähigkeit – und damit auch der Berührbarkeit – zu lösen, führt der vielversprechendste und wahrscheinlich auch einzige Weg meines Erachtens über die Einsicht, dass Landschaften von ästhetischen Voraussetzungen und Wahrnehmungsstrukturen eingefasst sind, die uns dazu anleiten, wie wir ihnen gesellschaftlich begegnen, welche Sinnlichkeit und welcher Sinn daraus geschöpft werden kann und was wir als Gesamtzivilisation aus ihnen machen.

Wie nehmen wir wahr, was wir wahrnehmen? Wie wird, was wir wahrnehmen, zu dem, was ist, was unsere Realität ausmacht? Was spüren, hören, riechen wir, wenn wir uns in bestimmten Landschaften aufhalten? Wo öffnen oder verschließen sich unsere Sinne? Als Dominique Denon, von Haus aus Porträtmaler und Schriftsteller, der als späterer Generaldirektor der französischen Museen Napoleons Kunstraubzüge in Europa organisierte und den Louvre mit der Beute ausstattete, im Gefolge von Napoleons Ägyptenfeldzug 1798 die für Europäer noch unbekannte nordafrikanische Wüste erkundet, erlebt er das als nihilistischen Schock. Er gerät in den Sog von Grenzenlosigkeit und eines deprimierend leeren Raums. *»Mit einem Worte: es bleibt das Nichts!«* Während die scheinbar zivilisationsferne Unwirtlichkeit, worin in Wahrheit angestammte Ethnien seit langem ihr Lebensgebiet gestalten, zur Wahrnehmung von furchterregender Unwirklichkeit gerät, erscheinen andere fremde Landschaften beispielsweise Paul Gauguin als Paradies, wo die menschliche Existenz augenscheinlich mühelos und absolut natürlich anmutet, auch wenn das nur wenig mit der kolonialistischen Realität Tahitis am Ende des 19. Jahrhunderts zu tun hat.

Über das Erlebnis von Nichts und Paradies, über die Wahrnehmung eines lebensfeindlichen Territoriums oder rousseauistischer Naturlandschaft, entscheiden verbreitete Haltungen, kulturelle Erwartungen und kollektive Ideen. Wie andere unserer Wahrnehmungen auch ist die Eindrücklichkeit und Anmutung einer Landschaft nichts Reines, das unverfälscht von draußen durch die Schleusen der Sinnesorgane in uns hinein fließt. In Wirklichkeit handelt es sich um mentale Designobjekte, an denen mehrere Gestalter in unserem Gehirn mitwirken, ohne dass uns das im Regelfall auffällt. So spielen Impressionen ausnahmslos vor dem sie konturierenden Hintergrund allgemeiner Theorien und Begriffe, sie werden geformt von Einstellungen und Interessen. Während sich Theoriebildung und kognitive Erwartung allerdings vor der sinnlichen Realität nicht selten abschirmen, hauptsächlich wenn sie als Störung und Perturbation auftritt, fällt es umgekehrt ausgesprochen schwer, die Ästhetik vor der Theorie zu schützen.

Um den theoretischen Code aus Landschaften herauszulesen und über Möglichkeiten andersartiger Codierungen nachzusinnen, dürfte es folglich alles andere als überflüssig sein, sich noch einmal ins Bewusstsein zu rufen, dass wir das, was regelmäßig als »Umwelt« bezeichnet wird, zunächst mit den Sinnen wahrnehmen. Erst dann fassen wir es mit dem Verstand auf, bilden möglicherweise wissenschaftliche Hypothesen, und ergreifen und verändern es gegebenenfalls mit den Händen. Allerdings hat sich diese Reihenfolge als Teil der dialektischen Aufklärung in der wissenschaftlichen Moderne umgekehrt: Wir wissen in aller Regel bereits bestens, was die »Umwelt« für uns zu bedeuten hat und was wir mit ihr vorhaben, ohne sie zuerst eingehend mit unseren Sinnen abzutasten, zu erfahren und sensuell zu modellieren. Wir haben bereits vorgesehen, was wir sehen. Diese spezifische kognitive Art der Vorsehung wirkt als fataler Wahrnehmungssuppressor.

Das neuzeitliche Wissen und seine Praxis funktionieren in hohem Grad als Negation oder zumindest Selektion von Wahrnehmung. Sie schalten unsere sensorische Intelligenz aus, eine durchaus instrumentierte Wahrnehmungssensibilität, bereit dem Einzelnen und der Verbindung aller Singularitäten Beachtung und Achtung zukommen zu lassen, im Vorrang von Verstehen und Vorstellen und in ethischer Skepsis gegenüber Anwenden und Herstellen. Auf diese Weise verhindern beide Instanzen der Kultur, Wissen und Praxis, höchst wirkungsvoll eine intensive, dichte Realität, die zu einem veränderten, aufmerksameren, emotional berührten Verhältnis zu Landschaften führen könnte. Ein Grund, weshalb Wissen und Praxis auf diese Weise verfahren, liegt in meinen Augen darin, dass eine berechtigte Furcht vorherrscht, aus dem ästhetischen Vorgang der beeindruckbaren Wahrnehmung könnten sich zweifelnde, subversive und obstruktive Energien entwickeln. Der Grad des ästhetischen Bewusstseins, das wir von Landschaften erlangen, käme demnach einer direkten politischen Übung gleich. Aus der Perspektive von Herrschaft, sei sie politisch oder ökonomisch, ist die Steigerung sinnlicher Souveränität als dysfunktionale Größe einzustufen.

Ich werde in diesem Buch unter Landschaft ein Bezugssystem mit ungemein vielen Falten und Formen verstehen. Landschaft ist ein verwirrender Bereich von Beziehungen, während Natur idealerweise ›an sich‹ zu denken ist. Die Verlagerung vom naturhaften, fremden ›An sich‹ – für Hegel galt Natur als das *»Anderssein«* schlechthin – hin zur Landschaft als Beziehungsform setzt Ästhetik zwingend voraus, und zwar in ihrer elementaren Eigenart, in ein und demselben Moment eine sinnliche, emotionale und kognitive Begegnung zu sein. Wir riechen Landschaften, horchen nach ihrem Klang, empfinden ihre Temperaturen und Windströmungen, spüren die Feuchtigkeit auf der Haut, sehen die Lichtstimmung und das Formenspiel darin. Und diese angereicherte, dichte Sensualität wird uns auf eine kulturell geformte, unverwechselbare Weise bewusst. Allein unter der Voraussetzung ästhetischer Begegnung verwandelt sich das ›An sich‹ von Natur, oder die abstrakte Vorstellung davon, zur Landschaft.

Für die Ökologie leiten sich daraus zwei grundlegende Feststellungen ab: Die Ästhetik geht, um es nochmals zu wiederholen, allen ökologischen Vorstellungen und Vorschlägen voraus. Und: Ökologie hat es nie mit der Natur an sich zu tun, sondern stets mit Landschaften. Landschaft, fassen wir sie nicht als Natur-Substanz sondern als noch näher zu beschreibende komplexe Beziehung auf, ist das eigene Andere des Betrachters, sobald er sich auf diese abenteuerliche Begegnung mit Fremdheitscharakter einlässt. Landschaft realisiert sich exakt in der Bewegung zwischen Naturalem und Sozialem, ein Zusammentreffen – und letztlich Durchwirken –, wie es ohne ästhetische Akte niemals zustande käme. Jeder Mensch, der im Raum fühlt und denkt, steckt in dieser Bewegung bereits mitten drin. Mit anderen Worten: Um ihn her verschwindet die Umwelt, denn er ist jetzt selbst Umwelt in Form einer Landschaft. Er ist beteiligt an der Landschaft, kann sich von ihr nicht ausnehmen. Er ist Mittäter.

Diese aktive, bilaterale Rolle hat zum Anfang des 19. Jahrhunderts Alexander von Humboldt klarsichtig hervorgehoben, wenn er Landschaft als Gesamtheit aller Aspekte einer Gegend ausweist, wie sie von Menschen wahrgenommen werden, sinnlich beobachtend, fühlend und kognitiv deutend. Der umfassenden *»Naturwahrheit«* näherzukommen verlange, *»die lebendige Schilderung der Organismen (der Thiere und der Pflanzen) in ihrem landschaftlichen, örtlichen Verhältnis zur vielgestalteten Erdoberfläche (als ein kleines Stück des gesammten Erdenlebens)«*, wobei zu der maßgeblichen *»ästhetischen Behandlung«* natürlicher Phänomene auch gehört, den *»Charakter der Landschaft darzustellen«*. Rezeption und Repräsentation bilden zwei anspruchsvolle Seiten eines einheitlichen Aktes von landschaftlichem Erkennen, der in seinem umfassenden Anspruch misslingt, wenn er nicht ästhetisch vermittelt ist.

Humboldt reagiert auf eine historische Spaltung. Im 18. Jahrhundert trennt sich die Wirklichkeit in eine objektive, von Wissenschaften erforschte Empirie und in eine subjektive, von Dichtung und Kunst vermittelte Erfahrungswelt. Die einzigartige Erfahrung, das, was die Natur mit einem Menschen macht, hat in der bewusst gefühllosen Untersuchung durch Wissenschaften nichts zu suchen. Das Individuum, die situierte Wahrnehmung, fällt, wogegen sich Humboldt wendet, aus dem Bild, das Wissenschaft von Landschaften erzeugt, methodisch heraus. Die monopolisierende Epistemologie der Naturwissenschaften wirkt als Filtersystem einer weitaus reichhaltigeren und komplexeren Wirklichkeitserfahrung, was zu einer verengten, Sonderinteressen preisgegebenen Realitätskonfiguration führt. Die bis heute ungelöste Frage lautet: Wie kann eine Wissenschaft, die das Individuelle und Menschliche ausschaltet, in ihren (Sonder-) Zeichen und Fachsprachen Landschaften und Naturräume abbilden, die für menschliches Leben tauglich sein könnten? Wenn in den Methoden der Wissensbildung strikt davon abgesehen wird, was Landschaften mit uns machen, wie sollen wir dann ein angemessenes Bewusstsein davon entwickeln, was wir mit der Landschaft machen dürfen – und was nicht?

Humboldts *»ästhetische Behandlung«*, nicht zuletzt von Landschaft, antwortet auf diese Zivilisationsfrage. Gleichzeitig erweitert sich im 18. und 19. Jahrhundert das allgemeine Verständnis von Ästhetik, die korrelierenden Vermögen sinnlich-körperlicher Wahrnehmung und geistiger Auffassung, in der speziellen Ästhetik, gegenwärtig in den verschiedenen Formen von Kunst, um seine besondere Reflexionsform. Neben der Wissenschaft mit ihren datenproduzierenden Apparaturen vollzieht sich traditionell vornehmlich innerhalb der Kunst die vielschichtige semiotische Bewegung, woraus in exemplarischen Zuschreibungen jene eigentümlichen Landschaften – und Landschaftsvorstellungen – sichtbar und spürbar hervorgehen, auf die sich Ökologie oder Ökopolitik, wie vermittelt und unbewusst auch immer, in der einen oder anderen Weise beziehen. Um solche exemplarischen Landschaften soll es in diesem Buch gehen.

Landschaften sind prekär geworden. An vielen Orten sehen wir sie in ihrer Eigenart bedroht oder bereits stark beschädigt, weil sie ihnen zugewiesenen Funktionen unterworfen werden. Angesichts der täglich deutlicher werdenden Folgen muss die strukturelle Gewalt einer diktierenden Moderne dringend hinterfragt werden. Damit aber insbesondere auch ihre Ästhetik. Im Prozess der Kultivierung von Naturräumen und der Urbanisierung von Kulturlandschaften werden in aller Regel neunzig Prozent der ursprünglich dort lebenden Organismen vernichtet. Wo diese enorme biologische Abtötung und monotone Vernutzung landschaftlicher Räume in den Blick geraten, wo ein Viertel aller Treibhausgasemissionen aus Land- und Forstwirtschaft stammen und in der Folge ganze Lebenssysteme durch Artensterben und Klimakrise irreparabel geschädigt werden, bedarf es keiner prophetischen Hellsicht, um vorherzusagen, dass die nichturbanen Landschaften eine maßgebliche Rolle dabei spielen werden, umzudenken und umzusteuern.

Falls die Zukunft nicht wie bisher in der Gegenwart verbraucht werden soll, falls die Moderne sich also zur Selbstkorrektur bereit erklärt, gilt es sowohl in der theoretischen Ausformulierung wie in der realen Ausgestaltung einer globalisierten Zivilisation, Landschaften eine vorrangige Rolle einzuräumen. Das setzt voraus, dass ein neuer Begriff von Landschaft unsere fragwürdige Vorstellung von Natur genauso ablöst wie er das Sentimentalitätsflackern der neuerdings wiederentdeckten Heimat hinter sich lässt. Um zu verstehen, was Landschaft sein könnte, wenn sie nicht mehr gleichbedeutend mit natürlicher Ursprünglichkeit oder empfundener Identität ist, bietet sich vor allem ein Weg an: Bildern und Vorstellungen nachzugehen, die sich über Jahrhunderte als äußerst wirkkräftig, beweglich und nicht selten als widersprüchlich herausgestellt haben. In den allermeisten Fällen besteht, was die Sache nicht unbedingt leichter macht, eine Landschaft aus der Überlagerung mehrerer Landschaften. Die entstandene semantische Unruhe soll hier Anlass für ein Nachdenken sein, an dessen Ende es darum geht zu begreifen, welch lebenswichtige Zukunftsressourcen sich in Landschaften im planetarischen Zeitalter anreichern.

Jede Landschaft ist ein Zeichenraum, versehen mit unterschiedlichen ästhetischen Bedeutungen und kulturellen Chiffren, mit historischen und alltäglichen Mythen. Landschaften erstrecken sich in einem weiten symbolischen Raum, der von spontaner Schwärmerei und dem poetischen

Lyrismus bis zu geodätischen Vermessungen und den Zahlen von Bodenanalysen und Ackererträgen reicht. Sie zu entziffern, umzudeuten oder neu zu erschaffen, dazu haben wir die konkreten Aktionen von Zuschreibung, Sinnbefrachtung und Verwissenschaftlichung ebenso in Betracht zu ziehen wie die mannigfaltigen Entwürfe von Landschaftsbildern. Dabei ist, wie bei allen Bildern und Zeichenprozessen, der Rahmen entscheidend: die kulturelle, gesellschaftliche, politische, wissenschaftliche, ökonomische, religiöse Einordnung. Gerade bei besonders wirkungsstarken Bildern, wie wir sie uns von Landschaften machen, ist das der Fall. Die Landschaft ist demnach als Teil dessen zu betrachten, was ich an anderer Stelle *Topische Ästhetik* genannt habe.

Ich vermute, wir sind als Menschen alle Lokalisten. Nicht, weil wir am angestammten Boden kleben oder bestimmte Orte in Gefühle und Wunschvorstellungen einspinnen. Lokalisten sind wir, weil man jede Tür und jeden Traum auf einen Ort und eine Landschaft hin öffnet. Lokalist aber ist man deswegen auch nur als ein universeller Lokalist. Und man ist es ausschließlich in dem Bewusstsein, dass Landschaften nicht als Naturtatsachen vorkommen. Stattdessen sind sie Gebilde, in denen die vielfältige konstruktive Energie einer unüberschaubaren Zahl an ästhetischen Begegnungen steckt. Unter dieser Vorgabe sind Landschaften mehr oder weniger weitläufige Vorrichtungen, die von gesellschaftlichen Gruppen geformt wurden und noch werden, dazu angetan, ihnen einerseits das Leben und Überleben zu gewährleisten und andererseits für sie Möglichkeiten der Selbstdeutung und Selbstgewissheit zu organisieren. In ästhetischer, von Malern, Schriftstellern oder Landschaftsarchitekten durchgeführter Arbeit, im wissenschaftlichen, ökonomisch-landwirtschaftlichen, ökologischen oder medialen Zugriff entsteht das moderne Gebilde Landschaft, das, abhängig von Kulturräumen, sehr besondere, vielgestaltige und widersprüchliche Eigenschaften ausbildet. Eigenschaften, die eine erstaunliche Beweglichkeit aufweisen.

Integrale Landschaft

Die begriffliche Beweglichkeit von Landschaft vermittelt sich, sobald man typisierenden Merkmalen nachgeht. Landschaft war – ebenso wie Heimat – zunächst ein politisch-rechtlicher Begriff. Dem Heimatrecht ähnlich, das nur diejenigen erteilt bekamen, die in einem bestimmten Gebiet Eigentum und Grund besaßen, sind es formale – rechtlich und politisch gefüllte – Verhältnisse, wodurch der erste Sinn von Landschaft bestimmt wird. Diese spezifische Form entfaltet sich inhaltlich, nämlich konkret und praktisch, als Lebenslandschaft. Gemeint ist damit ein Raum, der natürliche und soziale Kräfte in sich vereint und sie zu einer eigentümlichen Lebensweise verbindet. Landschaft bildet den integrierenden Rahmen für ein geologisch-biologisches Territorium, die dort ansässigen Personen ebenso wie für ihre politische Struktur und Repräsentation. Sie zieht in Formulierungen wie *»gemaine landtschaft«* (Johannes Kessler) natürliche und gesellschaftliche Gegebenheiten in einen Wahrnehmungs- und Handlungszusammenhang hinein.

Ursprünglich, seit den Tagen des Mittelalters, band Landschaft die Physis einer Gegend und jene Menschen, die in ihr als Gemeinschaft wirkten und ihr Dasein zubrachten, zu einer untrennbaren Lebenseinheit zusammen. Jedem, der das Wort in den Mund nahm, rief es, ob man sich dessen nun bewusst war oder nicht, die nicht lösbare Verbindung von Landstrich, Leuten, Geschichte und Natur in Erinnerung. Diese Bedeutung behält bis zu Goethe und Justus Möser ihre Gültigkeit. Die zunächst formale Landschaft benennt also die Bedingung der historisch geschaffenen Zusammengehörigkeit von rechtlich-politischen Strukturen, sozialen Gruppen und natürlicher Umgebung. Eine vielschichtige Synthese, die geteilte Werte, Weltauffassungen, Arbeitspraktiken, Gestaltungsweisen und Traditionen beinhaltet. Sie kann die kollektive, allmendeartige Bewirtschaftung von *»common pool resources«* (Elinor Ostrom) einschließen.

Landschaft impliziert den Menschen, und die Landschaft wohnt Menschen inne. Diese räumliche Implikation bezeichnet ihre grundlegende Verbundenheit. Wie der Körper die Landschaft durchdringt und formt, durchdringt die Landschaft den Körper, indem sie seine Wahrnehmungen und Gesten formt. Man musste sich bücken, um Ähren zu lesen oder Stecklinge zu pflanzen, und (ich machte das selbst noch in meiner Kindheit neben der Bauerngroßmutter) sich hinknien, um stundenlang Kartoffeln vom Feld zu sammeln. Gesten, die im sakralen Raum ritueller Ehrfurcht wiederkehrten.

Die integrale Landschaft ist ein miteinander geteilter, mitgeteilter – ein symbiotischer – Lebenszusammenhang, worin sich auch Nichtmenschliches preisgibt, Tiere, Pflanzen, Bodenbeschaffenheit oder klimatische Eigenheiten. Landschaften sind seit je umgetrieben von einem nicht oder nur teilweise versprachlichten Wissen, die Dinge zu tun, wie es den Erdbewohnern angemessen und zuträglich ist, unabhängig ob in landbearbeitenden oder extraktionistischen Kulturen. Ein Know-how der Gegenseitigkeit, das Vergangenheit und Zukunft in die gegenwärtige Praxis einbindet. Und dazu ein Wissen, das ausnehmend exakt und bewährt ist, ohne endgültig zu sein, was es erweiterbar macht, nicht zuletzt durch wissenschaftliche Forschung, durch welche die Qualität integralen Wissens jedoch irgendwann tiefgreifend verändert wird. Bis dahin, bis zu den agrartechnologischen Optimierungen, stellen Landschaften als das große Terrarium von Zucker und Eiweißen, von Zellen und Organen weniger eine Herausforderung für Nutzenvergrößerung und Gewinnsteigerung dar, sie stellen vor allem Fragen über Sinn und Sein, Bedeutung und Wert des Lebens, das in ihnen stattfindet.

Wären wir in der Lage, dieses tiefe Geflecht von Lebensordnung und landschaftlicher Sinnhaftigkeit noch zu erfahren, so würden wir etwas Weiteres wahrnehmen. Über tausende von Jahren hinweg war es nämlich nicht vorstellbar – und in vielen Kulturen ist es das bis zum gegenwärtigen Zeitpunkt nicht –, Landschaften als Raum ohne göttliche Präsenz aufzufassen. Was die westliche Moderne der Landschaft rabiat ausgetrieben hat, den Sitz des Heiligen, hätte vor nicht langer Zeit als Frevel am integralen Raum des Lebens gegolten. Das profane Profil von Landschaft zu sehen, wie wir es heute im Westen für selbstverständlich erachten, bedeutet in Wahrheit, auf eine Form des Negativen aufmerksam zu machen, worin die sakrale Dimension ersatzlos gestrichen wurde. Nichts kann seither in Landschaften die Stelle einer Anwesenheit von Transzendenz einnehmen, mit der wir uns in die Lage versetzen könnten, den menschlichen Zugriff auf Landschaft in eine umgreifende Ordnung einzufügen. Umso unmissverständlicher verweist gerade die Leerstelle des Göttlichen auf den Umstand, dass die integrale Landschaft eine höchst komplexe Identität im Sinn einer dichten Beziehungsform zum Ausdruck bringt. In ihr liegt eine Form heiliger Dankbarkeit, in der die Güte der aus der Landschaft gewonnenen Güter die Güte der Menschen dieser Landschaft gegenüber als einem Teil der gesamten Welt auslöst.

Symbolisiert in sakralen Zeichen erschließt sich die ethische Dimension integraler Landschaften. Es handelt sich um ein Ethos der Bezogenheit, nämlich in einem Gefüge mit anderem Leben zu existieren. Integrale Landschaften beruhen auf einer Ethik der Mitlebewesen, in die sich Menschen eingefügt wissen. Das wehrt Überheblichkeit ab, weil jedes Leben auf anderes Leben verwiesen bleibt, von dem es lebt und dessen Leben es für wert erachtet zu sein. Dass es eine bestimmte Landschaft ist, von der sich sowohl das individuelle wie das vergemeinschaftete Leben nährt, benennt die fundamentale Erfahrung des natural-sozialen Integrals. Damit verweist es auf den ökosphärischen Sachverhalt der Gabe zurück, auf jene *»Bewandtnisganzheit«* (Martin Heidegger) einer Umwelt, aus der menschliches Leben zusammen mit anderen Mitlebewesen seine Selbsterhaltungs- und Reproduktionsmittel erhält. Die bewirtschaftende Lebensform der Subsistenz erfüllt sich im Bezug auf Landschaft als einer *»umweltlich besorgten Mitwelt«*. Nichts liegt hier außerhalb einer Menschenwelt, die allein mit anderen, mit nichtmenschlichen Lebewesen zur tragfähigen Lebenswelt taugt. Nachdem der Dualismus von Mensch und Natur sich unter diesem Blickwinkel als Fehlkonstruktion entlarvt, ist nicht zu übersehen, dass mit dem Bezogenheitsethos die Landschaft zur politischen Sache wird.

Ästhetische Landschaft

Ein Sprung innerhalb der semantischen Agilität von Landschaft vollzieht sich im 17. Jahrhundert, zunächst in Italien und Frankreich, zeitlich verzögert in anderen europäischen Ländern und in transatlantischen Gebieten. Der Sprung ist markant und verlagert die Landschaft in die Kunst. Im Vorfeld der Aufklärung setzt sich die Konvention durch, unter Landschaft etwas Künstlerisches, nämlich ein Genre der Malerei zu verstehen. Seither wird Wahrnehmung, Konzept und Wert von Landschaft durch eine kunstästhetische Gattung geprägt. Dabei rangiert die Landschaftsdarstellung in der Rangfolge der Bildgattungen, deren Spitze mythologische und religiöse Themen einnehmen, im unteren Bereich, unter den Genrebildern, doch vor Stillleben.

Eine rasch breiter werdende sozial-semantische Bewegung führt bereits nach einigen Jahrzehnten dann von der künstlerischen Gattung zur Erlebnisweise. Unterschiedliche Naturgegenstände, die im Bild zu einer landschaftlichen Bedeutungseinheit komponiert werden, besitzen fortan im sensibilisierten Ich ihre Vereinigungsinstanz und ihren Echoraum. Mit den Landschaftsreisen des 18. Jahrhunderts wird Landschaft zum auslösenden Material für sinnlich-mentale Effekte. Das bürgerliche Landschaftserlebnis entwickelt die Empfindsamkeit zum Rezeptor für Natur. Dabei lassen sich erstaunliche emotionale Spannweiten gewinnen. Das Gefühl setzt sich unbekannten, gefahrvollen und arkadischen, Landschaften aus. *»Das ungeheure Wilde«* (Goethe angesichts der Schweizer Alpen) und das Bedrohliche, wo man sich *»auf einmal verlassen in der Gewalt des feindseligen, unbekannten Elementes«* fühlt (Eichendorff im Strudengau), gehören ebenso dazu wie Landschaften, die *»lustig und anmutig«* wirken (Ernst Moritz Arndt in der Donaulandschaft bei Krems).

Man spricht über sich selbst, über sein Inneres, wenn man über Landschaften redet. Wo sich in der sensiblen Konversation für die Dramaturgie der Seele neue Möglichkeiten erschließen, schwingt das Empfinden zwischen Schrecklichem und Schroffem, Unkultiviertem und Ungezähmtem, Schönheit und Anmut beinahe unkontrollierbar hin und her. Die *»romantische Lage«*, von der August von Platen spricht, erfordert es jedoch, sich in die Domänen des Widersprüchlichen und schwer Vereinbaren zu begeben. Bewusst setzt man sich dem Zweifelhaften und Obskuren, Nebel und Nacht, aus, was manchen Zeitgenossen bald suspekt, sogar krankhaft vorkommt. Dennoch ist nun die Kulturströmung so, dass viele sich zum Dunklen, Fragmentarischen, Nächtlichen, Wilden und Lebensfeindlichen hingezogen fühlen. Zum Ruinierten, Zerklüfteten und Zerfallenen. Die emotionalen Vibrationen, einschließlich all der Schauder von Gefährdung, die das auslöst, werden jetzt in Briefen und Reisejournalen wie von medizinischen Apparaten aufgezeichnet und wie Verwaltungsakten mit genauem Ort und Datum versehen. Nicht lange wird es dauern, bis das Wild-Romantische als Vergnügungsfahrt gebucht wird, und eine Frühform von Tourismus Landschaften von ihrer integralen Form zum ästhetischen Objekt verwandelt.

Landschaft als inneres Erlebnis – und sogar ein Forschernaturell wie Humboldt meint mit romantischem Widerhall, Natur müsse dargestellt werden, *»wie sie sich im Inneren des Menschen abspiegelt«* – bedeutet: Aus Landschaften werden ästhetische Zeichenräume, deren Signifikanten auf kein Objekt abzielen, sondern psychische Ereignisse erzeugen. Sie sind aus dem praktischen Lebensvollzug ausgekoppelt. In der Gefühlspolarität der *»romantischen Lage«* erklimmt die Landschaft ihren seitdem unerreichten Gipfel als psychisches Stimulans und ästhetisches Erregungsmedium. Der emotionale Kick, der dazu auffordert, in immer schwierigere, entlegenere Terrains vorzudringen, wird entscheidend für eine sich anbahnende Moderne der Extreme. Die angeblich unschuldige, reine Landschaft bietet dafür das Übungsgelände. Angesichts eines solchermaßen expandierenden ästhetischen Fassungsvermögens moderner Gefühlsindividuen erscheint es nur folgerichtig, wenn jetzt nicht ausschließlich romantische Naturgebiete goutiert werden. In auffälliger Parallelität nimmt auch die Fähigkeit merklich zu, sich für fremdartige, bizarr anmutende Kulturgebiete empfänglich zu zeigen. Die seelische Kapazität, die sich zunächst im natürlichen Raum erweitert, entwickelt sich zum Trainingsraum für jene unvermittelten, verwirrenden Kontraste, auf die in kulturellen Räumen unweigerlich stößt, wer sich über jene Schwelle hinwegsetzt, die bislang die Gefahrenzone des Anderen bezeichnete.

Gleichzeitig wird die ›freie Natur‹ zum politischen Gegenraum. Wo *›liberté‹* oft nicht mehr als eine idealistische Forderung bleibt, nimmt Landschaft Züge eines utopischen Topos an. Sie lädt sich mit unterschiedlichen Freiheiten auf: dem Freisein von sozialen Konventionen und Normen, von politischen und emotionalen Restriktionen, von Nutzenkalkülen und ökonomischem Druck, von technischen und industriellen Umgebungen, von rationalen Ordnungen wie Leistung, Erfolg, Selbstkontrolle. Der bedeutungsvolle Umriss von Landschaft zeichnet sich in der Auffälligkeit ab, nicht vereinnahmt und so einigermaßen unberührt und autonom zu sein. Ein Ort für sich. Erschlossen als Selbstbegegnungsraum für eine neuartige Naturempfänglichkeit wird sie zum erstrangigen ästhetischen Schauraum voll ungezwungener Naturwüchsigkeit. Was sich da dem Auge darbietet, ist verschwenderisch und ungezähmt. Ein freier, sich selbst gestaltender Natur-Raum. All das schwingt im Enthusiasmus für die unberührte oder ländliche Landschaft mit. Und all das macht sie zur tragenden Säule des Selbst- und Weltbezugs: *»So lange ich athme, werde ich die Natur fühlen«* (Friedrich Stolberg).

Diese Ambivalenz von Stimmung und Politik wird die Landschaft nie wieder los. Für die empfindsame, bürgerliche Innerlichkeit bietet sich die Landschaft verlässlich als Fluchtgebiet aus der politischen Einmischung in die aparte Stimmung an. Vor allem in Deutschland untermalt die Idealisierung des heilen bäuerlichen Landlebens ein konservatives Landschaftsverständnis. Je nach Lage der Dinge kann es entweder gegen die von Städten aus operierende aristokratisch-dekadente Herrschaftsausübung eingesetzt oder umgekehrt zu deren Aufrechterhaltung verwendet werden, wie es beispielsweise großgrundbesitzende Landjunker tun, die mit zunehmender Industrialisierung an Einfluss verlieren. Die konservative Landschaft findet in politischen Verteidigungsstrategien von Privilegien gleichermaßen Verwendung wie als Heimatideologie im Sinne aufkommender nationaler Bewegungen. Es ist beileibe kein Zufall, wenn die Seelen-Landschaft im Nationalsozialismus in einer völkischen Vision auftaucht, wonach »die Deutschen als erstes abendländisches Volk in der Landschaft auch ihre seelische Umwelt gestalten« werden (so das SS-Mitglied und Referent für Landschaftsplanung beim Reichskommissar für die Festigung des Deutschen Volkstums Erhard Mäding).

Desto mehr Erstaunen kann es hervorrufen, wenn am Vorabend des Ersten Weltkriegs, der die vorindustrielle Landschaft zermörsern wird, die Stimmung von Georg Simmel wieder zum Hauptmerkmal von Landschaften erhoben wird. In seiner »Philosophie der Landschaft« leistet Stimmung nämlich gerade das, was für Alois Riehl in dieser Zeit die Kraft des Blicks vermag: sämtliche Einzelerscheinungen – *»Bäume und Gewässer, Wiesen und Getreidefelder«* – im Individuum zur Landschaft zusammenzufassen. Die Stimmung ist treibende Kraft bei der Konstruktion je besonderer Landschaften und bleibt dennoch ambivalent, sofern sie etwas aus Landschaften aufnimmt und verspürt und es gleichzeitig in eine einzigartige Atmosphäre verwandelt. Landschaft ist Ganzes und Teil: Teil der Ganzheit von Natur und Ganzes eines begrenzten Sammelsuriums räumlicher Dinge.

Ohne zu abstrahieren und zu synthetisieren, lässt sich die Kategorie Landschaft in der Erfahrung nicht herstellen. Doch diese geistigen Arbeitsleistungen finden nicht im reinen Denkraum – im transzendentalen Kantischen Kategorienuniversum – statt. Vielmehr sind sie, entworfen durch Akte der Vorstellungskraft, eingebettet in symbolische Zusammenhänge, in kulturelle Semantiken. Obwohl Simmel damit auf den konstruktiven Vorgang der Landschaftsbildung im Individuum nachdrücklich hinweist, bleibt es vornehmlich der Künstler, *»der diesen formenden Akt des Anschauens und Fühlens mit solcher Reinheit und Kraft vollzieht, dass er den gegebenen Naturstoff völlig in sich einsaugt und diesen wie von sich aus neu schafft«*.

Landschaft als malerisch zu beschreiben und damit zu erleben, wie wir es bis heute tun, unterstreicht den modernen ideologischen Input ästhetischer Reaktionsweisen. Das romantische Erlebnis macht jedoch etwas Grundlegendes sehr deutlich: Mit seiner Stimmung, seiner Sinnlichkeit und Kognition ist der Körper unmittelbarer Träger von ästhetischen Landschaftsentwürfen. Innerlichkeit und Intellekt bilden zwei Seiten eines zeichenhaften Gestaltungsablaufs, dessen realer Bezugspunkt der Körper aus Fleisch und Blut ist, der sich durch die Landschaft bewegt, der die Landschaft wahrnimmt und geistig verarbeitet. Der Körper trägt die Landschaft in sich, wie die Landschaft den Körper inkorporiert. Dieser nicht auflösbare und einmal mehr ambivalente Bezug eröffnet unterschiedliche Möglichkeiten von Zeichenwechsel und Austausch der Referenten. Der Körper wird Landschaft und Landschaft zeigt Körperformen. Ein beliebtes Vexier- und Überraschungspiel vor allem im Zusammenhang von Landschaft und Fotografie, das Francis Bacon schließlich innerhalb der Malerei zu einem extremen künstlerischen Punkt transvestierter Orte ausführen wird.

Geometrische Landschaft

Landschaften subjektivieren, Landschaften objektivieren: Das ist die sich allmählich aufbauende Spannung, die bis zum heutigen Tag weitergetragen und noch verstärkt wird. Eine Spannung, in der wir uns als Nachfahren der Romantik befinden und die bis zur phänomenologischen Umweltästhetik reicht. Zur Verfassung des Menschen gehört, dass er Teil des Raums ist, nicht eines abstrakten – logischen oder mathematischen – Raums, sondern von Orten und Landschaften. Jeder Körper kennt sich durch diesen konkreten, sinnlichen Raum, der sich um ihn erstreckt und in dem er sich, hier oder dort, vom ersten bis zum letzten Tag seines Lebens bewegt. Unsere Sichtweisen auf die Welt und unsere sensuellen Orientierungen in der Welt, kurz: unser situiertes Leben, organisieren sich entsprechend einer räumlichen Grammatik. Diese Grammatik beruht seit einiger Zeit auf einem objektivierenden linearen Feld, ähnlich einem Gemälde, das von einem Renaissancemaler entworfen wurde. Das ist kein Zufall, denn die *›perspectiva artificialis‹* bildet das überragende geometrische Modell, womit der Raum geradlinig im optischen Kegel durchmessen und aufgerissen wird.

Findet sich in den französischen Formgärten des 17. Jahrhunderts durch das Vorbild von André le Nôtre, gewissermaßen an der Schnittstelle von Stadt und Land, eine grüne Ästhetisierung der Geometrie statt, so vollzieht das 18. Jahrhundert den Schritt zur Ästhetisierung der Natur, mit gelegentlichen Verstärkungen hin zu einer Theatralisierung. Zur gleichen Zeit bahnt die planende und wirtschaftlich durchdachte Landschaft der Physiokraten den Weg zur Ökonomisierung der grünen Geometrie. Es ist dieser Moment, in dem die räumliche Geste der Landschaft eine Spaltung durchzieht, die sie nicht nur von der integralen Landschaft abtrennt, die vielmehr auch zum hervorstechenden Kennzeichen der Moderne werden wird.

Die Neuzeit ist allgemein dadurch charakterisiert, dass ein lineares Gerüst die Realität mit einer berechenbaren Ordnung ausrüstet, die vom

Privatraum bis zur idealen Stadt reicht. Schauen wir uns nur einmal um, wo wir gerade stehen, auf Badezimmerfließen, Fenster, Wände, Hochhäuser, Plätze. Oder auf die Landschaft mit ihrer linearen Anordnung von Nutzpflanzungen auf Äckern und in Wäldern, der gerasterten Ordnung, die darin herrscht. Die gerade Linie ist jene durchschlagende Idee, jene ideale Konstruktion, welche die gelebten Räume der inneren und äußeren Architektur nicht weniger bestimmt wie sie den von Ingenieurszeichnungen entworfenen Staatsraum aus Autobahnen, Kanälen, Eisenbahnlinien, Leitungen etc. zurichtet. Die optisch-geometrische Revolution der Linearperspektive ist der Sicherheit und visuellen Stabilität westlicher Mentalitäten fest unterlegt. Unwillkürlich erkennen ihre Bewohner in den vektoral nach Linearität und Effektivität organisierten Landschaften die Klarheit kristalliner Systeme, ohne Verwirrung, Verknäuelung, Fraktalität. Diese leicht begreifliche Übersichtlichkeit findet ihre Spiegelung in den zahllosen Stadtplanungen und Landschaftsbereinigungen der Moderne, die sämtlich rationalistische Überschreibungen des Raums sind. Le Corbusier: *»Eine moderne City lebt praktisch von der Geraden. (...) Die Gerade gehört zur ganzen Menschheitsgeschichte, zur menschlichen Zielstrebigkeit, zum menschlichen Handeln.«*

Jede der linearen Projektionen ins mathematisch Imaginäre folgt realen Operationen von Schuss und Schnitt, von Linien und Flächen von Linien, die wie Pfeile durchstoßen oder wie Messer durchschneiden. Die analytische Linie ist gleichzeitig eine invasive und aggressive Linie. Sie ist eine Linie, die seziert. Man kann das nicht nur anhand von Grundrissen und Aufrissen bei Stadt-Körpern beobachten, auch bei Gartenanlagen und Landschaftsplanungen ist es nicht zu übersehen. Selbst naturwüchsig plastischen Naturgebilden gelingt es nicht, sich dagegen zur Wehr zu setzen. Ein eindrucksvolles Beispiel sind jene »Modifikationen« der alpinen Landschaft, die Eugène Emmanuel Viollet-le-Duc am Mont Blanc 1876 vornimmt. Geometrische Formgesetze modifizieren dabei selbst Formationen wie Hochgebirgslandschaften und machen sie zu einem Fall abstrakter Logik.

Viollet-le-Ducs *»geologische Metapher«* löst den Mont Blanc in ein Linien-Netz-Modell auf, das unmittelbar an algorithmische Polygon-Modellierung erinnert. Auf diesem Weg erschließen sich der gestalterisch innovative Aufbau oder mimetische Nachbau ebenso wie Prozesse von Dekomposition. Viollet-le-Duc selbst spricht von Restaurierung. Tatsächlich baut er in architektonischen Konstruktionen den Mont Blanc neu anhand linear-geometrischer Flächen und entdeckt dadurch lange vor der dafür berühmt werdenden Malerei die erste kubistische Dekonstruktion von Landschaft. Nach solcherlei über Jahrhunderte hinweg geleisteten Vorarbeiten perfektioniert sich die geometrische Landschaft in der digitalen Moderne zur algorithmischen Landschaft, in deren realitätstreuen Arealen man sich in virtuellen 3-D-Simulationen tummeln kann.

Hegemoniale Landschaft

Die physiokratische Planungsidee bei der Agrarproduktion verbindet sich im 18. Jahrhundert mit geografischer Landschaftserkundung. Während die Seele durch die ästhetische Landschaft schwingt, gehen die Wissenschaft der Landschaft und die optimale Nutzung von Landschaft eine bis in unsere Gegenwart tragende Verbindung ein. Dabei verbirgt sich in der wissenschaftlichen Vorstellung von Natur bereits ein Motiv der Bemächtigung, von dem man schon früh ein Bewusstsein ausbildet. Richtige Vorstellungen von natürlichen Abläufen werden als Grundlage dafür erkannt, bestimmte Prozesse selbst in die Wege leiten und gewünschte Ergebnisse herbeiführen zu können. Natur lässt sich, heißt das, bei genügender Erkenntnis durch Menschen steuern. Deshalb soll, wo die Theologie göttliche Schöpfung sah, die Philosophie eine wesenseigene Zielbestimmung erkennen wollte und wo die Naturphilosophie mit ihren metaphysischen Relikten bisher den Ton angab, in der Moderne einzig und allein die Erklärungskraft empirischer Naturwissenschaft gelten.

Landschaft ist eine Naturtatsache, sie ist die Gesamtheit des Observablen. Diese Behauptung, die in heutigen Ohren völlig selbstverständlich klingt, beinhaltet in Wahrheit einen epochalen Schritt in Neuland. Denn die Naturalisierung der Natur, und damit auch der Landschaft, schleust sie aus allen metaphysischen Bezügen hinaus. Natur als Gottes Schöpfung, durchwirkt von ewigen Bestimmungen und Kräften, wird Teil eines nostalgischen Modells. Die Landschaft des wissenschaftlichen Naturalismus ist eine der Objektivierung und Distanzierung. Und anstatt Auslöser von Stimmungen wird sie Gegenstand nüchterner Erforschungen und Experimente. Der Fürsorgeraum Gottes, der vermeintliche ›Naturhaushalt‹ (Oeconomia naturae), weicht restlos den Kategorien kausaler und technischer Vernunft. Die wissenschaftlich-technische Rationalität wird zum Hegemon über Form und Inhalt von Landschaft.

Allgemein gilt für hegemoniale Landschaften: Die Anwendung wissenschaftlicher Forschung wird nicht Teil von lebensweltlicher Praxis sondern Faktor der Produktion. Dabei beschreibt die Desintegration integraler Landschaften insgesamt die Strategie hegemonialer Zugriffe. Die Verwertung von Landschaft, die aufgrund moderner Wissenschaft und Technologie optimiert wird, stellt ökonomische Interessen in den Vordergrund. Und sie ist total, reicht von riesigen An- oder Abbauflächen bis zu mikroskopischen DNA-Molekülen. Selbst Sonne und Wind haben mittlerweile ihren in die Landschaft eingefügten Park und werfen Profit ab. Ausnahmslos alles lässt sich bewirtschaften, Wälder und Gewässer, Offenlandschaften und Unterglasplantagen. Aber auch der steigende

Nitratgehalt im Boden und das zunehmende Kohlendioxid in der Luft. *»Das Risiko ist big business«* (Ulrich Beck). Ein Satz, der sich, seit er vor mehr als dreißig Jahren geschrieben wurde, täglich ein wenig mehr bewahrheitet hat.

Längst werden selbst ländliche Areale nicht mehr von der hergebrachten Agrarkultur geprägt, die sich zum industriellen Ertragsmanagement mit High-Tech-Produktion gewandelt hat. Seit jenen Tagen, als man aus bäuerlichem Anbau die eigene Lebensversorgung bezog, ist aus der Landschaft ein bezugsloses Produktionssystem geworden. Wo in den mittleren Jahreszeiten einstmals die Ernte eingebracht wurde, werfen die Felder heute Gewinn ab. Die Bauern, in Landwirte verwandelt und neuerdings in Landunternehmer, deren digitalisierte riesenhafte Maschinen zentimetergenau und selbststeuernd in den Feldern arbeiten, erzeugen häufig keine Nahrungsmittel mehr, wenn sie jetzt auf Riesenflächen Getreide oder Mais anbauen, auch kein Futter fürs Vieh. Was sie produzieren, sind Rohstoffe für die Energieerzeugung. Nach der Kulturalisierung und der anschließenden Industrialisierung folgt jetzt die biokonstruktive Denaturalisierung.

Wenn mit der Technowissenschaft und der Ökonomisierung zwei der die heutigen Landschaften beherrschende Kräfte bereits genannt sind, so kommt eine dritte noch hinzu: Mit der Landschaftsvermessung, dem Aufbau von Katasterämtern und Raumnutzungsplänen gerät die freie Natur unter Aufsicht staatlicher Behörden. Mit ihren nationalen und supranationalen bürokratischen Apparaten senden sie unablässig hegemoniale Steuerungsimpulse aus. Wie und wo könnten romantische Landschaften da noch vorkommen? Manche Landschaften sind Marken, nicht allerdings im alten indogermanischen Wortsinn politischer Grenzgebiete (verwaltet und gesichert von Markgrafen). Sie sind es vielmehr in der neuen Bedeutung einer Vermarktung, die mit Landschaftsmarketing und Landmanagement unterschiedliche Freizeit- und Erlebnisfunktionen entwickelt, um das touristische Potenzial im Wettbewerb um Kunden von Landschaften zu optimieren.

Wir haben uns, so scheint es, in der Mehrzahl daran gewöhnt, Landschaft in zwei Bereiche aufzutrennen: einerseits in einen Erlebnisraum, worin Landschaften als sentimentale Auffanglager und Wellnessbereiche für Zivilisationsmüde bereitgehalten werden und Idyllen ästhetische Relaxantien für den gestressten Psychohaushalt abgeben; zum anderen in einen Benutzungsraum, den wir ausbeuten und aus dem wir so viel Kapital schlagen wie möglich. In bizarrer Parallelität liegen Landschaften mit agrarindustrieller Intensivnutzung und landschaftliche Tourismuskulissen mit Erholungswert unmittelbar nebeneinander. Die Schizophrenie ist offensichtlich. Sie ist vergleichbar mit dem schier unstillbaren Bedürfnis nach leistungsstarken Geländewagen in einem Moment, wo die Verkehrsinfrastruktur endgültig alle Hindernisse beseitigt und jeden Nebenweg ins Grüne geteert hat. Der Verlust wilder Landschaft wird durch die symbolische Behauptung verdeckt und zum technischen Konsum, zur Simulation verwandelt. Andererseits stehen Freizeitwert, Erlebniswert und Nutzwert von Landschaften in einem gemeinsamen kapitalistischen Verwertungszusammenhang. Dieser Kontext ist insofern total, als er symbolisch, ästhetisch, emotional, ökosystemisch und kommerziell determiniert ist. Landschaften unterstehen Interessen und das *»interesselose Wohlgefallen«* (Immanuel Kant) ist eines davon.

Heutige Landschaften sind infolge ihrer Geometrisierung, Technisierung und Kommerzialisierung vom Faktor Beschleunigung erfasst, der sich in ihrem Veränderungstempo und den gewandelten Bewirtschaftungsweisen ausdrückt. Die Transformationen werden in aller Regel durch politische Instrumente unter wirtschaftlichen Vorzeichen gesteuert. Der Planungs-, Erschließungs- und Verwaltungsgrad von Landschaft ist dabei maximal (Raumplanung, Raumordnung, Intensivnutzung, Infrastruktur etc.). Gleichzeitig wird der Zugriff auf Landschaft in der Neuzeit immer unersättlicher: Seit Beginn der Industrialisierung um 1700 wurde fünfmal so viel Naturland weltweit zu Ackerfläche gemacht als zuvor, das Weideland nimmt statt damals zwei Prozent der Erdoberfläche heute ein Viertel in Anspruch. Biologische Habitate unterliegen fortlaufender Fragmentierung, was zu so paradoxen Statistiken führt, dass die Anzahl der Wälder gerade deswegen zunimmt, weil zusammenhängende Waldflächen durch Abholzung zerstückelt werden (beinahe ein Drittel tropischer Waldflächen liegen mittlerweile in fragmentierten Randbereichen). Nicht zu reden von mehr und mehr verdichteten Ballungs- und Verkehrsräumen. Weiterhin machen Flächenfraß und Bodenversiegelung vor Landschaften keinen Halt, verschlingen allein in Deutschland jedes Jahr eine Landschaftsfläche annähernd in der Größe Frankfurts.

Die hegemoniale Landschaft tritt gleichwohl nicht durchgängig monoton auf, sondern, innerhalb der wissenschaftlichen, wirtschaftlichen und administrativen Ordnung, in gewissem Umfang durchaus divers. Auch für Subjektivitäten im postindustriellen Digitalzeitalter kann sie im weltweiten Zugriff ein aufregendes Abenteuergelände und hedonistischen Exotismus bereithalten. Sie ist Wellness-Areal und Regenerationszone, Fluchtraum vor Selbstdisziplinanforderungen und *›Saferoom‹* vor den Angriffen eines stressorischen Leistungsalltags. Landschaft bleibt funktional eingebunden in den Bedürfnishaushalt der Erwerbsindividuen und des *›human capital‹*.

Dramatische Landschaft

Klassischerweise ist das Drama der Ort, an dem zwischen Menschen und Göttern die allgemeine Ordnung, der Kosmos, verhandelt wird. Dramatische Landschaften sind Teil jenes Kosmos geworden, wo sich das Leben insgesamt in Frage gestellt sieht. Sie sind die Arena des heutigen kosmischen Konflikts, in ihnen wird der Kampf um die gültige und für das Überleben maßgebliche Ordnung ausgetragen. Einer der unbestritten machtvollsten Akteure in dieser Auseinandersetzung ist eine Wirtschaftsform, die mit ihrer Dynamik gewaltiger Produktivkräfte und globalen Wachstums nach wie vor unangefochten die ökonomische Moderne kennzeichnet. Ihr Steigerungsimperativ ist strukturell gekoppelt an expandierende Märkte und Überflussgesellschaften. Ihr historisches Versprechen ist Arbeit, Sinn und Wohlstand. Und für einen Teil der Welt ist jene Verheißung tatsächlich wahr geworden. Würde das Konsum- und Wohlstandsniveau etwa Deutschlands der gesamten Menschheit jedoch zur Verfügung stehen, bräuchte es eine dreimal so große Erde, die Bedürfnisse zu befriedigen. Was nur heißen kann, der Verteilungskampf an Rohstoffen, Waren und Wohlstand, existiert, so gut er auch versteckt oder verdrängt werden mag, real in jedem Moment zugunsten weniger und zu Lasten vieler. Vor allem jedoch wird dieser Kampf auf dem Rücken der globalen Landschaften ausgetragen.

Die Umwelt, in der ein solcher Kapitalismus agiert, ist zwar nur zum Teil die »Natur«. Doch dieser Teil, gleichgültig ob es sich dabei um Rohstoffe, Weideflächen, Regenwälder oder Gene handelt, ist im Verhältnis zum Humankapital oder zu staatlichen Ordnungsleistungen mittlerweile zum ausschlaggebenden geworden. Übersetzt in eine rastlose Dynamik von Renditen, materiellen Ansprüchen (ihrerseits übersetzt in Komfort und Smartness), Technologiesprüngen und Konsumgewohnheiten, offenbart die normative Ausweglosigkeit des Immer-Mehr zunehmend ihre innere Tendenz zur Zerstörung. Wenn ›Natur‹ nicht mehr Natur ist, sondern insgesamt zur Ressource wird, ob belebt oder unbelebt, haben sich die Vorzeichen für Landschaften fundamental verändert. Die vorrangig funktionale und ökonomische Deklination von Landschaft spricht in ihrer formalen Sprache das Formlose, die Destruktion, stets mit. Mittlerweile erreichen die Gründe dafür zu glauben, dass die kapitalistischen Versprechungen für die globale Zukunft einen bedrohlichen Unterton besitzen, eine Dichte, die die Kraft von Evidenz aufweist.

Denn das helle Licht, in dem die kapitalistische Welt bis vor Kurzem leuchtete, hat sich durch Umweltzerstörung, unmäßige Ressourcenbewirtschaftung, Artenvernichtung und Klimakrise unverkennbar verdüstert. Und das beruht nicht lediglich auf einem diffusen kulturellen Pessimismus, sondern auf mit hoher Wahrscheinlichkeit vorhersehbaren oder bereits real spürbaren Effekten der modernen Logik: Erschöpfung, Sättigung und Übernutzung. Der größte Antreiber dafür ist die weltweite Kapitalisierung der Landschaften aufgrund der Landnahme durch Investoren, die Landschaft als Renditeobjekt behandeln wie Immobilien, Aktien oder Unternehmen. Annähernd zwei Drittel der land- und forstwirtschaftlichen Fläche ist etwa in Deutschland nicht mehr in bäuerlicher Hand sondern – in einer Art neofeudalistischem Zustand – im Besitz von Investoren, was die Landschaft unter verstärkten Produktivitätsdruck setzt. Angesichts der permanenten Vergewaltigung der Landschaft, eines schändlichen, expansiven und historisch einzigartigen Exzesses von Ausbeutung, dem ein weltweit etabliertes Kulturideal steigenden Konsums und eine ökologisch ruinöse wirtschaftliche Konkurrenzmechanik zugrundeliegt, kann niemandem mehr entgehen, dass mit der anhaltenden und noch forcierten Produktion von Wirtschafts- und Verbrauchswachstum, wie wir es nun seit zwei Jahrhunderten kennen, die Reproduktion irdischer Ressourcen, und damit das Leben selbst, auf dem Spiel steht. Die Verantwortung für das kollaborative Kollabieren großer landschaftlicher Lebensräume lässt sich nicht einfach wegschieben.

Gleichwohl verfehlt die Apokalypse, wer sie an einem mehr oder weniger fernen Punkt der Zukunft erwartet. Die Apokalypse ist kein Ereignis, sie ist eine Dauer. Sie wird nicht sein, sie ist. Und sie lässt sich an der Realität, gestützt von wissenschaftlichen Daten, ablesen. Die Bestandsaufnahmen der Verluste variieren, sind in ihrer Gesamtheit jedoch eindeutig. Tausende Kilometer Landschaftshecken sind allein in Deutschland verschwunden. Aus sechsundneunzig Prozent der Bäche sind die ursprünglichen Tierarten inzwischen verschwunden, von der Kieselalge bis zu Bachmuschel und Edelkrebs. Innerhalb von vier Jahrzehnten nahm die Zahl einst häufiger Vögel wie Sperlinge, Schwalben oder Stare im Raum der Europäischen Union um 600 Millionen Einzelwesen ab. Vor allem bei Arten des Kultur- und Offenlands war der Schwund extrem. Über neunzig Prozent Kiebitze, Rebhühner und Bekassinen verschwanden in diesem Zeitraum. Nachtrapp und Ziesel ganz. Zwei Drittel der Biomasse von Insekten vernichtet. In jüngerer Vergangenheit ebenfalls ausgestorben: Getreidemiere und Leinlolch. Sumpfschildkröte, Braunkehlchen und Brauner Schnellkäfer nahezu unauffindbar. Die Ästhetik des Unsichtbaren wird zum dokumentarischen Format von Landschaft, in dem sich abbildet, was zur vollendeten, absoluten Repräsentation wurde, zum Zeichen, das auf nichts mehr trifft, nicht einmal auf Dämonen. Die Zunahme des Unsichtbaren ist Ergebnis hegemonialer Landschaften, die sich in dramatische Landschaften verwandeln.

Ist es ein gnadenloser Eroberungskrieg, den wir gegen unsere natural-sozialen Lebensräume führen? Unstrittig ist, die Moderne geht mit ihrer Zivilisationsform als imperiales Subjekt vor, das aus ehemals stabilen Lebensräumen durch Strategien der Dominanz unruhige, inzwischen sogar dramatische Landschaften gemacht hat. Sie entsprechen sehr präzise der kolonialistischen Logik, in althergebrachte, integrale Lebensgefüge einzugreifen, um sie gewaltsam in ausgebeutete Größen zu transformieren. Diese Intervention lässt sich anhand der ertragsgetriebenen Transsubstantiation von Böden beispielhaft nachvollziehen. Jeder Boden ist ein holobiontischer Metaorganismus, worin einzelne Lebewesen und unterschiedliche Spezies einen Gesamtorganismus erschaffen, in dem sie untrennbar zusammenleben und zusammenwirken. Durchwoben von Bakterien und Pilzen , belebt durch Springschwänzen, Fadenwürmern und Asseln bilden Böden ein variierendes, sich lebendig selbst organisierendes und aus sich heraus entwickelndes Gefüge symbiotischer Verbindungen, das mehr ist als jedes seiner Bestandteile, mehr auch als die Summe der Unterschiede. Durch Einsatz von Herbiziden, Fungiziden und Insektiziden werden Böden biologisch allerdings weitgehend abgetötet, um, angereichert mit Phosphat, Nitrat und anderen chemischen Substanzen, in ein synthetisches Nährsubstrat umgewandelt zu werden, das kein komplexes lebendes System mehr sondern ein genau eingestellter und kontrollierter Produktionsfaktor von Agrarerzeugnissen für teilweise globale, in jedem Fall kapitalgetriebene Absatzmärkte ist, der sich gleichzeitig vermehrt Erosion, Nährstoffmangel und Trockenheit ausgeliefert sieht. Die Folge: Degradierte Böden und Ackerflächen als ökologische Todeszone.

Nicht nur ist es den Landschaften verwehrt, ihren Status, in Ruhe gelassen zu werden, auch nur in winzigen Resten zu behaupten. Sie sind zudem höchst beunruhigend, sofern sie von einer Wachstumszivilisation mit enormem Landschaftsbedarf permanent angegriffen und in dramatisch zugespitzte Unruhe versetzt werden. In dieser Entwicklung werden die Landschaftsräume – Permafrostgebiete, Gletscher, Moore, Wälder, Savannen – in eine aktuelle Zivilisationsdramatik eingeschrieben, deren Bezugsrahmen ein vorindustrieller Zustand abgibt. Sofern die vorindustrielle Landschaft somit in den Beschreibungen von katastrophalen Umweltentwicklungen – Kipp-Punkten, dem *Point of no return* – gegenwärtig ist, tragen die dramatischen Szenarien ein altes landschaftliches Gedächtnis in sich weiter. Doch weisen sie darüber hinaus auf etwas anderes hin: auf die Entstehung einer universellen Landschaftspolitik. Denn die Gefährdung und die wachsenden Risiken für Landschaften politisieren selbst jene Terrains, die man bis vor kurzem noch außerhalb von Politik wähnte, Sommerseen, Bergwiesen, Wanderdünen oder Froschtümpel.

Wenn das Ökosystem Erde in unserer Zeit Veränderungen unterworfen ist, die von der menschlichen Lebensweise verursacht werden, und wenn diese Veränderungen das geobiologische System insgesamt prägen, das heißt: seine atmosphärischen, ozeanischen, geologischen und biologischen Gegebenheiten, dann legt das in der Tat nahe, die Erdgeschichte in ein neues Zeitalter einzuteilen. Der Schatten des Menschen fällt auf jede Landschaft des Erdballs. Und jedes einzelne Wesen im Tier- und Pflanzenreich sendet die Botschaft aus, noch nicht der Extinktion anheimgefallen zu sein, noch seine Gattung zu repräsentieren, der Bedrohung durch die menschliche Zivilisation bis zu diesem Moment noch standgehalten zu haben. Das verändert den biologischen Status von Tieren und Pflanzen, aber auch von ganzen Lebensräumen grundlegend. Ihre Existenz als Art, über die während der Erdgeschichte in evolutionären Prozessen bestimmt wurde, steht jetzt unter dem Vorbehalt menschlicher Handlungsweisen, die über Noch-Sein und Nicht-sein verfügen. Der Menschheit obliegt es, die Lebewesen in ihrem landschaftlichen Lebensraum und Lebensrecht zu berücksichtigen oder nicht. Inwieweit mit dieser Entscheidung auch über die Lebenschancen einzelner menschlicher Individuen oder großer Teile der Menschheit entschieden wird, darüber dauert die globale Auseinandersetzung an.

Erinnernde Landschaft

Natur besitzt keine Erinnerung. Sie blickt nicht zurück, ist, streng genommen, immer *›in actu‹*. Auch wenn es bei manchen Tierpopulationen biologische Stabilisierungen von instinktivem oder erlerntem Verhalten gibt, ist es umstritten, ob man dabei in einem eingeschränkten Sinn von Erinnerung sprechen kann. Wo es Anlass dafür zu geben scheint, handelt es sich – abgesehen von epigenetischen Effekten – stets um soziales Verhalten innerhalb von Gruppen, das kulturartige Merkmale trägt. Damit möchte ich ausdrücken, dass erinnernde Landschaften ausnahmslos kulturelle und keine natürlichen Sachverhalte sind.

Vielleicht sollte ich an dieser Stelle der Klarheit halber hinzufügen: Naturlandschaften existieren nicht mehr, sowenig wie eine isolierte Naturgeschichte. Das ist der verschärfte Sinn des Epochenbegriffs Anthropozän. Nach Jahrhunderten von Expeditionen und Landnahmen, Kartografie und Geografie sind sämtliche Naturräume auf vielfache Weise erfasst, vermessen, wissenschaftlich beschrieben und ausgewertet – und werden es mit jedem Tag mehr. Sie sind staatlich definiert und verwaltet, mit Datennetzen überzogen und effizienten Verwertungsstrategien unterworfen. Unberührt blieb, auch wenn die Landschaften noch längst nicht alle ihre Geheimnisse preisgegeben haben, nichts, und täglich überfliegen Erdbeobachtungssatelliten jeden Punkt unseres Planeten, um hochauflösende Bilder und andere Geoinformationen zu liefern. Was Natur ist, ist naturbelassen, ausgenommen von menschlichem Zugriff, gleichwohl unter der Kontrolle einer Logik des Reservats. Jede Naturlandschaft und jedes Naturschutzgebiet wird künstlich und mit viel Aufwand aus Prozessen der Kultivierung und Nutzung herausgehalten. Sie sind Landschaften, auf die ein vorindustrieller – also ein kulturell erinnerter – Landschaftsbegriff politisch angewendet wird. In Wahrheit sind es erinnernde Landschaften, Naturkundemuseen *en plein air*. Das führte in der Vergangenheit zu so seltsamen Erscheinungen, Landschaften in Form von Nationalparks auszuzeichnen und sie vor dem Hintergrund der idealen Vorstellung reiner Natur als etwas zu definieren, was Menschen und deren Lebensformen aus sich ausschließt, selbst wenn sie, die nun vertrieben wurden, über Jahrhunderte in diesem Raum ihrer Lebenslandschaft existierten und ihn gestaltet hatten.

Jene ›Natur pur‹, durch die unausweichlich zwiespältige Vorstellungen von Reinheit und Unberührtheit geistern, ist ein Slogan der Reiseindustrie und als reflektierte Gegenwartskategorie von Räumen zu verabschieden. Das bedeutet nichts anderes, als dass es keine ungeschichtliche Natur, keine Landschaft außerhalb von Geschichte gibt. Genau darüber täuscht der in die Moderne weitergereichte Begriff der Stimmung hinweg. In jede Landschaft findet sich zivilisatorische Zeit eingelagert. Sie trägt deren Spuren, ob infolge eines mittelalterlichen oder industriellen Kahlschlags von Wäldern, durch Eingriffe von Flussbegradigungen oder aufgrund einer Landschaftsverschönerung, wie sie ein Lenné als königlich-preußischer General-Gartendirektor im 19. Jahrhundert vorantrieb und damit Maßstäbe setzte.

Landschaft ist ein Speichermedium. In ihr lagern sich Schichten der Vergangenheit ein, die sehr weit zurückreichen können, bis zu den paläolithischen Besiedlungsräumen in einer Zeit der Kälte und noch weiter. Heute bündelt sich in Landschaften kaum noch die Kraft eines kollektiven Sinnspeichers, der für die allermeisten indigenen Bevölkerungen charakteristisch ist. Gemessen an gegenwärtigen Erinnerungslandschaften erreicht das Gedächtnis indigener ethnischer Gruppen oftmals einen Intensitätsgrad, der in mythischen Geografien eine Verschmelzung von menschlichem und natürlichem Bereich vollzieht. Den Dayak-Bahau, die in Kalimantan, einem Teil Borneos, leben, gilt der Wald als Ort der Ahnen, dem mit größter Ehrfurcht zu begegnen ist. Die Vorfahren, denen die Bäume gehören, teilen sich den Wald mit einer Anzahl von Schutzgöttern, und beide dürfen, soll kein Schaden für die Lebenden von ihnen ausgehen, nicht vernachlässigt, sie müssen vielmehr rücksichtsvoll behandelt werden. Nichts scheint ihnen ein größerer Frevel, als den Wald Borneos als Wirtschaftsobjekt zu betrachten und abzuholzen. So wie der ökonomische Blick die Bäume als Kapital sieht, nehmen die Dayak-Bahau in ihnen eine Erinnerung wahr, ohne deren verbindende Kraft ihre soziale und religiöse Identität zerstört wird. Welche Sichtweise sich durchsetzt, ob der Wald bewahrt bleibt oder der Abholzung anheimfällt, entscheidet sich nicht an der Frage von Wahrheit, sondern an jener von Macht, mit der sich die Wahrnehmung verbündet.

Tatsächlich sind selbst in säkularisierten Terrains selten sämtliche Erinnerungsmarken sakraler Landschaft – Wegkreuze, Feldkapellen, religiöse Bildstöcke – getilgt. Ich habe in frühen Jahren selbst in Deutschland noch Rituale priesterlicher Landschaftssegnung miterlebt. Doch diese gewissermaßen passive Erinnerungslage bedarf der aktiven Rekonstruktion. Die raumgreifende Form von Gedächtnis ist daher stets mit kulturell eingeübten Handlungen verbunden, zum Beispiel dem Aufsuchen bedeutender Plätze oder kollektiven Inszenierungen wie örtlichen Zeremonien. Gedenkorte werden gemäß einer bestimmten Erinnerungspolitik in Landschaften durch materielle und symbolische Zeichen eingetragen und dort hervorgehoben. Da sich ihre Bedeutung mit der Zeit wandeln oder eine Bedeutungsverschiebung bewusst herbeigeführt werden kann, muss diese Bedeutung immer wieder mittels Erinnerungsritualen ausgedrückt und gefestigt werden.

Allerdings kann es auch ohne symbolischen Wandel passieren, dass Erinnerungslandschaften mit jedem Jahr, das vergeht, ein Gepräge verstörender Uneindeutigkeit annehmen. ›*Locus amoenus*‹ und Tatort, Idylle und historische Hölle lassen sich nach einer gewissen Zeit häufig nur noch schwer auseinanderhalten. Einstige Militärgelände werden zu wertvollen Biotopen, auf den Schlachtfeldern des Ersten Weltkriegs wird Landwirtschaft betrieben, Konzentrationslager erscheinen, wie ich es in Buchenwald oder Ravensbrück erleben konnte, als Stätten, die von bukolischem Frieden durchweht sind. Die semantische Beweglichkeit, schwankend zwischen den Polen von Leben und Sterben, wird bei Nekropolen oder Soldatenfriedhöfen zur ganz eigentümlichen Spannung. Angelegt als Erinnerungsgelände des Todes, werden sie durch Spontanvegetation und einwandernde Tiere zu auffällig vitalen Landschaften.

Wenig Beachtung findet im Deutungsspiel der Mnemotope bisher der Umstand, dass die Erinnerung von Landschaft nicht nur rückwärtsgewendet erfolgt. Sie zeichnet auch eine gewissermaßen antizipierende, zukünftige Dimension aus. Landschaften besitzen, paradox gesagt, eine progressive Erinnerung. In Landschaften werden Dinge gespeichert, die sich lange in der Zukunft auswirken werden. Ein bestimmter Moment der Geschichte lagert sich in der Jetztzeit in die Landschaft ein und er bleibt dort auf viele Jahre hinaus gegenwärtig. So die Phase des industriellen Carbonzeitalters oder der intensiven agrochemischen Landwirtschaft. Heutige Landschaften nehmen bereits eine zukünftige Erinnerung darüber in sich auf, welche Konsequenzen unser Lebens- und Wirtschaftsmodell für kommende Generationen haben wird. In sogenannten Endlagerstätten wird nicht allein Atommüll eingelagert, sondern auch die Erinnerung einer möglicherweise Jahrtausende entfernten Zukunft an unsere Gegenwart.

Dieser umfassende Sinn erinnernder Landschaft trägt dazu bei, uns an den Gedanken zu gewöhnen, Landschaft entgegen den künstlerischen Konstruktionen einer Malerei, die für eine aristokratische oder bürgerliche Stadtgesellschaft arbeitet, nicht als das zu sehen, was Menschen und deren Lebensformen aus sich ausschließt. Im Gegenteil, Landschaft ist, heute mehr denn je, die Resultante der beiden Kräfte Natur und Kultur. In dieser hybriden, verschränkten Form wird sie Lagerstätte von Zeit, von Geschichte. Während Städte institutionalisierte, oftmals gebaute Gedächtnisräume wie Museen oder Denkmäler einrichten, spielt in nichturbanen Räumen eine individuell-kollektive Erinnerung eine herausgehobene Rolle, die sich mit bestimmten Orten und Landschaften materiell verbindet.

Landschaften gehören zu dem, was wir in uns tragen, sie sind Teil unserer Geschichte und unseres Selbst, und wir können sie deswegen an irgendwelchen fremden Orten der Welt in uns aufsuchen, etwa wenn wir das Bedürfnis verspüren, uns in sie zurückziehen zu wollen, um dort Halt zu finden. Eine häufige Exilerfahrung. Die orale Erinnerungslandschaft, die wir mit anderen teilen, macht dabei insbesondere deutlich, inwiefern Erzählungen die Landschaft besetzen und ihr zu Bedeutung verhelfen. So gehören Erzählungen zu jenen subjektiven Formaten von Seelenlandschaften, Erinnerungslandschaften und Sehnsuchtslandschaften, welche die biografischen und geografischen Suchbewegungen von uns allen lenken. Meistens unbewusst formatieren sie unser Gefühl, gerade in jener Landschaft anzukommen und am richtigen Ort zu sein, wo das Befremden über die Wirklichkeit abnimmt. Als körperliche Kulturträger tragen wir die erzählte und für uns bedeutungsvolle Landschaft durch Dekaden und Generationen. Und dies, ohne uns im Normalfall darüber Rechenschaft abzulegen, wie viel kulturelles Landschaftsgedächtnis in unserer Subjektivität aufgehoben ist.

Imaginäre Landschaft

Die erinnernde Landschaft trägt und konserviert Spuren der Beziehung von natürlicher Umwelt und menschlichen Eingriffen. Sie birgt Elemente geschichtlicher Wirklichkeit als Teil ihrer Bedeutung in sich. Die ästhetische Landschaft, die aus jener Verlagerung entsteht, mit der Landschaft zum Arbeitsfeld der Kunst wird und die eine romantische Stimmung im Subjekt hervorbringen soll, koppelt sich von der Wirklichkeit als vorrangigem Bezugspunkt ab. Die ästhetische Landschaft macht einen ersten wichtigen Schritt in Richtung Autonomie. In der weiteren Entwicklung stellt sie allerdings lediglich einen Spezialfall imaginärer Landschaften dar.

Die imaginäre Landschaft entsteht aufgrund ästhetischer Prozesse, worin die unbegrenzten Inszenierungen der Imagination mit der Systematik einer einleuchtenden Vorstellungskraft in ein nachvollziehbares und nacherlebbares Verhältnis gebracht werden. Imaginäre Landschaften, wie man ihnen in expressionistischen Gedichten, auf experimentellen Fotografien oder in Fantasyfilmen begegnet, setzen eine bewusste Kluft zur Realwelt, aus der sie ihre Eigenständigkeit und Freisetzungsenergie gewinnen. Die Abtrennung bildet die Voraussetzung für die ausdrucksstarke Überschreibung der Landschaft mit bisher nicht ausgeschöpften Möglichkeiten, die verheißungsvoll oder apokalyptisch, futuristisch oder archaisch, rauschhaft oder von tödlicher Tristesse sein können. Imaginäre Landschaften entwerfen autonome Situationen landschaftlicher Modalitäten, deren Spannungsbogen, reichend von irreal, illusionär und möglich bis zu wahrscheinlich, durch künstlerische Mittel hervorgebracht wird. Anstelle des mimetischen Prinzips ästhetischer Landschaften soll etwas Phantastisches, Losgelöstes erwachsen.

Als Beispiel solch imaginärer Landschaft kann die *»Weltarchitektur«* gelten, die Bruno Taut – entgegen seiner eigenen Überzeugung eines funktional-sachlichen neuen Bauens – am Ende des Ersten Weltkriegs fordert. Angelehnt an die geometrische Formalisierung der alpinen Berglandschaft, wie sie Viollet-le-Duc vorgenommen hatte, entwirft Taut in seiner »Alpinen Architektur« konstruktive Phantasmen, worin die montane Natur mit erhabener Baukunst verschränkt wird. Wo aus einer geometrisch formalisierten Landschaft eine wirkliche *»Architektur der Berge«* hervorgehen soll, verlangt das für Taut, mineralisch gläserne Bauten und Formfiguren aus dem Berggestein aufwachsen zu lassen. Felsige Hänge, Bergeinschnitte und Gipfel erblühen gleichsam in kubisch-kristallinen, leuchtend farbigen Riesenblüten: *»Kristallnadelpyramiden«*, *»Glasbogengitter«*, *»Tempel des Schweigens«*, *»Kristallhäuser«*. Diese in ihren phantastischen Dimensionen und glühenden Lichteffekten überwältigende naturalarchitektonische Landschaft will sich, *»fern von Höllen und Kasernen«*, in den traditionellen Gegensatz zur Stadt setzen. Tauts montan-gläserne Alpen sind eine größenwahnsinnige, berauschende imaginäre Kunstlandschaft, die sich den maßlosen Tötungslandschaften der industriell-maschinellen Materialschlachten entgegensetzt und deren Schönheit den Schmerz über jenen unauslotbaren Abstand in sich einschließt.

Imaginäre Landschaften sind ästhetische Erzeugnisse. Zeichenkomplexe, die es erlauben, Landschaften neuartige Signaturen und Signifikanten zuzuschreiben. Sie existieren in Form von Romanen, Filmen, Gemälden, Musik, Architektur. Und sie erstrecken sich von mythischen Erzählungen bis zu Textsorten touristischer Verführung. Durch intellektuelle und emotionale Akte können imaginäre Landschaften auf reale übertragen werden, indem sie eine Form von Wahrnehmung bilden, mit der reale Landschaften uns bewusst werden. Begründet in ihrer radikalen ästhetischen Eigenständigkeit, stellen sie eine historische Möglichkeitsbedingung wirklicher Landschaften dar. Unbewusst sehen wir imaginäre Landschaften in jene hinein, in denen wir uns gerade befinden was sie, obwohl zu einem gewissen Grad mit Elementen imaginärer Landschaften durchsetzt und überformt, längst nicht zu Wahngebilden macht. Vermutlich gibt es innerhalb der westlichen Kultur, in der die Wahrnehmung imaginärer Landschaften zum Alltag der Bildungs- und Medienwirklichkeit gehört, keine anderen als tingierte Landschaften, ein Gemisch aus

Imagination und Realität, das Spannung, Intensivierung, Polarität und Verdichtung in sich birgt.

Balancierte Landschaft

Angesichts der planetarischen Überlastung durch Ökonomien des rasenden, exploitativen Verbrauchs, entpuppt sich das Geheimnis der Wohlstandszivilisation vor unseren Augen als bösartige List, zumindest aber als geschichtlicher Irrweg. Ihn zu korrigieren, bringt es mit sich, die lange Zeit absolute Legitimation unruhiger Landschaften zu hinterfragen, sie aus dem rationalisierenden wie wissenschaftlich-technischen Zugriff zu lösen, um sie gleichzeitig in ein verändertes Sinngefüge einzuordnen. Das Ende der Natur bedeutet nämlich auch: Die Konstruktion von Natur als etwas wissenschaftlich Äußeres, Objektives, das dem Menschen gegenüber steht, hat ihre Überzeugungskraft eingebüßt. Wir leben nicht außerhalb von Landschaften, wir leben in der Landschaft, in die wir, gleichgültig wie lange und wie oft wir uns in ihr aufhalten, auf die eine oder andere Weise hinein verwoben sind. Ein umfassendes alles einschließendes Netzwerk, worin nicht bloß eine Gattung die Fäden zieht, selbst wenn das erst wieder mühsam zu erlernen ist.

Wenn es kein Außen mehr gibt, in dem Natur existiert, blicken wir auf ein holistisches Bild, das logischerweise kein Innen mehr besitzt, in dem wir uns als Menschen aufhalten. Noch in Ernst Haeckels berühmter Definition von Ökologie, welche die »Wissenschaft von den Beziehungen des Organismus zur umgebenden Aussenwelt“ sei, existiert die Spaltung von Aussenwelt und Intrawelt. In Wahrheit handelt es sich um eine Durchdringung, mithin gerade um die Verneinung einer Segregation, um das Eindringen der Landschaften ins interne menschliche Leben und Expansion dieses Lebens in die Landschaften. Was es jetzt gibt, ist ein allseitiges gemeinsames Hier. Das tellurische Ganze.

Dieses verwickelte, nie zur Gänze durchschaubare Beziehungsterrain ohne Objekte und Subjekte kennt vor allem hybride Subobjekte, nämlich Wesen, die sich weder unter- noch überordnen, sondern einordnen in ein sozial-naturales Feld von Wechselwirkungen. Ein derartiger Perspektivwechsel verändert die gängige Auffassung, bei nichtmenschlichen Lebewesen hätte man es mit passiven Größen zu tun, die sich an gewisse Umwelten anpassen müssten. In Wahrheit wird unser bisheriges Modell beträchtlich sachgerechter, begreift man Flora und Fauna als formative Kräfte, wirkend als aktive Gestalter von Landschaften. Die Mitwirkenden sind Blätter, Pilze, Staub, Wolken, Mikroorganismen und tausend andere *Coworker*, darunter auch der Mensch. Diese ausgewogene, aufeinander über lange Zeiträume hinweg eingespielte Kollaboration wird von hegemonialen Landschaften aufgekündigt und zum Drama des Lebens zugespitzt.

Der naturräumlich-kulturelle Durchdringungsgrad weist auf die multipolare, intrinsische Bewegung von Zivilisation und Natur hin. Eine Spannung, die sowohl schöpferisch wie zerstörerisch sein kann und in der oftmals beide Aspekte in Erscheinung treten. Doch ist es den vor uns liegenden Jahrzehnten aufgetragen, eine der ruinösesten Phasen der Landschaftsgeschichte zu beenden und für alle Beteiligten an der Biosphäre gedeihlichere Wege einzuschlagen. Derart grundlegende Transformationen gelingen auf Dauer gleichwohl nur dann, wenn sich die naturräumlich-kulturellen Spannungen in einer inzwischen ungewohnt gewordenen Weise ausbalancieren, wenn also vitale Interessen menschlicher und nichtmenschlicher Lebenserhaltungssysteme gewahrt bleiben.

Landschaft: ein ambivalenter, multilateraler natürlich-sozialer Raum, dessen Gepräge aus der Wechselwirkung von Naturgegebenheiten und menschlichen Lebensweisen entstanden ist. Ein vielschichtiges, langfristiges Wirkungs- und Gestaltungsgewebe aus Ökosphäre und Soziosphäre. Demgemäß lässt sich Landschaft sinnvoll nur als dynamischer Begriff auffassen, der aus dem diskursiven Wechselspiel von natural-sozialem Raum und symbolischem, imaginärem Raum hervorgeht. Blickt man so auf die Landschaft, lässt sich auch ein wegweisender Gedanke Herders fruchtbar wieder aufgreifen, sofern man die Schlacken seiner geschichtsphilosophischen und metaphysischen Motive davon abklopft. Herders zentrale Überlegung zu geschichtlichen Prozessen gründet, entgegen aufklärerischen Geschichtserzählungen, keineswegs auf einem linearen Fortschritt von Optimierung und Wachstum. Im Zentrum stehen für ihn vielmehr jene mannigfaltigen Abläufe kultureller Entwicklung, die durch vitalen Austausch menschlicher Bedürfnisse und Anlagen – vor allem geistigen – mit den einzigartigen Bedingungen des sie umgebenden Landschaftsraums vonstattengeht.

Tatsächlich bleibt die mit der Moderne sich anbahnende, fortschrittsgetriebene instrumentelle und ökonomische Landschaftshegemonie auch nach Herder nicht ohne Widerspruch. Getragen von einer spinozistischen Trinität von Gott, Vernunft und Natur, entwickelt sich mit Beginn des 19. Jahrhunderts eine naturethische Haltung gegenüber Landschaften, deren Überlegungen zunächst weitaus weniger Einfluss erlangen als die romantische Ästhetisierung, bevor ihre grundlegenden Ideen im letzten Drittel des zwanzigsten Jahrhunderts schließlich wachsende Wirkung entfalten. Karl Christian Friedrich Krause, ein in Deutschland noch immer weitgehend unbekannter Philosoph, dessen republikanische Rechtsideen die spanische und südamerikanische politische Geschichte allerdings erheblich beeinflussten, ist dafür eine der markantesten Stimmen. Abgeleitet vom Bild der Welt als in sich differenziertem organischem Ganzen, worin jedes Wesen frei und selbstbestimmt existiert, formuliert Krause erstaunlich früh und radikal ein Recht der Natur. Da nämlich *»alle Geschöpfe freie und selbstständige Rechtspersonen«* sind, schreibt sich diese ursprüngliche Autonomie jedes Lebewesens in einen universalen *»Organismus des Rechts«* ein. Demnach gilt es jederzeit einen Imperativ der globalen Achtung zu berücksichtigen: *»Jedes Wesen muß an seinem Theile jedem Wesen sein Recht geben, und ist befugt das Recht für sich und für andere von allen Wesen zu fordern«*.

Ein solchermaßen uneingeschränktes Grundrecht für sämtliche Lebewesen erteilt jedwedem anthropoautoritären Gebaren eine Absage, jeder von Menschen ausgehenden Schändung des Leben tragenden Planeten. Es widerruft das wirkmächtige Anthropinion der europäischen Neuzeit, demgemäß, so formuliert es Buffon in seiner *Histoire naturelle*, der Mensch ermächtigt ist, *»eine neue Natur«* zu schaffen. Durch seine besondere Schöpfungsstellung *»befiehlt er allen Geschöpfen«*. Krauses Zurückweisung gilt umso entschiedener, als kein Lebewesen unabhängig von anderen existieren, sich vielmehr allein in einem gleichberechtigten vitalen Wechselspiel allen Lebens entwickeln kann, das ohne Befehlsgewalt vonstattengeht. Der natürliche Reichtum der Erde entsteht in der universellen Interaktion *»wechselseitiger Mittheilung und Verkettung ihrer organischen und unorganischen Produkte«*. Unablässig knüpft *»die Erde, die Mutter und Pflegerin alles organischen Lebens«*, *»das wunderbar verschlungene Netz«*, in dem die wechselwirkenden natural-sozialen Lebensräume, sprich: die Landschaften, sich entfalten. Was Krause *»belebte Naturkunst«* nennt, verbindet die land- und forstwirtschaftliche Naturnutzung mit sozialen Lebensformen, die insofern *»einen weiblichen und kindlichen Charakter«* aufweisen, als sie keine maskuline Dominanz beanspruchen, sondern gerade in Landschaften *»symmetrische«*, empathische und netzwerkende Verhältnisse pflegen, eine *»harmonische Wechselseitigkeit«*. Nichts ist am Beginn des industriellen Zeitalters globaler Naturausbeutung weniger zeitgemäß, als menschliche Individuen und Populationen in ein *»schönes Netz«* des terrestrischen Lebens einzuweben. Trotzdem bleibt der globalen Menschheit auf Dauer nichts anderes übrig als anzuerkennen, *»daß die Vernunft nicht die Natur sich zu unterwerfen (hat), sondern daß sich beide wechselseits dienen ohne sich ihrer gleichen Freiheit und Würde zu entäußern«*. Und das hat sehr konkrete Konsequenzen, denn die nicht naturäußere, vielmehr *»naturinnige Menschheit ist rein von frevelvollem frechen Zerstören der Naturwerke im Dienst entzügelter Lustgier«*.

Niemand kann sich im Rückblick wundern, wenn zwei Jahrhunderte hegemonialer, gieriger Landschaftsdegradierung es seither verhindert haben, dieser ersten Netzwerktheorie, geboren aus dem idealistischen Geist der Naturphilosophie, ihre rechtmäßige Bedeutung zuzugestehen, mit der sichtbaren Folge desaströser gewaltsamer Landschaftszerstörungen. Die unruhigen Landschaften gewährten der *»harmonischen Wechselseitigkeit«* balancierter Landschaften keinen Raum. Möglicherweise ist unterdessen das Verständnis dafür gewachsen, dass kulturelles und natürliches Leben sich in einer Art verändernd-veränderter Symbiose entwickeln, in einem auf das planetarische Leben hin orientierten, globalen Mäanderprozess, aus dem lokale Landschaften hervorgehen, dessen Ziel keineswegs übergeschichtlich vorgegeben ist und bei dem es keinen superioren Akteur, auch keinen kosmischen Sonderstatus gibt, zumal nicht für Menschen. In diese Richtung gehen beispielhaft, doch erst lange nach Krauses Forderungen, die jüngsten Bemühungen einer politischen Ökologie, Flüssen und Flusslandschaften einen rechtlichen Schutzstatus als Person zu verleihen. Die natürlich-zivilisatorisch ausbalancierten, nichthierarchischen Landschaften repräsentieren nun gerade nicht mehr partielle Verteidigungen schöner Landstriche mit spezifischen Verwertungsegoismen. Ausgewogene Landschaften liegen hingegen im vorrangigen Interesse der menschlichen und nichtmenschlichen Gesamtheit von Lebewesen und Topografien. Sie sind lokale ›*global commons*‹, kostbare Lebensgemeinschaften und Lebensgüter in einem umgreifenden Sinn.

So unausweichlich ein Umdenken ist, indem man sich von der rückhaltlosen instrumentellen Nutzbarmachung fast aller Erdgegenden und von ihrer damit verbundenen Schändung abwendet, ohne den alles durchdringenden Widerspruch aufzulösen und die Landschaften aus der unheilvollen Funktionsdifferenz von Freizeitbereich und Kapitalerwirtschaftung, Naturreservat und Raubbau zu befreien, wird allen noch so gut gemeinten Bemühungen letztendlich wenig Erfolg beschieden sein. Während feingesponnene soziale Normen nebst Gemeinschaftseigentum in integralen Landschaften den sozial-naturalen Umgang regeln und damit unverzichtbare Lebensgrundlagen bewahren, liefert die moderne Revolution, Landschaften dem Marktgeschehen vollständig preiszugeben, diese einer heteronomen Logik aus, die überall auf der Welt unausweichlich zu einem Landschaftssterben führt, mit dem das Artensterben einhergeht. Wo die ökonomische Vernunft Wälder, Gewässer oder Wiesen in ihren rigorosen Rahmen einordnet, um es wie alles andere käuflich und verkäuflich zu machen, verstellen Überlegungen maximaler Profitabilität den Blick darauf, welches Kapital Landschaften in Wahrheit bedeuten. Ähnlich sozialem oder kulturellem Kapital machen sie die Bedingung der Möglichkeit von gesellschaftlichem Leben aus. Das Maximum an Gewinn aus ihnen herauszuholen, wie das im Agro- und Forstbusiness unverändert geschieht, verwechselt grundsätzlich wirtschaftliche Rendite mit Kapitalwert, und es verkennt, welche erstrangige Ressource landschaftliches Kapital darstellt, für das Leben insgesamt, aber auch für jenes der Menschen im besonderen.

Nichts war schädlicher, als die Position des Menschen vertikal zu veranschlagen. In Zukunft wird sie nur noch horizontal sein können, auf gleicher Ebene mit allen anderen Lebewesen. Erst in der ausgewogenen und in diesem Sinn ökologischen Landschaft kann sich die Forst-, Land- und Fischereiwirtschaft zur behutsamen Landschaftswirtschaft entwickeln. Ihre Ordnung wird durch das Wissen über Biotope, Pflanzen- und Tiergesellschaften, Strukturvielfalt, Nichtlinearität und Artenreichtum angeleitet. Eine Kreislauflandwirtschaft, wie sie für die behutsame Landschaftswirtschaft kennzeichnend ist, lässt sich freilich mit der seit Jahrzehnten anwachsenden Tierhaltung und Fleischproduktion nicht umsetzen. Das Ziel einer agrarischen Kreislaufwirtschaft lässt sich allein dadurch erreichen, dass menschliche Nutzung und biologische Eigenart einer Landschaft aneinander angepasst und ausbalanciert sind. Und es ist keineswegs überraschend, wenn Landschaften so wie jeder andere Organismus ihre spezifischen Belastungsgrenzen aufweisen.

Durch die Berücksichtigung einer symmetrischen Perspektive kommt etwas Entscheidendes in den Blick: Landschaften stellen keine abgesonderten Räume dar, angelegt dafür, anderes auszuschließen. Jede Landschaft gibt vielmehr einen Rahmen ab, das universell verbundene Leben in einem überschaubaren, dem Handeln und Nichthandeln zugänglichen lokalen Feld einzuschließen. Als Lebewesen sind wir darauf angewiesen, über uns selbst hinaus in jedem Moment auf das Ganze des Lebens bezogen zu sein, woraus sich das Recht und die Verpflichtung einer allseitigen Behutsamkeit begründet. Miteinander verflochten und verschränkt, werden die Bedingungen für ein besseres Leben nicht geschaffen, indem beträchtliche Teile der Biosphäre abgeschafft werden. Wenn es heute zwingend erforderlich ist, balancierte, nichthegemoniale Landschaften für alle Teile der Erde ökologisch auszuformulieren, dann nicht um einem romantischen Gefühl nachzugeben. Wir werden vielmehr durch wissenschaftliche Fakten dazu gedrängt, der wechselwirkenden Abhängigkeit des Lebendigen eine viel größere Achtung zu zollen, als dies bislang üblich war. Und mehr als das, denn jede Landschaft ist universell und politisch in dem genauen Sinn, in dem sie existenzielle Bedeutung für das lokale und planetarische Leben besitzt. In dieser neuen Landschaftsnorm gründet die Aufforderung zu entschlossener Ausgewogenheit und achtsamer Wechselseitigkeit.

Landschaften und Städte

Meiner knappen Typologie ist es hoffentlich gelungen zu verdeutlichen, dass Landschaft ein synthetischer Begriff ist, ein langkettiges semantisches Molekül, das unterschiedliche Elemente mit spezifischen Bindungs- und Reaktionseigenschaften zusammenfügt und dessen Wirkkraft innerhalb der rätselhaften Alchemie der Zukunft hochgradige Relevanz besitzt. Es zeichnet ein den heutigen Problemstellungen angemessenes Denken von Landschaft aus, diese komplexe Spannung in sich aufzunehmen. In der durch typologische Einheiten modellierten Wahrnehmung flackert unruhig die Landschaft, bietet Unterschlupf für wechselnde Bedürfnisse und Interessenslagen. Die Stimmung als synthetische Kraft ist nach allem mitnichten die alleinige Bildungsenergie von landschaftlichen Zusammenhängen. Aus der ästhetischen Gestimmtheit löst sich hingegen ausdrücklich, wer das Augenmerk auf evolutionäre Raumgefüge, biologische Artengesellschaften und menschliche Zivilisationen, kurz: auf korrelierte Lebenszusammenhänge richtet. Verfolgt man einen solchen komplexen wahrnehmungssensiblen Kontextwechsel konsequent, wird die maßgeblich erweiterte ästhetische Grundlage je eigentümlicher Landschaften offenkundig. Diese Verschiebung begründet schließlich ein verändertes gesellschaftliches Verhältnis zur Landschaft, das sich von Maßstäben wie Schönheit und Harmonie trennt, gerade um die genaue, emphatische, zusammenhangsbezogene und von hegemonialen Zweckvorgaben abgelöste, bewusste Sensibilität in den Vordergrund zu rücken, das Ethos einer bewussten und teilnehmenden Sinnlichkeit.

Landschaft als natural-soziales Beziehungsgefüge aufzufassen, schließt die Aufmerksamkeit für jene vielfältige Gegenseitigkeit notwendig ein, die sich in erheblichem Maß auf Verhältnisse von Macht und Autonomie auswirkt. In einem wechselwirkenden System ist selbstbestimmt nur, wer unter Beachtung von Existenzinteressen aller anderen Akteure im Geflecht planetarischer Lebensgemeinschaft handelt. Die Souveränität der Nicht-Ausbeutung, der Gewaltenthaltung und Befreiung von Destruktivität begründet sich darum weitaus weniger durch Idealismus als vielmehr durch ein emanzipiertes, gut informiertes Selbstbewusstsein, das die rücksichtslose, einseitige Gattungsegozentrik hinter sich lässt, weil ihr zu Bewusstsein gelangt ist, wie schnell und unausweichlich eine derartige Haltung zur Systemzerstörung und damit zur Selbstvernichtung führt. Die Zivilisation der Überheblichkeit und Anmaßung blickt sich in der Landschaft selbst ins Gesicht, verletzt, unversöhnt.

Vom Anfang integraler Landschaften an, ist mit Landschaft ein eminent politisches Verhältnis zum Raum mitgemeint. Landschaft gibt jenen Wesen, die in ihr leben, den Status einer rechtmäßigen politischen Person. In veränderter Gestalt kehrt die politische Dimension in unserer Gegenwart dort wieder, wo Umweltpolitik in großen Teilen Landschaftspolitik ist. Neben ästhetischen, wissenschaftlichen und kommerziellen Sichtweisen wird man an der vorrangigen Bedeutung balancierter Landschaften für die Zukunft nicht vorbeikommen. Diese Erkenntnis entspricht unmittelbar der Erwartung, die Zusammengehörigkeit von rechtlich-politischen Strukturen, sozialen Gruppen und natürlicher Umwelt ausgewogen zu koordinieren.

Geschichtliche Bezugspunkte dafür lassen sich im Mittelalter wie in der Antike finden. Wenn Landschaften heute eine herausgehobene ökologische, politische und gesellschaftliche Relevanz beanspruchen, wird damit eine interessante Parallele zu den etruskisch-römischen Prodigien freigelegt. Prodigien bestanden zunächst aus einem natürlichen Ereignis, in dem man etwas Bedrohliches zum Ausdruck gebracht sah, ohne dass dadurch tatsächlich ein konkretes zukünftiges Ereignis prophezeit worden wäre. Das natürliche Phänomen bezog sich als besorgniserregendes Zeichen auf den ganzen Staat und dessen Stabilität und musste deshalb vom wichtigsten Staatsorgan, dem römischen Senat, unter Einschaltung von Experten (Haruspices) debattiert werden. Wurde das Problem dort als solches bewertet und anerkannt, hatte zu einem bestimmten Zeitpunkt am Jahresanfang eine kollektive Entsühnung zu erfolgen. All das lässt sich, abgelöst von magischer Praxis, unschwer auf unsere Gegenwart übertragen, auf die Anzeichen ökologischer Zerstörung, politisches Handeln und notwendige gesellschaftliche Veränderungen.

Und all das fällt seit ein paar Jahrzehnten unter den Begriff Umweltpolitik. Wer sich fragt, an welchem Punkt wir dabei stehen, muss freilich ernüchtert zur Kenntnis nehmen, dass sich die Umweltpolitik in jüngster Zeit weitgehend auf Klimapolitik und dabei insbesondere auf das Abschwächen der laufenden Klimaerwärmung – Ziel: Erhöhung der globalen Durchschnittstemperatur auf maximal 1,5 Grad – verengt hat. Hinter dieser erstaunlichen Schrumpfung des Problemvolumens scheint ein sattsam bekannter Gattungsegoismus durch. Denn an erster Stelle gilt es, menschliches Leben und Überleben zu sichern. Fragen des Landschaftssterbens oder der Verarmung der Vielfalt des Lebens insgesamt interessieren an nachgeordneter Stelle. Zwar hält sich ihr Wert im Bereich des Bewahrenswerten, doch bleiben sie beharrlich menschlichen Verwertungsinteressen zugeordnet. Im Rahmen dieser politischen Verschiebung lässt sich kaum verkennen, dass die schrankenlose Benutzung von Landschaften denselben Weg nehmen würde wie bisher, falls sich die Klimakrise in Grenzen halten ließe, ohne das hegemoniale Verhältnis zu Landschaften korrigieren zu müssen.

Und doch ist nicht zu bestreiten: Unter dem rationalen Blickwinkel der Erhaltung unseres Planeten und seiner menschlichen Kulturen ist die Gesamtheit aller irdischen Landschaften *»die Macht, kraft deren Einzeldinge und folglich der Mensch sein Sein erhält«* (Spinoza). Vor dem Hintergrund dieser quasi pantheistischen – oder ökosystemischen – Radikalität der in Landschaften liegenden menschlichen Existenzbedingung muss der Sinn des Begriffs Fortschritt neu gefasst werden. Weit mehr Beachtung als bisher verdient die Frage nach dem Progressiven des Bewahrens, nach dem Fortschrittlichen am Nicht-Fortschritt. Unter dieser Voraussetzung aber kommt man nicht länger darum herum, in die Landschaft das Beziehungsgefüge von Stadt und Land mit einzutragen.

Land und Stadt als Räume zu begreifen, die sich gegensätzlich verhalten, hat eine lange Tradition, die bis zum Gilgamesch-Epos zurückreicht.

Das bukolische Landleben ist bereits ein antiker Topos, der von der Neuzeit auf eine so nachhaltige Weise vertieft wurde, dass wir uns seiner Suggestion noch immer nur schwer entziehen können. Da die Moderne von Stadtkulturen aus gedacht und von städtischen Eliten entworfen wurde, in Lebenstempo, Konsumstilen, ästhetischen Normen und kommunikativen Strukturen, überrascht die jahrzehntelange theoretische Vernachlässigung der Landschaft wenig. Das entstandene konzeptionelle Defizit hat sich unterdessen zu einem der schwerwiegendsten Probleme unserer Zeit ausgewachsen. Moderne Urbanität wertete die ländlichen Räume ab, beschrieb sie als Hinterland und Provinz, und ordnete Landschaften in einen definierten funktionalen Rahmen ein. Gleichzeitig erweckten die bürgerlichen Städte mit ihren immensen Industriearealen und verdingten Arbeitermassen seit dem 19. Jahrhundert als ihr Anderes die Sehnsucht nach unberührten Landschaften und ungezwungenen Individuen. Eine Sehnsucht, die Rousseauismus und Lebensreformbewegung, bis hin zum philosophischen Daseinskult Heideggerscher Prägung, gleichermaßen ihre Stoßkraft verlieh. Jede Verklärung des Landlebens macht es seither zum idyllischen Projektionsraum von Stadtmenschen. Wunschbilder werden mit Eigenschaften behängt: naturnah, ursprünglich, unverstellt, traditionsbezogen, von Einfachheit geprägt. Hingegen erfährt man die Stadt als unnatürlich, künstlich, verdorben, oberflächlich, unübersichtlich, einsam.

Zwar ist das quälende Bild von Isoliertheit, Unwirtlichkeit und Entfremdung in der Großstadt einigermaßen verblasst. In der heutigen Situation, wo Urbanisierungsprozesse mit ungebrochener Dynamik stattfinden, scheint sich für viele allerdings ein sich beständig vergrößernder kultureller, sozialer und ökonomischer Spalt zwischen ländlichen und städtischen Räumen aufzutun. Der Blick auf das Verhältnis beider Sozialräume wird freilich differenzierter, wenn er sich weniger von Antagonismen als von Affinitäten und Wechselbeziehungen leiten lässt. Das vorwiegend medienerzeugte Schema von Krisen, Konflikten und Konfrontationen zeigt im Vergleich mit soziologischen Untersuchungen dort, wo im medialen Licht Unvereinbarkeiten und Gefahren zu bestehen scheinen, in Wahrheit ein äußerst lebendiges Spiel der Differenz. Statt eines Stadt-Land-Gegensatzes erkennt man graduelle Abstufungen, Austauschbeziehungen und Verflechtungen. Und das ist nicht zufällig so, ist doch die Durchlässigkeit zwischen städtischem und ländlichem Raum eine über lange Zeiträume gut eingespielte Praxis.

Natürlich möchte ich die Unterschiede in den Lebenswirklichkeiten von Stadt und Land keineswegs beiseiteschieben. Ich ignoriere nicht, dass manche ländlichen Regionen Europas und auf anderen Kontinenten veröden, überaltern und in ihrer Infrastruktur zerfallen, dass es Landstriche gibt, in denen es schwerfällt, gute Arbeit zu finden und eine verlockende Lebensperspektive, Gegenden, bei denen die Politik nachdrücklich aufgefordert ist, den Auftrag gleichwertiger Lebensverhältnisse wirksam zu erfüllen. Dasselbe gilt freilich auch für degenerative Stadträume. Trotzdem muss man realistischer Weise sagen, dass der Verstädterungsgrad der ländlichen Bevölkerung fast überall kontinuierlich zunimmt. In diesem Zuge verstärkt sich die Angleichung von städtischen und ländlichen Wohn-, Lebens-, Arbeits- und Wirtschaftsformen.

Das Raumgefüge zwischen Stadt und Land ist skaliert. Und in diesem Umstand liegt eine der wichtigsten Zukunftsressourcen. Und es ist unter den Vorzeichen sich wandelnder sozialökologischer Lebensweisen geboten, das im Spannungsverlauf und der hohen Durchlässigkeit zwischen Land und Stadt liegende Veränderungspotenzial auf erfinderische Weise zu nutzen. Weitaus belastender als in Städten wird in Landschaften unmittelbar sichtbar, was es für Menschen und Natur bedeutet, wenn eine enthemmte konsumkapitalistische Lebensweise die Umwelt im Übermaß ausbeutet und belastet. Vor diesem Hintergrund ist die erklärte Fortschrittsdominanz der Stadtkulturen – schneller, größer, verschwenderischer – äußerst fragwürdig geworden. Wenn ein stadtgetriebener Medien-, Technik- und Lifestyle-Hype den anderen jagt, entsteht eine Atemlosigkeit, die weder Nachhaltigkeit noch Nachdenklichkeit begünstigt. In jenem Stadium der Moderne, das wir heute erreicht haben, könnte es tatsächlich angemessener, rationaler und global verträglicher sein, sich insgesamt langsamer, maßvoller und weltschonender zu verhalten. Die Stabilität der Lebenswelt, was Alexander Mitscherlich einmal mit *»Verteidigung der Nahwelt«* meinte, erhält dadurch eine hochaktuelle Bedeutung.

Die ruhige Beständigkeit ländlicher Lebensformen, ihre länger tragende Erinnerung, das Gefühl der Zuständigkeit für den Raum, in dem man lebt, ebenso wie die anspruchsvolle Kunst der Nachbarschaft gilt es da als Orientierungsmarken zu berücksichtigen. Umgekehrt bietet vor allem das städtische Leben die Bühne, auf der das großartige Spiel der Differenz inszeniert und durchgeführt wird. Im Stadtraum findet die kulturelle Performance statt, Unterschiede nicht als abgesondertes Fremdes sondern als zuträgliche Vielfalt zu erleben und Wert zu schätzen. Dadurch entsteht ein flirrender ziviler Spielraum, durch den wir Ironie, Widersprüchlichkeit und auch eine Art von Theatralik in unsere Lebensweisen einführen. Was dabei helfen kann, den erforderlichen Wandel, der zu Experimenten auch in unserem Gemeinschaftsleben einlädt, leichter und spielerischer zu vollziehen.

Bei allen Qualitäten der verschiedenen Räume, ist jedoch die alte Hierarchie, auch wenn es vielleicht einige Stadthelden noch immer nicht begriffen haben, endgültig zusammengebrochen, um der Notwendigkeit von kultureller Diffusion, gegenseitiger Achtung und Verbindlichkeit Platz zu machen. In diesem Prozess eröffnen sich völlig neue konzeptionelle Richtungen und praktische Perspektiven für eine Durchflechtung von urbanem und natural-sozialem Raum. Eine Transformation, die nicht allein balancierte Landschaften erfordert, denen die ökologische Last nicht einseitig aufgebürdet wird, sondern auch neue urbane Gleichgewichte. In diesem Sinn begreifen sich manche Städte bereits ausdrücklich als ›Transition Towns‹ (Rob Hopkins). Sie bewegen sich damit in eine Richtung, in der sie eine forcierte Freiraumentwicklung unter klimatischen und ökologischen Perspektiven entwerfen. Konkret kann das Maßnahmen wie großräumige Baumpflanzungen bedeuten, die angesichts globaler Temperaturerhöhung zu natürlicher Regulation des Mikroklimas führen, ergänzt durch die Erweiterung von Grünzonen und Parks oder ein breit und auch vertikal angelegtes *›urban gardening‹*. Neben der Durchpflanzung von Städten und dem Vorrang für eine klimasensible, grüne Architektur geht es natürlich auch um Maßnahmen zur Verringerung von Luft- und Gewässerverschmutzung sowie des CO_2-Ausstoßes. Neue Formen von Energie und Mobilität einschließlich einer Verkehrsreduzierung sind genau so wichtige Elemente in einem integralen Transformationskonzept, wie auch ein neues Selbstbewusstsein von Stadtgesellschaften, Gestaltungsspielräume mittels Strukturen aktiver Bürgerbeteiligung und lokaler Initiativen zu erobern und bestehende Macht zu attackieren. Zusammengenommen lassen sich darin unschwer Elemente jener einstigen integralen Landschaft ausmachen, aus der die Städte einmal hervorgegangen sind.

Anstatt Vorstellungen von Ökomodernisten zu folgen, die urbane Konzentration der Menschheit auf die Spitze zu treiben und dabei gleichzeitig die vermeintliche Natur von allen Menschen zu entleeren, was nicht bloß einmal mehr einer grausigen Reinheitsidee von Natur huldigt, sondern auch hieße, das kulturelle Konzept von Landschaft geschichtlich insgesamt aufzugeben, bedarf es sinnvoller Vorschläge zur Umwandlung der Städte – und damit der Landschaften. Im klug abgestimmten Dreiklang von Stein, Fleisch und Chlorophyll sind Stadtlandschaften nicht länger nur gebaute Programme zum Gelderwerb oder Freizeitvergnügen, nicht einfach architektonischer Raum für Business und Lebensfülle. Sowenig wie sie bloße Transferräume in vermeintliche Idyllen abgeben, für die eine sogenannte naturnahe Landschaft gerade im Trend liegt. Stattdessen zeigen sich entwickelte Stadtlandschaften mehr und mehr durchsetzt mit typisch ländlichen Merkmalen. Tatsächlich kann man mittlerweile erstaunliche Entwicklungen registrieren, indem sich nichtmenschliche Lebensformen in einer spezifischen urbanen Evolution an Städte anpassen. Teilweise entsteht hier ein artenreicherer Lebensraum, als ihn das biologisch weitgehend mortifizierte agrarindustrielle Umland aufzuweisen hat. Ein schwacher Trost, gewiss, aber doch auch ein Hinweis auf die emanierende Kraft ökologischer Wechselwirkungen.

Trotzdem geht es nicht in erster Linie um eine urbane Herausforderung. Denn die weitaus gewichtigere Frage lautet, wie sich die Landschaft-

Stadt-Beziehung in eine tiefgreifend veränderte Weltsicht einfügen lässt. Das aktivistische Inventar des Wandels, wofür manche, die den Glauben an die Durchschlagskraft der bisher unternommenen Veränderungsanstrengungen verloren haben, mittlerweile gewaltsame Aktionen vorschlagen, setzt voraus, die konzeptionelle Einschränkung moderner Raumpolitik, die über Architektur nahezu ausschließlich im Rahmen von Urbanisierung nachdachte, entschlossen aufzusprengen, damit die dezentrale, beziehungsreiche und vielseitige Problemstellung, mit der wir es in Wahrheit fortan zu tun haben, nicht ein weiteres Mal nach einem modernen Zentralisierungsmodell angegangen und damit ein weiteres Mal verfehlt wird – mit Folgen, die wir uns nicht wünschen und vermutlich auch noch nicht im Ansatz vorstellen können.

Es geht heute um nichts weniger, als den städtischen und ländlichen Raum geistig und real intensiv zu verflechten, um ideelle, funktionale, politische und kulturelle Hierarchien abzubauen und den Raum des Lebens insgesamt zu demokratisieren. Das schließt ein, sämtliche Räume den Erfordernissen einer intakten Biosphäre bewusst zuzuordnen. Und es zwingt dazu, parallel zur urbanen Ökologisierung darüber nachzudenken, wie die städtischen Ausfransungen und erweiterten Stadtregionen zu Arealen mutieren können, worin sich neuartige Hybride städtisch-ländlichen Lebens herausbilden. Kollektive Lebens- und kooperative Arbeitsformen, die eine lebensortnahe Versorgung mit kurzen Transportwegen mit Möglichkeiten digitaler Gesellschaft verbinden und von gut ausgebauten Mobilitätsnetzen einer Postcarbon-Ära profitieren. Gleichwohl wird sich natürlich erst noch zeigen müssen, ob und in welche Maße diese neuen Lebensweisen zu natural-sozialen Modellen taugen, indem sie mit innovativen Verhältnissen von Arbeit, Mobilität und Wirtschaft auf radikale Veränderungen innerhalb der bisherigen Zeit- und Raumordnung reagieren.

Welche Wandeldynamik entstehen kann, dafür liegt seit kurzem eine überraschend neue Erfahrung vor. Ausgehend von der Vorstellung, die ungebändigte Wildnis stets als Widersacherin menschlicher Kultur wahrzunehmen, eignete sich die vorgeblich feindliche, antagonistische Natur wie von selbst zur *battle zone*, worin seit jeher jener Kampf ausgefochten wird, aus dem die Zivilisation hervorging. Dieses zählebige Paradigma mit seinen tiefreichenden kulturellen Impulsen trat durch die virale Pandemie des Beta-Coronavirus SARS-CoV-2 mit dem populären Namen ›Corona‹, unter deren Eindruck die Gesellschaften derzeit weltweit stehen und noch lange stehen werden, einmal mehr offen zutage. Man muss sich in Erinnerung rufen, dass von führenden Politikern mächtiger Staaten die Pandemie unverhüllt als »Krieg« bezeichnet wurde. Parallel dazu mehrten sich die Hinweise aus der Wissenschaft, die besagten, eine allzu große Nähe des Menschen zur Natur sei prekär, weil bleibend gefährlich. Manche Wissenschaftler sprachen von »biologischer Naturkatastrophe«. Versucht man, die dahinter stehende Absicht zu entziffern, kommt man zu folgender Einschätzung: Man erklärt die Seuche zum externen Schicksal (man schreibt ihren Ursprung ›der Natur‹, nicht etwa einem Laborunfall zu), was es erlaubt, sich bei ihrer Interpretation in eine Richtung zu bewegen, bei der die alte, antagonistische Ordnung wiederhergestellt werden kann. Die Suggestion geht dahin, dass sich die menschliche Zivilisation, die sich in der Geschichte erstmals global unter ein und derselben Bedrohung erleben musste, in einem Kampf gegen die sie bedrohende Natur befindet, der auf Leben und Tod geführt werden muss.

Tatsächlich breitete sich das Virus jedoch nicht auf natürlichen Wegen aus, sondern folgte wirtschaftlichen und touristischen Achsen und Aktivitäten, und dies mit der Hochgeschwindigkeit globaler Mobilität. Wie das Raumgefüge zwischen Stadt und Land so ist auch dasjenige zwischen Zivilisationsraum und Naturraum skaliert. Unter bestimmten Umständen kann beides eskalieren. Weil kulturelle Räume, ob urban oder rural, sich durch vielfältige Systeme von Schwellen formen, was bedeutet: von Abstandswahrung und Behutsamkeitsnormen, gibt es an jeder Schwelle besondere Wahrnehmungssignale. Und mit jeder Schwelle stellt sich die Frage, welche Haltung man davor einnimmt. Das gilt insbesondere für Landschaften, die dort lebenden Gemeinschaften oftmals abweisend oder unheimlich vorkamen. Bisweilen wurden sie als heilig angesehen, mit der Folge, dass man sie unangetastet ließ. Wo aber seit nicht langer Zeit traditionelle Schwellen bedenkenlos übertreten und gebotene Distanzen missachtet werden, indem man ethnisch respektierte Landschaften für Störung oder Zerstörung freigibt, wächst nachweislich die Wahrscheinlichkeit zoonotischer Epidemien.

Ein Risiko, das in einer Welt kontinuierlich zunimmt, die mit jedem Jahrzehnt ein Zehntel ihrer ursprünglichen Waldfläche vernichtet oder in der Permafrostzonen auftauen und Eingefrorenes preisgeben. Tatsächlich stammt annähernd die Hälfte aller bekannten Epidemien von Erregern, die durch Wildtiere auf Menschen übergehen. Umgekehrt, auch das dürfen wir keinesfalls außeracht lassen, führen menschliche Mobilität und Distanzmissachtung zur Verbreitung tödlicher Pilze und Viren in Ökosystemen, denen ganze Populationen und Tierklassen zum Opfer fallen. Ein maßgeblicher Faktor, weshalb die Aussterberate unter allen Tier- und Pflanzenarten nach Einschätzung von Forschern inzwischen auf über das Tausendfache des Normalwerts angestiegen ist und Landschaften in einem Ausmaß wie nie zuvor biologisch verarmen.

Während sich gleichzeitig die wissenschaftliche Erkenntnis festigt, wonach die Übertragung von Viren in Wildtieren auf den Menschen sich durch den Klimawandel verstärkt, führt dies zusammen zu dem Schluss, dass in der jüngsten Pandemie weniger ein Naturereignis als vor allem ein Kulturphänomen zu sehen ist. Diese epidemische Globalisierung anzuerkennen, die wir nach der medialen und ökonomischen zurzeit miterleben, verpflichtet dazu, den ökonomischen und ökologischen Raum neu zu konfigurieren. Was heißt das? Es heißt vor allem, die pandemische Gefährdung verlangt nicht allein nach einer pharmakologischen, sondern auch nach einer ökologischen Immunantwort. Und wie immer sie konkret ausfallen wird, ob Logistik, Infrastrukturen und Produktionen verstärkt in räumlichen Nahbereichen aufgebaut und vernetzt werden, es eröffnen sich dadurch bislang vernachlässigte Möglichkeiten, Konnektivität nicht so sehr unter Vorzeichen ökonomischer Globalisierung zu organisieren als sie in lokalistische sozio-ökologische Verhältnisse zu integrieren, mit denen ein verändertes Gleichgewicht von Distanz und Mobilität einerseits und erhöhter Ortsstabilität andererseits entsteht.

Die Logik der Moderne, verfestigt in Natur und Zivilisation, Stadt und Land, trennt das Leben mit präzisen Schnitten in räumliche Sektoren. Inzwischen jedoch beginnt man auch innerhalb der Architekturtheorie, über städtische Natur und urbane Landwirtschaft nachzudenken. Was spricht dagegen, dass neue Lebensformen von Koexistenz, Kohabitation, Kooperation und Co-Working urbane wie nichturbane Räume durchdringen, und das Verhältnis zu Landschaften als natural-sozialem Gefüge sich auf diese Weise enger und intensiver gestaltet. Geht ein derartiger Wandel mit der Umgestaltung von Produktions- und Servicestrukturen einhergeht, wirkt er sich einschneidend auf die innere Verbindung einer zeitlichen Ordnung städtischer Lebens- und Produktionsformen mit der Raumordnung von Landschaften aus.

Fraglich bleibt, ob digital organisierte Stadträume dabei von Nutzen sind. Verlängert die kybernetische Smart City, gesteuert und verwaltet von Algorithmen, die funktionale und hegemoniale Signatur lediglich in Richtung einer neuen technischen Bedingung und nährt sie so die finstere Vision einer in ihren Bewegungen optimierten und kontrollierten kollektiven Einheit? Eine Antwort darauf wird im Wesentlichen von zwei Dingen abhängen. Zum einen, ob die Bürger, eingesponnen in eine Technosphäre vernetzter, autonomer und intelligenter Maschinen, Souveränität über ihre Daten erlangen. Und zum anderen, ob sich die Stadtkultur von der Unterordnung unter die notorische Steigerung von Tempo, Wachstum, Effizienz zu lösen vermag. Diese Entwicklung stellt nicht zuletzt die Architektur vor eine neue, in ihren Dimensionen noch nicht wirklich verstandene Aufgabe, die darin besteht, Ästhetik und gebauten Raum in landschaftlich-urbane Strategien zu übersetzen.

Der Jahrhundertanfang, geprägt von Hyperglobalisierung und weltweit gestreutem Terror, verschwindet, ist bereits verschwunden, und wir durchqueren die Fragen, an denen das Leben heute bereits anstößt oder demnächst anecken wird. Viele empfinden sich zurückgeworfen an einen Punkt, zu dem die vormalige Flüchtigkeit zusammengeschrumpft ist und von dem die Perspektivlinien noch vor kurzem ausgingen, deren Bild jetzt seltsam verzerrt wirkt. Die Zukunft, der Leitbegriff unserer Fortschrittszivilisation, verliert jene Eigenschaften, die sie in der klassischen Moderne bislang auszeichneten, nämlich vielversprechend, glänzend und verlockend zu sein. Statt mit Verheißungen angefüllter Zukunftsgewissheit beherrschen zusehends negative Bilder und Zukunftsängste die öffentliche Gemütslage. Die Melancholie, bisher vom Verlust des Vergangenen betrübt, hat ihre Richtung geändert: Sie trauert der Zukunft nach. Was wir an ihrer Stelle sehen müssen, sticht ins Auge und schmerzt. Entscheidend ist in diesem Moment, was wir mit unseren Lidern anfangen. Ob wir sie vor dem drohenden Unheil schließen oder sie weit aufreißen und staunen, welche Mannigfaltigkeit, Vitalität und Schönheit Landschaften in sich bergen.

Sehen wir schon, wie sich die erforderliche Ortsnähe einer gewandelten Lebensweise auf die Landschaften auswirken wird? Und in welchem Maß die verstärkte Lokalisierung des privaten und beruflichen Lebens zu intensiverer Wahrnehmung und Beteiligung an der jeweiligen Landschaft führt? Gelingt es uns, die Konsequenzen zu akzeptieren, womit die Globalität insgesamt relokalisiert wird, um gleichzeitig die Erfahrung von Nähebeziehungen und örtlichen Netzwerken neu zu bewerten? Erkennen wir die volle Tragweite, mit der wir eine Deglobalisierung einleiten müssen? Und wird es uns gelingen, räumliche Qualitäten des Vor-Ort-Seins, der Verbundenheit mit Lebenslandschaften, der Verortung unserer subjektiven Erzählungen in den Vordergrund zu stellen, die weniger von Unruhe und vom Anywhere umgetrieben werden als vom Ankommen und Da-Sein, für sich selbst wie für die unmittelbare sozial-naturale Umgebung?

Seit der Gründung erster mesopotamischer Städte vor sechstausend Jahren hat sich nichts an ihrer wesentlichen Voraussetzung verändert: einer die Zentren mit möglichst schmackhaften, hochwertigen Nahrungsmitteln versorgenden Landwirtschaft. Gleichzeitig änderte sich damit aber auch nichts an der urbanen Abhängigkeit, welche die Böden in Dienst nahm und zu einem Missbrauch von Landschaften führte, auf deren vorläufigem Höhepunkt wir uns jetzt befinden. Wie schon einmal zuvor im 18. Jahrhundert, ist es daher heute von entscheidender Bedeutung, ein kulturelles Gespür für Landschaft zu entwickeln, nicht an erster Stelle für deren Erhabenheit, Schönheit und Harmonie, sondern für die sinnliche und rationale Verbindung von Ästhetik und Ökologie. Die Konzeption ökologischen Wissens unter ästhetischer Perspektive räumt Landschaften nicht nur mehr Freiraum ein, sie erhöht auch die Komplexität dieses Wissens selbst. Gerade im Rückblick auf Phasen tiefer Landschaftseingriffe, denken wir etwa an den neolithischen Ackerbau, den neuzeitlichen Kolonialismus oder die industrielle Revolution, entbindet uns im Anthropozän nichts von der Verpflichtung, jenen unerlässlichen Umsturz in unserem ökonomischen und landschaftsökologischen Verhalten auf den Weg zu bringen, Naherfahrungen mit globalen Wirkungen, sinnliches Erleben mit wissenschaftlicher Weitsicht und örtliche Handlungsweisen eng mit planetarischer Verantwortung zu verknüpfen.

Kann es in Anbetracht von Landschaften der Ruhelosigkeit also vorwiegend um die Umrüstung des urbanen Raums zu resilienten Städten gehen? Genügt es, durch forcierte Biotechnologie die Transformation von Wäldern und Agrargebieten zu zivilisationswiderständigen Arealen voranzutreiben? Liegt der Sicherheitsschlüssel für die Zukunft in Klima- und Geoengineering? Oder bedarf es nicht vielmehr eines neuen Vertrags zwischen nichtstädtischen und städtischen Räumen, der in ihre Beziehung die Belange des planetarischen Lebens hineinschreibt? Soviel können wir schon jetzt festhalten: Den drohenden Ökozid abzuwenden, kann ausschließlich als gemeinsames Vorhaben von Landschaften und Städten gelingen. Die Zukunftsressourcen, die in beiden Räumen schlummern, sind dringend zu aktivieren, wenn global die Landschaften für nachfolgende Generationen erhalten und Städte bewohnbar bleiben sollen. Einen Fluchtraum aus einer Erde dramatischer Landschaften wird es nicht geben.

Wie das Land zu bebauen ist und wie Städte gebaut werden sollten, diese Fragen können im 21. Jahrhundert nur noch unter einer einheitlichen Perspektive beantwortet werden, bei der es darum geht, Wege zu finden, die an Schrecken reiche Geschichte der Menschheit nicht mit einem planetarischen Desaster zu krönen. Wir müssen uns von der Vorstellung verabschieden, Landschaften begännen am Rand von Städten. Sie beginnen in der Stadt, in jeder Wohnung, jedem Büro, was den Anstoß einschließt, Landschaften hautnah zu erleben, zu spüren und zu beobachten. Es ist dringend an der Zeit, die Klischees vom rückständigen, abseitigen Landleben und einer lauschigen Natur in die Rumpelkammer urbaner Idyllik zu verbannen. Und gleichzeitig die Neugestaltung der postindustriellen Stadt voranzubringen, in der sich grüne, offene, nachbarschaftliche Räume ausbreiten und die mit einer zyklischen Güterökonomie einhergehen.

Nicht weniger nötig ist es, einen Großteil unserer Kräfte darauf zu verwenden, balancierte Land-Stadt-Verflechtungen zu erschaffen, die wechselseitig sozial-ökologische Landbewirtschaftung und nachhaltigen Konsum bewirken. Die Dimension dieser Aufgabe wird begreiflich, wenn man sich vor Augen hält, dass selbst in einem Industrieland wie Deutschland fast die Hälfte der gesamten wirtschaftlichen Wertschöpfung im ländlichen Raum erbracht wird. In Anbetracht der Notwendigkeit einer sehr viel engeren Bindungsstruktur von Land und Stadt wächst das Verlangen nach einer starken Bewegung für die Wiedereinbettung von Landschaft in einen gesellschaftlichen Sinn, der an die Stelle von *profit* den allgemeinen *benefit* setzt, indem er die Teilhabe an Landschaft mit der Vernetzung von bäuerlicher Produktion und gemeinschaftlicher Unterstützung verbindet. Im Kern liegt damit die theoretische wie praktische Aufgabe vor uns, *»Landschaft aus dem Verhältnis zu begreifen, in dem sie zur Gesellschaft«* (Joachim Ritter) steht. Kann es beispielsweise gelingen, demokratische Prozesse in Gang zu setzen, über Vorgehensweisen einer neuen Landreform nachzudenken, mit der Investorenland wieder in Erzeugerhand übergeht und eine Kultur zivilgesellschaftlichen Teilens zu Formen gemeinschaftlicher Landnutzung führt?

Die Akteure der Landschaft – Städter, Landbewohner, Tiere, Pflanzen, anorganische Substanzen und Formationen – noch strikteren und komplexeren Planungslogiken und Technikanwendungen zu unterwerfen als bisher schon, bedeutet nicht die Lösung sondern allenfalls eine Verlängerung der Misere. Es wäre fahrlässig zu glauben, den Akteuren der Landschaft könnte das Recht auf Beteiligung und Gehörtwerden weiterhin entzogen werden. Wo nötig, müssen besondere Advokaten (Dichter?) eine stumme und anderssprachige Landschaft in ihren Anliegen übersetzen und vertreten. Kein Zweifel, die vor uns liegende Aufgabe verlangt eine aktive Bestreitung bisheriger Raumpolitik verbunden mit einer völlig neuen Machtverteilung und Verantwortungsübernahme, die in den Landschaften unseres Planeten wirksam und erfahrbar wird. Nur das wird der Gestalt der Landschaft – ihrem Geruch, Klang, Aussehen und Tempo – eine neue, lebensgerechtere, polykulturelle und vielseitig verwobene Form verleihen.

Siedlungs-, Architektur-, Mobilitäts-, Energie-, Arbeits- und Kommunikationsformen auf das Ziel natural-sozialer Landschaften abzustimmen, verlangt zwar beträchtliche, aber eben auch entdramatisierende Umstellungen innerhalb der gewohnten Lebens-, Produktions- und Verbrauchsstile. Was wir vielleicht fürchten, an libertären Spielräumen einzubüßen, winkt als Gewinn an Zukunft für nachfolgende Generationen. Freiheit ist längst zur Angelegenheit einer durch die Zeit nach vorne wirkenden Gerechtigkeit geworden. In jedem Fall wird aus den unumgänglichen Transformationen ein offenes, metabolisches Landschaftskonzept hervorgehen, das ausreichend Handlungsraum bietet, erfinderische ökologisch-soziale Raummodelle zu entwickeln, die sich am Wert balancierter Landschaften orientieren. Während sich im Zuge einer solchen Umgestaltung ein verändertes Verständnis von Städten bildet, wird sich parallel dazu der nichturbane Raum zu vielfältigen, postglobalen, relokalisierten Landschaften entwickeln. Gemeinsam werden sie ein neuartiges Netz unseres gesellschaftlichen Lebens flechten.

Welcher Fortschritt?

Welchem Ideal von Moderne und Fortschritt ist die gegenwärtige Gesellschaft noch immer bereit, Folge zu leisten, wenn sich allein in Deutschland nur dreißig Prozent der natürlichen Lebensräume noch in einem Zustand befinden, der als gut zu bezeichnen ist? Wenn der geometrische Formalismus entstellter Landschaften einer wirtschaftsmathematischen Vernunft folgt, die Faktoren wie Fläche, Düngemittel, Pestizide, Maschineneinsatz, Arbeitskraft und Ertrag berechnet, um Gewinnbilanzen zu kalkulieren? Wenn ein räumlicher Imperialismus mit harter Hand über Landschaften hinweggeht, sie einem zunehmenden Abstraktionsgrad unterwirft, und dabei die komplexe Sinnlichkeit, vielfältige Lebensorganisation, eng verflochtene Ökosysteme und das umfangreiche Arteninventar erbarmungslos auslöscht?

Die neuzeitliche philosophische Anthropologie prägte das Bild eines Menschen, dessen Verlangen das Maß seines Tuns ausmacht. Eine seelische Grammatik, die Thomas Hobbes in seinem Glücksbegriff mit schlagender Klarheit zum Ausdruck brachte: Glückseligkeit bedeute, meint er, den ununterbrochenen Fortschritt des Begehrens, von einer Sache zur nächsten. Obwohl Ernst Bloch zu diesem durch und durch konsumistischen, begierigen Glück in seinem »Prinzip Hoffnung« sichtlich Abstand zu halten bemüht ist, sieht doch auch er im Hunger die elementare Antriebsquelle des Lebens. Während die stetige Nahrungssuche, jener lebenserhaltende Trieb, im Konsumkapitalismus zum globalen Antrieb unersättlicher Erwerbsabsichten ausgebaut wurde, lässt sich kaum noch leugnen, dass wir in weitaus größerem Maß einer vorsätzlichen Sublimierung bedürfen, um den Optimismus unseres Lebens und der globalen Kultur neu zu stimulieren und sachlich zu begründen.

Wie schwer das fällt, belegen die unentwegten ökonomischen Steigerungsmaximen. Trotz einer Rhetorik der Nachhaltigkeit setzt die reale Politik weltweit ungebrochen auf Wachstum und eine konsummotivierte Wirtschaft. Es kann darum nicht überraschen, wenn seit 1992, dem Jahr der ersten Klimakonferenz in Rio, die Konsumausgaben in Deutschland um achtzig Prozent gesteigert wurden. Die Sackgasse, in der unser Zivilisationsmodell feststeckt, wird plastisch, sobald man ein paar Zahlen nicht weiter ignoriert. Zum Beispiel, dass bei einer Annahme von zwei Prozent Wachstum sich die Menge an Gütern und Dienstleistungen in einem Zeitraum von fünfunddreißig Jahren verdoppelt. Doch die entscheidende Zahl ist noch erbarmungsloser. Sie ergibt sich aus den tatsächlichen Materialströmen, die für alle diese Waren und Dienste erforderlich sind und die rund um die Welt in Bewegung gesetzt werden. Die wahre *»ökologische Last«* des Konsums sieht man erst im Blick auf die *»45000 bis 85000 Kilogramm Material, das jeder einzelne Einwohner der hochentwickelten Länder jährlich verbraucht«* (Frank Trentmann), eine schwindelerregende Ziffer, die mit jedem Prozent Wachstum noch erheblich größer wird. Die politische Propaganda, das angestrebte Wirtschaftswachstum vom Energie-, Rohstoff- und Landschaftsverbrauch global entkoppeln zu können, und natürlich auch von CO_2-intensiven Konsumstilen, ist schlechterdings eine perfide Täuschung auf Kosten all derjenigen, die zu den Nachgeborenen gehören werden.

Es verschärft die Situation, wenn Landschaften nicht allein vom wachsenden Maß an unmittelbaren und mittelbaren Bedürfnissen sondern auch durch größer werdende Menschenmengen bedrängt und eingeengt werden. Nie zuvor in der Geschichte, seitdem Menschen den Planeten besiedeln, konnte ein derartiger Populationssprung verzeichnet werden. Zum Zeitpunkt meiner Geburt Anfang der 1960er Jahre umfasste die Menschheit drei Milliarden Individuen. Gemäß der Altersstatistik wird am Ende eines Lebens von durchschnittlicher europäischer Zeitspanne bereits die dreifache Zahl die Erde bewohnen. Wie ihre schiere biologische Menge übersteigt auch der zivilisatorische Bedarf und, was nicht das Gleiche ist, der Verbrauch irdischer Güter und Ressourcen alles, was die menschliche Geschichte bisher kannte. Schon heute ist der Bedarf an neu errichteten Gebäuden, teils zum Wohnen teils zur Organisation des wirtschaftlichen und gesellschaftlichen Lebens, für nahezu vierzig Prozent der globalen CO_2-Emissionen verantwortlich. Obschon extrem ungleich verteilt, gleicht das Ausmaß der Beanspruchung des Planeten, seiner Metalle, fossilen Stoffe, seltenen Erden, Ozeane, atmosphärischen Räume und organischen Wesen, betrachtet man es mit evolutionären Maßstäben, keiner Entwicklung sondern einer Explosion.

Der Frage lässt sich also nicht ausweichen: Sind wir Menschen das Erratum der Evolution, oder gelingt es uns, integraler Teil des planetarischen Lebens zu sein? Jede auch nur annähernd sachkundige Kulturtheorie des Anthropozän wird zweifellos an der eigentlichen Problemstellung unserer Gegenwart vorbeigehen, wenn sie nicht die Landschaft ins Zentrum rückt. Sprich, jenen universalen Rahmen des Lebens, der Geologie, Klima, menschliche Zivilisation, Tier- und Pflanzenwelt in einen dynamischen Zusammenhang von ›Natur‹ und Geschichte einbindet. Über Landschaft kann heute sinnvoll nicht geredet werden, ohne zu fragen, welche Neufassung jeder singuläre natural-soziale Lebensraum innerhalb des Erde-Systems zu durchlaufen hat und was diese Version geteilten Daseins für eine dem Leben insgesamt gemäße evolutionäre Anthropologie bedeuten mag.

So unbestritten reizvoll es ist, klassischen Landschaftstypen wie Wüsten, Grasland, Regenwald, Küsten oder Polarregionen wissenschaftliche Aufmerksamkeit zu schenken, so besteht heute doch eine vorrangige Notwendigkeit, den Implikationen einer strukturellen Typologie nachzugehen. Jede Art von Landschaft kann hegemonial zugerichtet werden, ob durch gewöhnliche Forst- und Agrarnutzung oder, im Extremfall, durch Tiefseebergbau oder Himalayatourismus. Gesellschaftlichen und politischen Willen vorausgesetzt, ist es allerdings keineswegs unmöglich, sie für andere, weniger schädliche typologische Formen zu öffnen. Gleichwohl wird man längst nicht behaupten können, dass eine solche Verschiebung in dem gebotenen Maß und mit der nötigen Geschwindigkeit bereits in Gang gekommen ist, selbst angesichts der Tatsache, dass wir uns in einer Lage befinden, die in der Wissenschaft nicht so häufig vorkommt: Die Datenlage für die Zukunft wird zunehmend komplexer und zugleich genauer. Die einheitliche Richtung, in die sie weist, erreicht die Gesellschaft in den Szenarien um Umweltzerstörung und Klimakatastrophe, mit denen sich ein nie dagewesener Zivilisationsbruch mit globalen Auswirkungen abzeichnet. Schenkt man mittelfristigen wissenschaftlichen Prognosen über den Zustand der Biosphäre und der Atmosphäre Glauben, haben wir allen Anlass anzunehmen, dass wir, wie zuvor schon andere Zeitalter im Hinblick auf Religionswahn oder die verheerenden Auswirkungen des Nationalismus, nicht daran vorbeikommen werden, die tödlichen Exzesse unserer eigenen Epoche zu korrigieren und die eingetretenen Folgen, so gut es noch geht, zu heilen.

Die über den Planeten ausgespannte Technosphäre aus Kabeln, Satelliten, Flughäfen und Flugzeugen, Sendern und Empfängern, Servern und Computern, Containerschiffen, Maschinen und Genlaboren bildet die Grundlage für das Geschäftsmodell der ökonomischen Konsummoderne, das darauf fußt, dem globalen Dasein einschließlich der Landschaften einen verdinglichten, berechenbaren und Gewinn abwerfenden Wert beizulegen. Paradoxerweise hat das dazu geführt, dass zusammen mit sogenannten Nutzlandschaften auch die daraus entnommenen agrarischen Lebensmittel vom Marktsystem (und seiner Discounterökonomie) zunehmend entwertet und von der Lebensmittelindustrie samt Food-Design degradiert wurden. Im systemischen Zusammenhang mit dieser Herabwürdigung von Nahrung, die sich aus der ökonomischen Logik kalkulierter Intensivnutzung ergibt, hat sich allein seit Anfang des laufenden Jahrhunderts die Zahl der akut bedrohten Tierarten beinahe verdreifacht. Die von Menschen ausgehende Destabilisierung ausgewogener Lebensräume und Biosysteme erreicht mittlerweile ein Ausmaß, das an die Grenze dessen stößt, was die Metastabilität atmosphärischer, ozeanischer und biologischer Systeme noch abfedern und ausgleichen kann. Nicht das Nietzsche-Projekt einer ideologischen Umwertung aller Werte steht deshalb für uns ganz oben auf der historischen Agenda der Menschheit, sondern die reale Umwertung aller Entwertungen, die in Räumen stattgefunden haben, welche vor nicht allzu langer Zeit integrale Landschaften darstellten.

Um die womöglich letzte Chance dafür nicht zu verpassen, scheint es mir unerlässlich, eine bewusste Verbindung von Ästhetik und Ökologie voranzubringen. Ästhetik in einem fundamentalen Sinn reagiert auf die Tatsache, dass Menschen kognitiv daraufhin angelegt sind, etwas als etwas wahrzunehmen. Leidet eine Person nicht unter Agnosie (unter Seelenblindheit oder, im Fall des Hörsinns, unter Seelentaubheit), kann sie nicht anders, als etwas Bestimmtes in eine Sache hineinzusehen oder hineinzuhören. Die menschliche Sinnlichkeit, heißt das, agiert unvermeidlich innerhalb einer symbolischen Ordnung und ist durch sie formatiert. Die Intelligenz des Ohrs, der Haut oder der Zunge führt uns in eine gedeutete Welt, deren unmittelbare Signifikanzen uns nachgerade naturgegeben vorkommen. Nur sind sie das eben nicht. Wo der eine einen herbstlich leuchtenden Kalkbuchenwald sieht, sieht der andere eine ergiebige Starkholzernte oder ein landschaftsökologisches System. Gemäß derartiger Lenkungen nehmen wir wahr, was wir wollen, weil wir es sollen, indem wir kognitiv danach ausgerichtet sind. Sinnlichkeit findet nicht bloß innerhalb eines Raums von Bedeutungen statt sondern auch innerhalb einer Textur aus Normen. Diese nicht hintergehbare wahrnehmungsästhetische Verschränkung von Werten und Sachen, von Sein und Sollen, Wissen und Gewissen ist für die Ökologie von grundlegender Relevanz, da der landschaftlichen Matrix zivilisatorischer Gewaltherrschaft die Voreingenommenheit ihrer Kenntnisnahme korrespondiert, sprich: die in unseren Wahrnehmungen grassierende, hegemoniale Destruktivität.

Hauptmerkmal hegemonialer Landschaften ist ihre wahrgenommene Verfügbarkeit. Sie ist es, die definiert, was eine Landschaft zu leisten, welche vermarktbaren Erträge sie zu erbringen hat. In dramatischen Landschaften, die menschlichen Interessen fortan nicht mehr einfach folgenlos zur Verfügung stehen, zeigt sich unterdessen, wie sie der Verfügungsgewalt mehr und mehr entgleiten. Absterbende Monokulturwälder, austrocknende boreale Wälder, ausgelaugte oder versalzene, biologisch mortifizierte Böden, übersäuerte, erwärmte Meere sind unübersehbare Hinweise auf das Ende der Verfügbarkeit von unruhigen, angegriffenen, wunden Räumen. Manche Forscher bezeichnen die eingetretenen Verluste als ›Ewigkeitskosten‹. Sie häufen sich weiter an, und wir sind Zeitgenossen und aufgrund unserer westlichen Lebensweise auch Mitwirkende an einer nie wieder gut zu machenden planetarischen Ausdünnung des biologischen Lebens.

Dabei käme es einem schwerwiegenden Irrtum gleich, alle diese Verluste kurzerhand als zwar nicht erfreulichen, doch hinnehmbaren Negativposten in einem unermesslichen biologischen Budget zu verbuchen, anstatt darin jenen wirklichen Epocheneinschnitt zu erkennen, mit dem sich die Grammatik von Aktiv und Passiv, mit dem sich das einseitige Verlangen nach Überlegenheit in der natural-sozialen Beziehung umkehrt. Eine der Folgen dieser Veränderung ist das Zerplatzen der Kontinuitätsillusion, linearer Fortschritt von Wachstum, Steigerung, Maximierung wäre auf dem Rücken auszubeutender Landschaften weiterhin verfügbar, ökonomisch planbar und sozialtechnologisch machbar. Stattdessen schauen wir beim Blick auf das imaginäre Morgen in einen Raum wachsender Unsicherheit und Unkontrollierbarkeit. Das Zukunftsbild verschwimmt, und wo die moderne Leiterzählung menschlicher Dominanz über Zeit und Raum damit an Glaubwürdigkeit verliert, öffnen sich bisher verdrängte Perspektiven auf neue Gleichgewichte, die eine in Landschaften eingeschriebene natural-soziale Verhältnismäßigkeit einfordern.

Nicht erst seit heute sind die Folgen planvoller landschaftlicher Ausbeutung, Umformatierung und Vergiftung zu erkennen. Angesichts übermäßiger Abholzungen forderte der Forstwirtschaftler Hans Carl von Carlowitz bereits 1713, *»daß es eine continuierliche beständige und nachhaltende Nutzung gebe«*, und er formulierte damit erstmals das Prinzip von Nachhaltigkeit. Und schon den sozialistischen Analytikern des industriell-kapitalistischen Zeitalters schwante, dass der Mensch in seinem exzessiven Drang, *»der Natur seinen Stempel aufzudrücken, das Klima seines Wohnorts, ja die Pflanzen und Tiere selbst so veränderte, dass die Folgen seiner Tätigkeit nur mit dem allgemeinen Absterben des Erdballs verschwinden können«* (Friedrich Engels). Inzwischen sind wir an dem dramatischen Punkt der Landschaften angelangt, wo sich das Absterben zunehmend ausgedehnterer Teile der Erde vollzieht, die *Apocalypse now.* Konfrontiert mit den Folgen einer jahrzehntelangen gebieterischen Landschaftsbenutzung, durchgesetzt, um *»das natürliche Wachstum des Unnatürlichen«* zu entfesseln, unnachsichtig darin, eine *»pflegende Fürsorge des Bodens und der Landschaft«* beiseite zu räumen, geht es jetzt mit letzter Konsequenz um die Frage nach einer grundstürzenden Veränderung *»der Welt, in der wir Menschen leben und uns bewegen«* (Hannah Arendt).

Kann es gelingen, die Landschaft, nach ihrer Umformatierung, Ausbeutung und Vergiftung, neu zu erfinden und als intensiven, ästhetisch reformulierten Lebensraum für uns zurückzugewinnen? Die Ästhetik in ihren reichen Formen von Kunst und Landschaftserleben stellt noch immer das denkwürdigste gesellschaftliche Feld dar, worin allgemein ein feinjustiertes Sensorium für das Andere und seit dem 18. Jahrhundert spezifisch auch für Landschaften entwickelt wird. Feinsinn *en plein air* und das subtile Instrumentarium für die integrale Wahrnehmung von Landschaften sind unbestreitbar auf Teile der Wissenschaften übergegangen, deren Erkenntnisse bedeutsam sind. Daneben gewinnen gesellschaftliche Diskussionen an Einfluss, Landschaften wieder in einen umfassenden Nutzen und gemeinschaftlichen Sinn einzufügen. Wo der raumfordernde Formalismus, der Landschaften ihre feingliedrige und skalierte Struktur raubt, sie im gleichen Zug einer hegemonialen Umwandlung mit dem Ziel unterzieht, alles und noch das Letzte aus ihnen herauszuholen, da entsteht inzwischen mit wachsender Kraft die antagonistische Forderung, eine

Raumpolitik balancierter Landschaften, ja ein neues Alphabet, eine neue Sprache der Landschaft zu erschaffen.

Voraussetzung dafür ist, die in der Neuzeit gewachsene Einstellung zur Landschaft grundlegend zu verändern, was bedeutet, sie sinnlich zu erleben, intelligent zu beobachten und emotional beteiligt zu sein. Wo sich die kulturell antrainierte Wahrnehmung und Erfahrung von Landschaften als zutiefst fragwürdig und zerstörerisch erweisen, entsteht zwangsläufig die Forderung, sämtliche menschlichen Anlagen und Vermögen gleichzeitig und im Wechselspiel zu aktivieren. Und zwar nicht abstrakt in Theorien, sondern konkret, vor Ort, in Rieden, Dornbuschsavannen oder subarktischen Tundren. Erst eine derart ästhetische Umwälzung birgt die Möglichkeit in sich, ausgehend von jedem Augenpaar, Fuß oder Finger, kulturelle Haltungen zu verwandeln und im Gefühl und Wissen der ethischen Unerträglichkeit und ökologischen Untragbarkeit unseres Verhaltens zu politischem Handeln durchzudringen und das wissende Ignorieren empathisch zu durchbrechen.

Erwartungen an Landschaften, bei denen es nicht um eine retroromantische Ikonografie geht, worin sich vielmehr Nachbarschaften und Nahräume, soziale Kooperation und nicht zuletzt auch eine ökologische Solidarität bündeln, setzen die behutsame, gut geschulte Wahrnehmung menschlicher und nichtmenschlicher Lebensformen voraus, deren vitale Interessen in räumlichen Gleichgewichten ausbalanciert werden und zu ihrem Recht kommen. Ausgewogene Landschaften verlangen nach einer radikalen Verringerung des Landschaftstempos, um biologische Balancen wieder zu ermöglichen und natürliche Räume in einer bewegten Ruhe zu halten, deren Verschiebungen in Zeiträumen vonstattengehen, welche Lebewesen die nötigen Modifikationen und kreativen Anpassungen erlauben.

Das alles, und anderes mehr, ist wichtig. Es gilt jedoch, einen noch viel grundsätzlicheren Wandel einzuleiten und dabei neu über Fortschritt nachzudenken. Sofern ausgewogene Landschaften nämlich kostbare Lebensgemeinschaften und Lebensgüter in einem umgreifenden Sinn darstellen, werden sie zwangsläufig zum Schauplatz eines Umsturzes, der aus ihnen selbst – aus den Böden, Pflanzen, Tieren, aus Luft und Gewässern – hervorgeht: die Revolution der menschlichen Lebensweise. Was ich damit zum Ausdruck bringen möchte, ist nichts anderes, als dass ökonomische Eigeninteressen gegenüber Allgemeingütern, wie sie Landschaften darstellen, vollkommen neu abzuwägen sind, um das Wohlergehen aller, und damit ist gemeint: aller lokalen und globalen Lebewesen und Lebensräume, respektvoll zu berücksichtigen. Die kapitalgetriebene Nutzenmaximierung, der sich Landschaften seit Jahrzehnten in einer Brutalität ausgesetzt sehen wie niemals zuvor, lässt sich mit Belangen von Gemeinwohl und dem menschheitlichen Recht auf eine gute Zukunft nicht in Einklang bringen, ohne erhebliche globale Einschränkungen zu formulieren.

Die mehr als rebellische Tragweite jener Auswirkungen, die sich für die kapitalistische Lebensform daraus ergeben, ist zu erahnen, wenn wir den Forschungen von Verhaltensökonomen Beachtung schenken, woraus klar hervorgeht, dass soziale Gebilde, worin ein systematisches Gegeneinander und Konkurrenz um Vorteile herrscht, den Blick auf das Ganze bereitwillig ausblenden, und zwar selbst dann, wenn dem Ganzen dadurch gravierende Nachteile entstehen. Was John Maynard Keynes konsumpsychologisch als *»animal spirits«* und Amartya Sen im Blick auf liberale Marktteilnehmer als *»rationale Dummköpfe«* bezeichnete, meint im Kern, negative Effekte im weitläufigen Erdsystem werden bei positiven Resultaten im ökonomischen Nahsystem billigend in Kauf genommen, zumal wenn gewisse Skaleneffekte dazu führen, dass die Folgen des unmittelbar am Eigennutz orientierten Handelns erst später in der Zeit sichtbar und spürbar werden. Dieser sozialempirische Befund drängt uns die Forderung geradezu auf, statt den radikalen wirtschaftlichen Wettbewerb unter der Flagge liberaler Freiheit auszuweiten mit großem Nachdruck und im Bewusstsein autonomer Freiheit zu regulativen Strategien von sozialer Kooperation, ökologischer Solidarität und zum Wert von Global Commons – wie es Landschaften sind – überzugehen. Ein solcher Systemwechsel, der sich auf die Veränderung der Eigentumsordnung insgesamt auswirken wird, führt nicht zuletzt zur Abnahme von global wachsenden Ungleichheiten in den Lebensverhältnissen. Mit einem Wort: Jede Landschaft ist politisch und fordert zur Veränderung der Welt auf.

Weswegen sie im Kern eben auch unser Verständnis von Freiheit betrifft. Wo sich die mehrheitlichen Lebensweisen nämlich in eine Gesellschaft frei wählbarer Lebensstile eingebettet wissen und sich auf einen schier grenzenlosen Optionalismus verlassen zu können wähnen, kollidiert diese liberale Ideologie, die den Freiheitsbegriff in den Fängen eines hedonistischen Glücksbegriffs hält, unausweichlich mit dem Ende der Verfügbarkeit verletzlicher, erschöpfter Landschaften. Der in der Folge immer schärfer sichtbar werdende Grundsatzkonflikt beginnt unsere Gesellschaften bleibend und auf unterschiedlichen Ebenen zu beschäftigen. Tatsächlich verlangt er nach einem neuen Freiheitskonsens, mit dem das Verhältnis von liberaler, individualistischer Freiheit und autonomer, verallgemeinerbarer Freiheit neu austariert wird. In diesen Freiheitskonsens muss die Freiheit des anderen, des nichtmenschlichen Lebens energisch und dauerhaft eingeschrieben werden, eine Freiheit, die beanspruchen darf, in einem Gleichgewicht mit vielen Lebewesen belassen oder einfach in Ruhe gelassen zu werden.

Autonome Freiheit verlässt die Logik von Ausbeutung und Verdinglichung, indem sie sie durch Austausch und Wechselverhältnisse ersetzt.

Es sind Austauschbeziehungen, die Menschen als soziale und naturale Wesen ihrer relationalen Natur gemäß ausmachen. Und Austauschbeziehungen sind es im Übrigen auch, die dafür verantwortlich sind, dass sich Entwicklungsabläufe innerhalb natürlicher und kultureller Umwelten zu Mäandern formen: zu nichtlinearen, fließenden, beeinflussend-beeinflussten Lebensformen. Es ist lohnenswert, sich klarzumachen, inwieweit die daraus entstehende dialogische Plastik die universelle Grundbedingung allen irdischen Lebens ausmacht. Mit der ganzen ihr zur Verfügung stehenden technisch-wissenschaftlich-wirtschaftlichen Macht versuchte die Moderne diese Wahrheit zu leugnen und die Grammatik der planetarischen Koexistenz umzuschreiben, in der Absicht, partielle – westliche, weiße, koloniale, anthropozentrische – Interessen durchzusetzen.

Drastisch sichtbar wird der Verlust dieser Macht, die in Wirklichkeit schon immer eine Illusion darstellte, durch den Zusammenbruch sozialer und wirtschaftlicher Lebensgrundlagen aufgrund katastrophaler Umweltereignisse, die in allen Teilen der Erde mit zunehmender Frequenz eintreten. Diese Auswirkungen dramatischer Landschaften für Gesundheit und Daseinssicherung lassen sich durch die herkömmlichen Prozeduren der Dominanz nicht bändigen. Wachsende Gefahren und hergebrachte Beherrschungsverfahren stehen in einem eklatanten Missverhältnis. Jetzt, da der auf Hierarchie gründende und mehrere Jahrhunderte andauernde Großversuch in eine für alle Menschen lebensbedrohliche Krise geführt hat, wird es darauf ankommen, die unheilvolle moderne Umcodierung der Landschaften zu korrigieren.

Landschaft beschreibt, auch wenn das lange so verstanden wurde, keine Vorherrschaft von Kultur vor Natur oder von menschlichen Subjekten vor nichtmenschlichen Objekten , und sie ist genauso wenig ein Nebeneinander menschlicher Sinnsetzungen und natürlicher Ursachen. Landschaft ist ein Integral, mit dem die geschichtliche Transzendenz der hierarchischen Landschaften denkbar wird und eine komplexe Vorstellung davon entstehen kann, dass jede Landschaft eine egalitäre Rauminstallation durch Wissen, Erinnerung, Arbeit, Gerät, Geologie, Klima, Tiere, Pflanzen und einige weitere Kollaborateure ist. An der Stelle eines an punktuellen Lösungen ausgerichteten technologischen Denkens muss sich progressives Handeln an der integralen Innovation sämtlicher Landschaften ausrichten. Im Bewusstsein um die gestalterische Unumgänglichkeit einer ästhetisch-ökologischen Raumpolitik formuliert sich nun, statt des dissoziativen Lebens mit hoher Unverbindlichkeit, sozialer Flüchtigkeit und häufigen Ortswechseln, das Bedürfnis nach einem assoziierten Leben, das auf gegenseitigen Verbindungen und planetarischer Verbindlichkeit aufbaut und die Aufmerksamkeit vom virtuellen Vergesellschaftungsmodus elektronischer Konnektivität zurück auf den Beziehungsreichtum der erdigen Erde mit ihren kostbaren Landschaften lenkt.

Mit der Gewaltherrschaft, über lange Zeit tief eingedrungen in unsere Landschaften, ist in Vergessenheit geraten, wie Natur und Kultur sich gerade in Landschaften aus ihrer verwerflichen modernen Antithese befreien, auf welche schöpferische Weise sie sich durchdringen und in etwas Drittes verwandeln, um den Möglichkeitsbereich der Austauschbeziehung auf vielförmigste Art auszuschreiten. Nachdem die agrarische von der industriellen Zivilisation abgelöst und die Landschaften deren funktionaler und wirtschaftlicher Rationalität ausgeliefert wurden, liegt der nächste epochale Schritt unmittelbar vor uns: Er führt zu regional und global balancierten, plurikulturellen, relationalen Landschaften. In den heutigen, progressiv erinnernden Landschaften der Verarmung oder der erst zu schaffenden Ausgewogenheit des Lebens rückt die Zukunft unabweisbar in die Gegenwart ein, indem sie selbst zu einer Form von Antizipation wird. Die Zukunft steht nicht mehr, wie zuvor in der Menschheitsgeschichte, in den Sternen. Im Blick auf das Morgen und Übermorgen sind wir nicht mehr in der gleichen Lage wie frühere Generationen. Zukunft ist keine Frage von Gottes Gnade oder imaginärer Utopie sondern von Entscheidung.

Ausgewogene, intakte und mit vielfältigem Leben erfüllte Landschaften gehören, besonders vor dem Hintergrund der Verwobenheit aller Arten, Gene und Ökosysteme, zu unseren elementaren Bedürfnissen. Im Wissen, dass die Zahl hungernder Menschen weltweit seit einigen Jahren wieder ansteigt und die Erzeugung von Nahrungsmitteln und anderen wichtigen Produkten nicht aufs Spiel gesetzt werden darf, ist heute möglicherweise der Zeitpunkt gekommen, wo zunehmend mehr Menschen den zukunftsfähigen Landschaften eine angemessene Bedeutung zuerkennen. Sicher aber ist, weniger denn je können Landschaften im planetarischen Zeitalter das Privateigentum von nur einigen Wenigen sein. In sehr viel höherem Maß als bisher sind, das sei hier nochmals betont, Landschaften deswegen mit dem Schutz eines öffentlichen Guts zu verknüpfen. Sie sind ein globaler Wert der Menschheit unserer Gegenwart wie auch aller Menschen der Zukunft. Ein derartiger Systemwandel nimmt die Gesellschaft als Ganze, und somit jeden einzelnen von uns, in die Verantwortung, mit der sich nicht zuletzt Fragen nach anderen Konsumstilen und einer anspruchsvollen Genügsamkeit stellen, der das Immer-mehr nicht gut genug ist. Und sie legt jedem Individuum nahe, dem das Schicksal der planetarischen Lebensgemeinschaft nicht gänzlich gleichgültig ist, über erneuerte Formen der landschaftsnutzenden Wirtschaft nachzudenken, die von rechtlichen Regelungen, der Umsteuerung durch Anreize und institutionelle Direktiven bis zu gesellschaftlichen Beteiligungen reichen können, mit denen sich das Modell der Allmende, des gemeinschaftlichen Landschaftseigentums, mit frischem Leben erfüllen lässt. Es gibt also gute Gründe, die in unserem ureigensten Interesse liegen, aus der

Landschaftsrenaissance eine sanfte Landschaftsrevolution werden zu lassen.

Zumeist bleibt die Erotik des Begehrens unbeachtet, wenn es darum geht, gesellschaftliche Erscheinungen des Aufbegehrens zu beurteilen. Der rebellisch-erotische Anspruch kann heute aber nur darin bestehen, Landschaften und Städte, anstatt sie gegeneinander auszuspielen, auf fantasievolle, körperliche Weise wahrzunehmen, sie in sinnlichen, lüsternen Allianzen zu kopulieren und gesellschaftlich anzueignen. In leidenschaftlichen Beziehungen, welche die Erde mit einem Gewebe aus Sensualität, Dialog und einem respektvollen Handeln durchziehen. In der globalen Welt gibt es nichts Fernes. Die Arktis und der Amazonasurwald sind nicht anderswo und auch nicht weit weg. Sie sind hier, unter unseren Füßen. Die denaturierten urbanen Zonen zu renaturieren und die degenerierten Landschaften zu regenerieren, fällt unter die nicht aufschiebbaren Aufgaben der globalen Zivilisation, die sich, ihrer Verantwortung eingedenk, relokalisiert. Möglich wird das jedoch nur dann, wenn unsere Kultur ein grundlegend verändertes Verständnis von Wahrnehmung und Landschaft, Sensibilität und Sinn, von ästhetischem Ethos und dem System des verschränkten Lebens entwickelt.

Landschaft und Fotografie

Wir kennen Urlaubs-, Freizeit-, Garten- und Ferienlandschaften, es gibt die Faszination exotischer und unberührter Landschaft und wir erleben unterschiedliche Agrar-, Stadt- und Industrielandschaften. Was auf den ersten Blick so konkret erscheint, die Landschaft, ist sie in Wahrheit bloß ein allgemeiner, undeutlicher Begriff, an den sich funktionale Spekulationen und zivilisatorische Machenschaften anlagern? Feststeht, innerhalb der Topografie von Sprache kommt der Landschaft seit langem ein herausgehobener Platz zu. Er befindet sich irgendwo zwischen Gelände, Revier, Gebiet, Territorium, Region und noch anderen semantischen Ausmessungen des Raums. Irgendwo – denn die Ränder der Landschaften wie auch ihrer Bezeichnungen gleichen weit mehr durchlässigen Schwellen als scharfen Grenzen. Und hier begegnen wir sogleich einer der erregendsten Eigenschaften von Landschaft, ihrer Durchlässigkeit, ihrer Offenheit, die uns gleichermaßen zu körperlichen Übergängen und symbolischem Transit einlädt.

Landschaften räumen uns Orte ein. Sie werden zu Bühnen der Verräumlichung oder genauer: der Verortung unseres Lebens. Niemand von uns wäre in der Lage, sich selbst und seine Lebensgeschichte vollständig ohne Beziehung zu bestimmten Orten zu beschreiben. Schon das Naheliegende – Geburtsort, Heimatort, Wohnort, Studienort, Urlaubsort usw. – stattet das Autobiografische mit einem räumlichen Index und besonderen Ortsangaben aus, die mehr erkennen lassen, als nur, dass wir uns hier und da aufzuhalten pflegen.

Landschaft ist, genau genommen, ein Bild- und Erzählraum. Texte und Bilder überlagern und verweben sich darin. Die erzählende Navigation oder die anhand von Fotos durchgeführte Recherchereise durch die eigene Biografie führt uns direkt zu einem Begriff von Landschaft als Entwurf von Erinnerungen, Bedeutungen, Sinnlichkeit. Landschaft bildet einen dichten Erfahrungsraum, in dem sich unmittelbare Geschichte, die individuelle wie die kollektive, spiegelt. Oft sind es dann viel ältere Geschichten, die sich in der Landschaft eingelagert haben, Geschichten der Not und Gewalt, jedoch auch von Aufbegehren, Freiheitsdrang und einem schwierigen einfachen Glück. Landschaft wird auf diese Weise zum Fahndungsraster einer historischen wie biografischen Spurensuche. In ihr bildet sich eine politische und mentale Topografie ab.

Landschaften stellen Räume aus Zeichen, Bedeutungen und Geschichten dar. Sie bieten einerseits einen dauerhaften oder auch nur vorübergehenden Lebensraum, andererseits sind sie kulturell formatierte Wahrnehmung. Tatsächlich fließt beides ineinander über und geht auseinander hervor. Wer in landschaftliche Orte eindringt, dringt auch in seinen Körper ein. Wer an einen Ort kommt, kommt auch zu sich selbst. Diese doppelte Invasion oder Ankunft verdankt sich einer merkwürdigen zweifachen Transparenz. Denn jeder Ort ist durchlässig für informative Wahrnehmungen einer äußeren Umgebung. Und er verleiht dem Eindringling im gleichen Moment eine einleuchtende Gestalt, eine eigentümliche Selbstwahrnehmung. Landschaften gehören daher zum Kernbestand unserer Weltorientierung und unseres Selbstgefühls.

Landschaft ist unlösbar verbunden mit radikaler Örtlichkeit und einem Ortssinn des Lebens. Das ist zu betonen, umso mehr als mit der verkehrs- und medientechnischen Moderne eine Tendenz zur Ortsauslöschung einhergeht. 1844, im gleichen Jahr als das weltweit erste Buch mit Fotoreproduktionen erschien, Fox Talbots »The Pencil of Nature«, eröffnet Samuel Morse Amerikas erste Telegrafenverbindung. Und bereits bei der Telegrafie zeigen sich typische Merkmale für die Degeneration der Orte als Raumordnung der Distanz und Anstößigkeit. Ein weiterer Schritt in der historischen Transzendierung des Ortssystems erfolgt, als um 1920 aus dem Zeichenfunk, der Tele-Grafie, der telephonische Sprechfunk wird. Intervalle als entscheidender Bestandteil von Orten, Zeichen als Teil der wirklichen Entfernung sind aus der telemedialen Welt verschwunden. Man kann jederzeit überall sein, gewissermaßen ortlos. Später, im Zeitalter des Fernsehens, geschieht dasselbe mit den Bildern. In der aktuellen Epoche des Internet vollzieht sich Ähnliches mit unseren Interaktionsräumen.

Abgesehen von derartigen medial-kulturellen Ortsumgehungen, bewegen wir uns heute in seltsam verwandelten Landschaften. Blicke ich einen Moment auf mich selbst, stelle ich fest, dass die Landschaft stets etwas Grundlegendes für die von mir gewählte Lebensumgebung war. Nahezu ein Viertel Jahrhundert habe ich in einem einstmaligen Bauernhof an der oberen Donau gelebt, einem Ort, den Außenstehende gern als Idylle bezeichneten. Oftmals bin ich dort auf eine nahe Erhebung gewandert, vielleicht um eine veränderte Perspektive einzunehmen. Dort oben öffnete sich der Blick über die Donau zu den österreichischen und Schweizer Alpen. Man brauchte nicht lange herumzuschauen, um das Charakteristische der Landschaft zu erfassen, so augenfällig haben sich Linien wie eine abstrakte Zeichnung darüber gelegt. Die Landschaft präsentiert sich mit ihren Wegen, der geometrischen Portionierung ihrer Felder und Waldstücke, bis hin zu dem in parallelen Linien gezogenen Mais und Getreide und der wie Armeen in Reih und Glied gepflanzten

Nutzwaldfichten, nahezu durchgehend in linearer Gestalt. In dieser von natürlichen Gegebenheiten bereinigten Landschaft sind auf den Produktionsflächen, die einstmals Felder und Äcker waren, seit einiger Zeit, und lange vor entsprechend ausgerüsteten Autos, selbststeuernde Maschinen am Werk, die, gelenkt mittels Computerprogrammen und Satellitensignalen, zentimetergenau arbeiten.

Dieses Bild ist eine zivilisatorische Signatur. Nicht zu übersehen: Es handelt sich um eine geometrische Landschaft, die anstrebt, ein lineares Feld mit berechenbarer Ordnung zu sein. Die landschaftsbereinigenden Maßnahmen erlauben es, die vermeintliche Irrationalität der Naturlandschaft in die Rationalitätsform von Effizienz und Produktivität umzuwandeln, und sie damit derjenigen einer Industriegesellschaft anzugleichen, welche Ertrag, Zeitaufwand und Investition genau berechnet. Dieser funktionalen, formalisierten und effizienten Landschaft sieht man sofort an, dass sich darin ökonomische Macht abbildet. Und man sollte auch nicht verkennen, wie die ihr zugrundeliegende Linearität jene finalistische Logik einer auf Schleunigkeit und Kontrolle ausgerichteten Welt etabliert.

Was die hegemoniale Ratio an landschaftlicher Unterwerfungsenergie und gleichzeitig an agroindustrieller Überbietungsdynamik entfacht, ist ohne Beispiel in der menschlichen Geschichte. Ebenso wie die dadurch ausgelöste Vernichtung und Ausraubung. Die menschlichen Eingriffe in das Landschaftssystem der Erde sind so schwerwiegend, dass der Schwund der Lebensvielfalt schier unvorstellbar ist: Vierzig Prozent der Amphibienarten und ein Viertel der Säugetierarten sind vom Aussterben bedroht. Es gehört zu den schmerzenden Beschämungen meiner Generation, dass im zurückliegenden halben Jahrhundert siebzig Prozent der weltweiten Wirbeltierpopulationen – Reptilien, Säugetiere, Vögel, Fische – bereits verschwunden sind, Lebewesen, die sich in Jahrmillionen entwickelt haben und die besondere Landschaften zum Leben benötigen. Das Erbe weniger Jahrzehnte wirtschaftlichen Reichtums, gegründet auf ungehemmte Raubzüge in die Welt des planetarischen Lebens, ist eine unsägliche, nie wieder gut zu machende biologische Armut.

Der scharfe Gegenentwurf zu den im Herrschaftsgestus umformatierten Räumen findet sich in der romantischen Landschaft. Sie entsteht, parallel zur leidenschaftlichen Gefühlsliebe, als innige Seelenlandschaft. Ob sublim – wild, erhaben, schroff, gewaltig, heroisch – oder schön – lieblich, harmonisch, anmutig, idyllisch –, dem Außenraum entspricht ein emotionales Inneres. *»Le paysage est un état d´âme«* – diese Überzeugung des Schriftstellers Henri-Frédéric Amiel gilt für jene Moderne, die auf der Suche nach einer einzigartigen, abgerundeten Ganzheit von Objekten und Subjektivität ist. Jene Landschaft, von der sich die europäische Psyche bis heute tief durchdrungen weiß, meint das äußerlich umfassende und innerlich Durchdringende, letztlich die geheimnisvolle Anwesenheit einer schöpferischen Natur. Und es ist klar, dieser Extremismus der Seele stellt eine passionierte Provokation jeder funktionalen, berechnenden, industriellen Landschaftsnutzung dar.

Die romantische Landschaft in all ihren ästhetischen Spielarten der Idylle, der dramatischen und allegorischen Szenerie, der Bukolik und düsteren Erhabenheit oder auch der antikisierenden bzw. gotiksüchtigen Sentimentalität wird in der industriellen und urbanen Moderne zur Sehnsuchtskulisse, ganz ähnlich wie Natur, Volk oder Heimat. Typisch dafür, die Landschaft wechselt regelmäßig ihren Bedeutungsraum von der sozialnaturalen Größe zur ästhetisch-emotionalen Wahrheit. Landschaft lässt sich objektiv beschreiben und Landschaft kann man zuinnerst fühlen. In dieser Oszillation wird sie zu Spiegelsaal und Echokammer des emotionalen Spektrums moderner Gesellschaften. Seither erlebt man in der westlichen Kultur die Landschaft als bevorzugten Resonanzraum. Sie ist ein Selbstbezugsgefüge von ausgesprochen stimmungsvollen Subjekten. Diese Landschaft, die – neben dem Objekt rationaler und profitabler Zurichtung, das Landschaft immer mehr auch ist – in einem komplexen, mäandernden Wechselspiel entsteht, bildet sich fortlaufend neu und ständig um. Landschaft ist fluid, denn Landschaft ist unsere wechselvolle Beziehung zur Landschaft. Eine wichtige Form dieser Beziehung bildet die Fotografie.

Die Unschuld der Fotografie, wenn es sie je gegeben hat, gehört jenen Pionierjahren an, in deren Vordergrund die chemisch-optisch-mechanische Entwicklung des neuen Bildmediums stand. Spätestens seit Fotografien für kommerzielle Interessen verlässlich hergestellt werden konnten, wird der technische Blick des Fotoapparats von besonderen Interessen ausgerichtet. Die Reisefotografen drangen seit Mitte des 19. Jahrhunderts in Landschaften vor, die einem wachsenden Käuferpublikum eine unbekannte Welt vor Augen führten. Nach der planetarischen Welteroberung durch neuzeitliche Expeditionen folgt nun eine Welle der visuellen Welteroberung, die nicht selten mit kolonialistischen Begehrlichkeiten verbunden ist. Das Ungesehene bildet den eigentlichen Antrieb der Landschaftsfotografie. Fotoexpeditionen nach Kambodscha, Brasilien, Äthiopien, Madagaskar, Réunion – auf die entlegenen Zonen und einsamen Räume der Erde richten sich jetzt alle Augen.

Das erlaubte neuartige Blicke auf frappierende Landschaften. Was hingegen die Bildästhetik angeht, so blieb die Malerei für die Fotografie zunächst bestimmend. Was hieß, man bildete mit Fotoaufnahmen ästhetisch gestimmte Landschaften ab, in denen sich Innen und Außen, Subjektivität und Naturraum, Intention und Objekt verwischen. Die Psyche sucht einen Widerhall ihrer Empfindungsfähigkeit in der vermeintlich unberührten, reinen, göttlichen Landschaft. Das fotosensible Trägermedium und die eindruckssensible Seele scheinen unmittelbar verwandt. Der seltsame seelische Realismus der Fotografie strebt nach einem Ganzheitsraum, der Ich und Welt umfasst. Tatsächlich kommen mir die Landschaftsfotos von Gustave Le Gray, John Dillwyn Llewelyn oder Charles Leander Weed noch heute so verlockend und zauberisch vor, als könnte da in der nächsten Sekunde jener rätselhafte Wind in die Bäume fahren, der in Andrei Tarkowskis Film »Iwans Kindheit« die Anwesenheit von etwas Göttlichem spürbar macht.

Wo sich Malerei und Fotografie wechselseitig beeinflussen – und ähnlich wie im 18. Jahrhundert Anatomiebücher für Maler kursierten –, werden seit Mitte des 19. Jahrhunderts Fotoreihen – *Etudes d´après nature* – eigens für malerische Darstellungen hergestellt. Ihre Motive reichen von bäuerlichen Szenen und Stillleben bis hin zu Landschaften. Die Fotolandschaft ersetzt damit die skizzenhafte Studie in der Malerei. Trotz der selektiven Inszenierung, Sujetentsprechung und der bewussten Vorbildhaftigkeit der Landschaftsansichten macht sich die naturalistische Wende des 19. Jahrhunderts aufgrund der kulturellen Energie der Fotografie nun in der allgemeinen Bildwahrnehmung zusehends deutlicher bemerkbar. Der Realismus des Lichts setzt eigene Maßstäbe für Bilder.

Das fototechnische Bild der Landschaft entwickelt sich in der Folgezeit zum unwiderstehlichen Lockmittel der Wahrnehmung. Diese Wahrnehmung trägt, nach den wissenschaftlichen Exkursionen mit Kameras, bei denen Fotografen Teil von Forschungsreisen und Landeserkundungen werden, entscheidend zur militärischen, touristischen, agrarindustriellen und verkehrstechnologischen Landnahme bei. Wissenschaftliche Gesellschaften, staatliche Organisationen und Armeebehörden gehören zu den ersten Auftraggebern von Landschaftsfotografen. Künstlerische und wissenschaftliche Fotografie, Berufs- und Amateurfotografie fokussieren fortan gleichermaßen die Landschaft, wenn auch nicht mit demselben Antrieb.

Ich denke, man kann mit guten Gründen sagen, das fotografische Entdecken führt zu einem neuen interessenbesetzten, okkupierenden Sehen. So besteht schon früh ein unmittelbarer Zusammenhang zwischen geografischen Landschaftsaufnahmen, Fotodokumentationen von Verkehrsprojekten – im Mittelpunkt steht zunächst der Eisenbahnbau – und den Kriegsbildern einer Ereignisfotografie der ersten Stunde. Die romantische Landschaft wird dabei funktional und polemisch durchschaut. Diese Transparenz verliert sich bis zur zeitgenössischen Fotografie nicht mehr. Tatsächlich bildet sie auch heute ein bedeutendes Motiv kritischer Fotografie.

Fotografie, diese Technologie des Sichtbaren, wird zur neuen und anhaltenden Technik des Sehens. Schon in ihren ersten Jahrzehnten führt sie Landschaften und ihre zivilisatorische Eroberung, Beschädigung und Zerstörung vor Augen, die Krater und Furchen von Kriegen. Insbesondere die Militärfotografie eröffnet einen erstaunlichen Blick auf Schlacht- und Aufmarschlandschaften. Die Ethnofotografie zeigt uns fremdartige Lebenslandschaften. Die Reisefotografie erkundet fotografisch ungekannte Naturräume. Das Versprechen all dieser Fotografien liegt darin, naturgetreu, unverfälscht, wirklichkeitsnah zu sein. Seit den Tagen von William Henry Fox Talbot, Roger Fenton und Eadweard Muybridge tauchen Landschaften innerhalb der technischen Daten von Blende (Belichtungszeit) und Objektiv (Bildschärfe) auf.

Nicht mehr ausschließlich das Werk akademisch geschulter Maler dokumentiert sich in Landschaftsbildern eine fundmentale fotografische Ambivalenz. Fotografie nämlich offenbart gerade als jene *»künstlerisch-wissenschaftliche Disziplin«*, von der Baron de Montfort bei Gründung der »Société héliographique« 1851 sprach, unaufhebbar ein Changieren zwischen Spur und Zeichen, direktem Abbild und bewusster Bildkonstruktion. Und weil dem so ist, stehen sich im Verhältnis zur Fotografie ein naiver Realismus und medial-technischer Argwohn traditionell schroff gegenüber. Ist ein Foto einfach die Wiedergabe dessen, was ist, oder verdeckt es auf magische Weise die Wirklichkeit, an deren Stelle in Wahrheit der Output eines technisch-apparativen Programms tritt?

Zwei Aspekte der Landschaftsfotografie kreisen in unserer Zeit um diesen Verdacht. Wenn wir Fotografie richtig verstehen, bringt sie uns nämlich als erstes zu der Einsicht, dass die Realität, und mithin Landschaft in jeglicher Form – Naturlandschaft, Kulturlandschaft, Stadtlandschaft, Industrielandschaft, Freizeitlandschaft – zum Raum aus Moment und Montage wird. Wir müssen uns eingestehen, innerhalb der fotografisch demokratisierten Bildgebung, dem Knipsen aller, wird die Wirklichkeit zur globalen Montage. Die Bildpools in digitalen Netzen und Wolken wachsen ins Unermessliche. Sie erzeugen in einem quasimythischen Akt eine zweite Schöpfung, eine weltbildende, kosmogenetische Dimension aus Zeit und Raum. Die Proportionen der Realität kehren sich um, denn die Bilder sind weniger aus der Wirklichkeit genommen, als dass die Wirklichkeit aus den Bildern entsteht. Dieser Umkehrschluss des Fotouniversums erweist sich bei jedem Mal aufs Neue, wo sich unsere Körper in der Landschaft nach den Programmen smarter Aufnahmegeräte ausrichten, um zur Bildnachricht zu werden.

Der zweite von mir gemeinte Aspekt ergibt sich aus der Vorgeschichte eines modernen, massenhaft gelenkten Landschaftsblicks. Als sich gegen Ende des 19. Jahrhunderts der rasch wachsende Reisetourismus mit einfach handhabbaren Kameras verband, entstand mit dem Aufkommen der Amateurfotografie das Foto als massenhaftes Souvenir. Landschaft wird, kurz gesagt, fotogen, und es werden in ihr entsprechende Plätze für fotografische Sehenswürdigkeiten ausgewiesen. Dieser Zug der Landschaftsabbildung hat sich kulturell verfestigt und er dominiert bis zu den gegenwärtigen »selfie spots«. Heute tauchen Landschaften im Bild bevorzugt auf sogenannten sozialen Plattformen wie Instagram auf und sie werden von einer jüngeren Generation großenteils wegen ihrer »instagrammability« aufgesucht. So begegnen wir in derartigen Bildern dem medial standardisierten Augenblick eines Körpers in einer vorselektierten, perspektivisch zugerichteten Umgebung.

Von frühester Kindheit geübt, Realität aus technischen Bildern – Fotos, Fernsehbildern oder digitalen Bildformaten – abzuleiten, fällt es naturgemäß schwer, nach einer Wirklichkeit zwischen den Kameraeinstellungen zu suchen. Die Welt ist, was mit einer Taste ausgelöst, mit einem Apparat abgetastet wird. Das bestätigt und bestärkt die Vorrangigkeit der Ästhetik in unserem Weltverhältnis, gleichzeitig verändert es sie grundlegend. Medien werden, indem sie die Schnittstelle zwischen unseren Sinnen und unserer Weltauffassung bilden, zur epistemischen Bedingung. Der mediale ›access‹ zur Landschaft entfaltet die ästhetische Landschaft der Malerei in eine lückenlose, eine ontologische Dimension.

Die Ableitung der Landschaft aus Medienästhetik, basierend auf einer smarten digitalen Technologie, geht mit einer sich aufspreizenden Nähe zu Technik einerseits, zu Landschaften andererseits einher, die sich in eine lebensweltliche Ferne wegbewegen. Dieser Vorgang verdichtet ein Epochengefühl, aus der Ökosphäre heraus und in die Technosphäre eingetreten zu sein. Die natural-soziale Landschaft erscheint als Teil einer Geschichte, deren Wurzeln ins Neolithikum zurückreichen, die die Menschheit jedoch gerade dabei ist, hinter sich zu lassen. Parallel dazu wird Landschaft Teil einer umfangreichen Wahrnehmungsökonomie.

Das demokratische, vergleichsweise billige Mittel der Bilderzeugung, das Foto, erweist schon früh seine Qualitäten als Instrument der Landschaftsvermarktung, angefangen von aufwendigen fotografischen Reisebüchern – mit stereoskopischen oder Panorama-Fotografien – bis hin zur einfachen Bildpostkarte, wie sie von Francis Frith eingeführt wurde. Im Habitus der Wahrnehmung wandelt sich der Augenblick zum Sekundenbruchteil, zum Hundertstel von Belichtung. Der Aufmerksamkeit ist es nun, wo alles sofort in Echtzeit festgehalten werden kann, gestattet, flüchtig und beiläufig durch Landschaften zu streifen. Was mit der geografischen Weltvermessung seit dem Mittelalter begann, wird mit der fotografischen Weltdarstellung konsequent weitergeführt. Seit den ersten Jahrzehnten des 20. Jahrhunderts etwa in flächendeckenden Luftbildfotografien aus Flugzeugen und Satelliten, die aus Landschaften abstrakte geometrische Muster und Farbfelder machen.

Dies vor Augen möchte ich behaupten, dass die fototechnische Wahrnehmungsapparatur seit ihrer Entwicklung immer fester mit der Landschaft verwächst. Das ist die bleibende Erkenntnis bereits der ersten topografischen und militärischen Aufnahmen. Längst ist das Abgebildete nicht mehr unbeeinflusst vom Bild. Um es noch etwas präziser zu sagen: Die Wirklichkeit ist weder im Bild restlos dokumentiert, noch liegt sie gänzlich auf Seiten des ›objektiv‹ Abgebildeten. Deswegen ist es entscheidend zu verstehen, dass Wirklichkeit in einem komplizierten Vorgang aus Wahrnehmung, Sprache, Medium, Kultur und Intentionalität entsteht. Eine Wirklichkeit, durch die auch Landschaften gebildet werden. Dabei besitzen Bilder heute eine Wirkmacht wie nie zuvor. Nicht einmal zu Zeiten sakraler Ikonografie nahmen sie derart durchdringend unseren Blick auf die Welt in Beschlag. Das verlangt von uns, den Betrachtern, mehr aber noch vom Fotografen ein höchst bewusstes Verhältnis zu diesen Bildern.

Die eigentliche, die wertvolle Fotografie beginnt für mich deshalb dort, wo sie der Gefahr zu entgehen versucht, unser Bild der Wirklichkeit ein weiteres Mal nachzuahmen, zu wiederholen. Ohne zu manipulieren, können bedenkenlose Fotos durchaus abbildgenau und doch verlogen sein, und diese Lüge überzieht weitgehend unser Bild der Landschaft. Fotografie ist die Technik, mit deren Hilfe wir sehen, was ist. Doch zu sehen, was ist, ist alles andere als trivial. Denn es schließt einen bewussten Vorgang der Sichtbarmachung ein. Jedes Foto macht dabei sichtbar, es gibt eine andere Seite des Gesehenen, die ein wesentlicher Teil der wahrgenommenen, aufgenommenen und festgehaltenen Realität ist. Eine andere Seite – oder genauer: zwei Seiten, weil der Sehende, zumindest bei den von mir gemeinten eigentlichen Fotografien, plötzlich als Teil des Gesehenen sichtbar wird; und weil darüber hinaus sich in diesen Fotografien das Unsichtbare des Abgebildeten andeutet, die narrative Offenheit und semantische Freiheit des Realen.

Ich will damit zum Ausdruck bringen, dass sich in jeder Einzelheit, an jeder kleinen Stelle einer Landschaft, auf die sich unsere Aufmerksamkeit richtet, eine Erzählung verbirgt: nämlich die Geschichte des Sehenden wie die des Gesehenen. Unter dieser Voraussetzung wird jede Landschaft unabsehbar, ein Raum zahlloser Geschichten. Und in jeder Fotografie verbirgt sich der Beginn einer mehr oder weniger großen Erzählung. Jedes relevante Foto besitzt einen eigentümlichen Bildhof aus Vorbildern und Nachbildern, in dem sich seine fiktionale Spannung artikuliert. Anders gesagt: Jedes Foto ist aufgeladen durch einen Mangel an Zeit, sprich: mit der Sehnsucht nach einem Davor und Danach.

Was heißt das für unser Erleben der Landschaft? Die Landschaft wurde im Foto-Zeitalter, das sich mittlerweile um Bewegtaufnahmen erweitert hat, zum totalen Bild. Das kehrt die kulturelle Proportion von Erzählung und Bild um. Und es stellt uns alle vor die Aufgabe, Fotografien auf eine Weise zu betrachten, die es erlaubt, dass das Sehen selbst sichtbar werden kann, ähnlich wie dies bei einem Cezanne-Bild der Fall ist. Die Zwischenräume und Leerstellen – Leinwand oder Papier in der

Malerei; das Unabgelichtete in der Fotografie – zeigen gerade im nicht Sichtbaren den medialen Hintergrund unseres Sehens. Damit öffnen sich die Landschaft und ihr Bild für ein fruchtbares Spiel der Imaginationen und Bedeutungen.

Und das ist etwas gänzlich anderes als die Überzeugung einer globalistischen Gegenwart, die sich, angereizt vom technischen Aggregatzustand einer flüssigen Moderne, dazu überredet hat, Zuhause sei kein Ort, sei irgendwo unterwegs, immer woanders, flüchtig, flexibel, eine Form der Momentaufnahme. Tatsächlich könnte Landschaft im Gegensatz dazu den Sinn des radikal Widerständigen zurückgewinnen, den sie einmal besaß. Erinnern wir uns, der Begriff »landtschaft« zog bis ins 18. Jahrhundert die Gegend und die darin Lebenden in ein einziges Wort zusammen. Es dokumentierte die tiefe Verbindung von Sozialem und Raum, von Landstrich, Lebensraum, Gemeinschaft, Geschichte und Natur. Das führt uns zu Fragen der Aktualität einer vielschichtigen Zugehörigkeit und dem – tastenden – Gefühl, am richtigen Ort zu sein. Aus einer Topografie der Landschaftserfahrung kann eine Ästhetik der Distanz und Identität, verbunden mit einer leidenschaftlichen künstlerischen Wahrnehmung erwachsen.

Identität bedeutet dabei für mich, durch Texte oder Bilder einen Ort zu erzählen: eine Landschaft, ein Ich, und das, was ihre gemeinsame, ihre eigentümliche Geschichte ausmacht. Diese Geschichte ist heute nicht mehr anders denkbar, denn als eingeschrieben in die längst global gewordene, drängende Frage, wo man hingehört und wer man – im sozialen Pluriversum – ist. Wie wir alle in spezifische Geschichten verstrickt sind, so sind wir es auch in ein einzigartiges Ortsnetz. Orte verweben sich wie Flechten und Myzele. Häuser, Straßen und Landschaften werden darin zu Lebewesen, mit denen das eigene Dasein eine Symbiose eingeht. Jede Gegend, der sich ihre Geschichte einprägt, verschmilzt mit den inneren Landschaften von Erinnerungen und Empfindungen der Menschen, die dort leben.

Nachdem die digital-virtuelle Welt den kulturellen und biografischen Orts-Sinn gravierend verändert hat, verschärfen sich derzeit angesichts globalistischer Ökonomien, mobilisierter Lebensstile, kosmopolitisch flexiblem menschlichem Kapital und unübersehbarer Migrations- und Fluchtbewegungen die Probleme von Zugehörigkeit und Heimat. Ich nehme, das möchte ich nicht leugnen, das zu neuer Konjunktur gelangte Wort »Heimat« mit einem Zögern in den Mund und im Bewusstsein, dass es sich um einen historisch belasteten, ideologisch geschändeten Begriff handelt. Gleichwohl halte ich die Verbundenheit mit einem Ort für das menschliche Dasein für so grundlegend wie die Bedeutung eines Zuhauses.

Aus Orten und Landschaften resultiert die Chance zu begreifen, wer wir sind. Wir können durch sie das grassierende Gefühl von Nichtzugehörigkeit, Differenz und Fremde verringern und die eindimensionale Gegenwart der Ereignisgesellschaft mit Bezügen von Vergangenheit und Zukunft, mit erinnernden und imaginären Landschaften versehen. Als Schriftsteller heißt das für mich, in einem Augenblick, wo sich ein zwiespältiges, hoch emotionales Gefühl der Heimatlosigkeit breit macht, kommt neben dem literarischen Erzählen gerade der Landschaftsfotografie singulärer, ortbezogener Geschichten wachsende Bedeutung zu. In ihnen wäre Heimat im besten Sinn als jene Identität von Nichtübereinstimmung anzutreffen, die eine souveräne Zugehörigkeit begründet.

Und das hauptsächlich, weil sich damit das Wichtigste der Literatur und von technischen Bildern für unseren Blick öffnet: jenes Fremde, Fragwürdige und Unbekannte, durch dessen Andersheit sich unsere Eigenheiten als in ihrem Spiegel überhaupt erst wahrnehmen lassen und zu erkennen geben. Ohne dieses exakte, nicht zuletzt fotokünstlerische Wissen büßen wir die eigene Fragwürdigkeit und Selbstfremdheit unweigerlich ein. Die Identität wird dann zum Fluch. Zur Anmaßung des Ununterschiedenen (»Identitären«). Zur Macht, ohne Wechselseitigkeit zu leben.

Gönnen wir uns die vielfältige und schillernde Sichtweise auf Landschaft, dann macht dies – und in der derzeitigen politischen Landschaft scheint es geboten, das wieder zu betonen – den globalen Raum als bildhafte und zugleich erzählerische Föderation in sich unterschiedlicher Lebenslandschaften fassbar, Landschaften, die sich in ihrem Anderssein nicht fremd und verständnislos gegenüberstehen müssen. Im offenen fotografischen Erzählen mit all seinen unermesslich vielfältigen Ausdrucksformen muss es in meinen Augen heute darum gehen, Landschaften mit ihren Lebensorten als jene brüchigen, widersprüchlichen, fragilen Gebilde sichtbar zu machen, die eine unheilvolle Eindimensionalität imaginärer Volksgemeinschaft und kollektiver Identitätsmythen ausschließen.

Wir haben, davon bin ich zutiefst überzeugt, als Schriftsteller und Künstler in unserer Zeit verstärkt von jenen Orten zu berichten, mit erzählerischen und bildhaften Mitteln, gegen die wir uns wehren und die wir zugleich lieben. Wir sehen in den fotografierten Landschaften die gegenwärtigen Hoffnungen, Verletzungen, Träume und Illusionen. Wenn Fotografie etwas ist, dann eine Schule des verstörend genauen Sehens, eines Sehens, das sich darin übt, sich selbst zu betrachten. In Spiegelreflexen sehen wir in den Fotografien von Landschaften uns selbst, und in unserem Eigensten fremde, rätselhafte Landschaften.

Die Zeit am Fluss

Recherche in einer poetisch-politischen Landschaft

Bis vor kurzem lebte ich am Fluss. Nahezu ein Viertel Jahrhundert. Und wie andere Orte erlebte ich diesen als eine Form aus Raum und Zeit. Doch schien er mir darüber hinaus etwas Eigentümliches zu sein, er war flüssige Zeit und flüssiger Raum. Etwas, das ich erst allmählich zu verstehen begonnen hatte. In all den Jahren, wo mein Blick vom Schreibtisch auf die Krümmung des Mäanders fiel, der die Linie des Gartens formte. In den Sommern, als ich gegen eine Strömung zu schwimmen versuchte, die mich nicht von der Stelle kommen ließ. Vor allem jedoch kam ich, was den Fluss angeht, zu Verstand an den langen Nachmittagen und Abenden, die ich lesend und manchmal auch schreibend im organisch-kühlen Geruch des nahen Ufers verbrachte. Selbstverloren.

Im letzten Sommer am Fluss wandte ich mich einem Dichter zu, dessen Gedichte ich vor etlichen Jahren wieder zu Hand genommen und schon bald enttäuscht wieder beiseitegelegt hatte. Später begann ich dann, meiner Enttäuschung zu misstrauen. So sehr, dass ich meinem Selbstzweifel mehr Glauben schenkte, als meiner früheren Enttäuschung. Es konnte nicht ausbleiben, dass ich zu jenen Gedichten zurückkehren musste. Sie erfüllte meinen letzten Sommer am Fluss.

Ich musste dafür zurückgehen, weiter in die Vergangenheit. Nicht zum ersten Mal kam mir vor, es fiel mir hier, in der Flusslandschaft, leichter als an anderen Orten. Irgendwann hatte sich in mir die Überzeugung festgesetzt, dies sei einer der Unterschiede, die das Leben am Fluss ausmachten. Es gab weitere Eigentümlichkeiten. Doch jetzt kam es nur darauf an. Zurückzugehen.

Leben und Fließen

Was heißt es, im Fluss der Zeit zurückzugehen? Es bedeutet, im Fluss zu schwimmen und gleichzeitig am Ufer zu stehen. Es bedeutet zu erkennen, dass Flüsse in derselben Sekunde entspringen und münden. Anfangen und Enden gehören demselben Moment an.

Hölderlins Gedichte sind voller Landschaften. Und was mir jetzt besonders auffiel, sie waren auch voller Flüsse, voll Fließendem. Hölderlins Gedichte sind Landschaften und Flüsse.

Damals, gegen Ende des 18. Jahrhunderts, am etwas verzögerten Anfang der Industrialisierung in Deutschland, passiert mit dem Raum etwas Erstaunliches. Geografie und Seelenlandschaft werden mit der Frühromantik zu einem Spiegelsaal hin und her geworfener Bilder. Verweise, dunkle Zeichen, Allegorien der Sehnsucht. Irgendwann lässt sich das eine vom anderen kaum mehr unterscheiden. Seele und Landschaft, sie scheinen zu einem flirrenden Raum zu verschmelzen.

Diese mystische Einheit, worin menschliche Subjektivität sich aufzulösen und der Wirklichkeit zu entfliehen vermag, nimmt Friedrich Hölderlin der Romantik nicht ab. Zu gut kennt er die religiöse Innerlichkeit und zu groß sind seine Zweifel daran, als dass er geradewegs zu einer quasireligiösen Naturinnigkeit übergehen und damit die wenig angenehme Realität umgehen könnte. Für ihn bedeutet Landschaft stets einen geografischen und auch einen sozialen Lebensraum. Die Landschaft ist ihm nicht Fluchtpunkt einer sich von der Realität entlastenden Psyche. Er sieht in ihr den Ausgangspunkt eines zu realisierenden Traums. Und das verheißt größere, da an den realen Umständen sich formende Hindernisse.

»Unfreundlich ist und schwer zu gewinnen
Die Verschlossene, der ich entkommen, die Mutter.«

Die deutsche, die schwäbische Heimat. Eng, auf sich selbst beschränkt. Die Mutter. Gleichwohl beginnt dieses Gedicht, über das Hölderlin den Titel »Die Wanderung« setzt, mit einer anderen Verszeile: *»Glückselig Suevien, meine Mutter«*. Die Spannung ist unüberhörbar. Sie entsteht zwischen dem, was ist, und dem, was sein könnte. Dabei bilden die Flüsse den Gegenpol zur regionalen oder nationalen Verschlossenheit der deutschen Kleinstaaterei. Hölderlins Gedicht nennt sie beim Namen: Neckar, Rhein, Donau. Die Flüsse durchbrechen die Grenzen, gehen in die Ferne, suchen das Fremde.

Da beginnen die Parallelen. Hölderlin, der Wanderer und Herumgetriebene. Welcher Situation versucht er zu entkommen? Welcher Enge aus kollektiver Einwilligung, politischer Macht und gutbürgerlicher Laufbahn? Woraus flieht dieser unwillige Flüchtling? Vor dem, was er die *»Geister des Todes«* nennt?

Nach den Seminarjahren in Tübingen zieht er ein Jahrzehnt lang umher, in alle Himmelsrichtungen davon. Der politische Rumor der französischen *liberté* dauert an, seit dem Sturm auf die Bastille ist ein Jahr vergangen, als der Zwanzigjährige in die Schweiz nach Zürich reist, um den – noch – revolutionsbegeisterten Pfarrer und Physiognomieforscher Lavater zu treffen. Hölderlin selbst entzieht sich der theologischen Laufbahn. Seine Sehnsucht ist es, eine freiere Lebensbewegung zu finden.

Ein ungeliebter, für den Anfang aber wohl unvermeidlicher Versuch dafür ist es, sich in eine Hauslehrerstelle nach Jena und Weimar zu begeben, die der aus Württemberg geflohene Schiller für ihn arrangiert hat. Weil es ihm dort nicht gelingen will, sich dort zwischen Goethe, Schiller und Herder literarisch zu etablieren und den Schritt zum freien Schriftsteller zu machen, entweicht er nach Frankfurt, um erneut als Lehrer tätig zu sein, im Haus des Bankiers Gontard. Nachdem die Liebesbeziehung zu dessen Frau Susette nicht länger zu verheimlichen ist und Aufsehen verursacht, zieht er weiter in die Schweiz, nach Hauptwil bei St. Gallen. Seine Stelle: Hauslehrer. Seine Stellung: domestikenhaft.

Am Ende wandert er weit in den französischen Westen nach Bordeaux, noch einmal eine Hauslehrerstelle einnehmend, von wo er nach einem halben Jahr, 1802, in die alte Enge des Hauses der Mutter zurückkehrt, *»wie ein Bettler«*. So, *»leichenbleich, abgemagert, von hohlem wildem Auge, langem Haar und Bart«*, erlebt ihn der Lyriker Friedrich Matthisson, mit dem Hölderlin seit der Tübinger Stiftszeit befreundet ist.

Fluss und Leben. Die Parallelen. *»Irr ging er nun«* – heißt es in einem Gedicht, dessen Vorstufe den Titel »Der gefesselte Strom« trägt und das wenige Monate nach der Krise entsteht.

Hölderlin scheint im Kreis gelaufen, ein groteskes Tier in der Zirkusmanege eines heimtückischen Welttheaters. Gescheitert im Versuch, dem Verschlossenen zu entkommen. Denn ist er nicht überall aufgelaufen, steckengeblieben? Eine emblematische Figur in versandeter Strömung?

Fluss und Leben. Worüber ich immer hinweggelesen hatte, wofür ich so blind gewesen war, es zeigte sich mir in meinem letzten Sommer am Fluss, als eine Verbindung, die mehr bedeutete als nur eine Parallelität äußerer Merkmale. Es war, als gäbe es da etwas Gemeinsames, das Fluss und Leben im Inneren verband. Ich glaubte zu begreifen, dass es Hölderlin darum ging, die natürliche Sprache der inneren Bewegung des Lebens zu entziffern, des individuellen wie des gemeinschaftlichen. Ob *»der flammende Bergquell«*, *»die sehnsüchtigen Bäche«*, *»des Stroms blaues Gewässer«*, *»die alten Wasserquellen«* und *»Mündungen der Ströme«* oder *»der lebendige Strom«* – überall traf ich auf die Welt des Fließens.

»An deinen Strömen ging ich und dachte dich«. Die Landschaft. Die Mutter. Das Vaterland.

Kurz vor seinem biografischen Scheitern, vor allem aber in den Jahren danach, entstehen die großen, hymnischen Flussgedichte. Ich las sie jetzt alle noch einmal, unter langsam nach Nordosten treibenden Wolken, die regenloses, warmes Wetter verhießen. Ich konnte also weiterhin im Garten arbeiten, vor mir der Zaun mit den krummen Eichenpfählen, die von den Vorbesitzern herstammten, dahinter der Fluss. Allmählich ging mir dabei auf, Hölderlin war der mit Flüssen vertrauteste Dichter der Weltliteratur.

Was aber wollte diese seltsame Formulierung besagen, mit Flüssen vertraut zu sein?

Ich musste zurückgehen. Ich musste mit dem Anfang beginnen. Der Quelle. Dem Ursprung.

Flussgegenden sind Aufwachräume.

> *»In deinen Tälern wachte mein Herz mir auf*
> *Zum Leben, deine Wellen umspielten mich«.*

Hölderlins Erfahrung ist es, dass Flusslandschaften die impulsive Wahrnehmung des Zusichkommens entspringt. Auch wenn diese Räume, wie die Neckarlandschaft um Lauffen und Nürtingen, wenig weiträumig sein mögen, so teilt sich dort, gewissermaßen naturgemäß, dem einzelnen Bewusstsein doch mit dem Nachdruck des Innewerdens mit, etwas Fließendes und in Bewegung Befindliches zu sein, das nicht bloß geschoben und geführt werden will. Vom ersten bewussten Moment an, und seit der fragilen kindlichen Phase sich erprobender Eigenheit sieht die zaghafte, frische Individualität im Anblick des Flusses den eigenen, eigenwilligen Lauf gespiegelt. Gerade dort, *»wo die Ufer zuerst / An die Seit ihm schleichen, die krummen«*, wo sie den freien Fluss *»umwinden«*.

So beginnt das wache Leben eines Menschen mit dem Bewusstsein des Fließens, mit einer Bewegung, der ein sonderbares Gefälle zugrundeliegt. Das Gefälle einer eigenen Subjektivität. Es beweist sich gerade, wenn die Vielen *»meine Bahn nicht (...) / Wandeln ins Meer (...) hinunter«*.

Keineswegs schon mit dem Geborenwerden beginnt das Leben. Sein Leben erhält man erst dann, wenn man aus der infantilen Befangenheit im Vorgefassten aufwacht und sich daraus zu lösen beginnt. Wenn der Einzelne sich entschließt, sich an den festen Einbettungen zu reiben und sie so zu verändern.

Erwacht und erwachsenwerdend kann nur genannt werden können, wer sich die Gefälligkeit eines eigenständigen Lebenslaufs zu erweisen vermag. Die Vehemenz dieser Subjektivität wird zur Quelle menschlicher Souveränität.

> *»Wie du anfingst, wirst du bleiben,*
> *So viel auch wirket die Not,*
> *Und die Zucht, das meiste nämlich*
> *Vermag die Geburt,*
> *Und der Lichtstrahl, der*
> *Dem Neugebornen begegnet.*
> *Wo aber ist einer,*
> *Um frei zu bleiben.«*

Verszeilen aus dem Gedicht »Der Rhein«.

Nie verliert sich jene ursprüngliche Faszination, nie das Bewusstsein der Selbsterweckung und Ich-Initiative. An dieser Tatsache der eigenen Geburtlichkeit ist für Hölderlin kein Zweifel möglich. Allerdings muss das Leben, um in eine autonome Bewegung zu geraten, vom Strahl einer universell sich verströmenden Energie getroffen werden. Die Benennungen, die mir begegneten, waren vielfältig: *»Sonne«*, *»Lichtstahl«*, *»himmlisches Feuer«*, *»warme Strahlen«*. Erst derjenige, der sich dadurch erwärmen ließ, brachte sich in die Lage, sich aus der anfänglichen Starre in einer versteinerten Umgebung, oder auch eingefroren *»im kältesten Abgrund«* der Zeit, freizusetzen. Rigiden, zwingenden Festlegungen entronnen, wurde er fähig zum mitreißenden Leben: *»unenthaltsam«*.

Nicht ohne Grund kehren Hölderlins Gedichte immer wieder zu diesem für jede Individualität unerlässlichen Moment zurück. Zu Abtrennung und Lossprechung. Zum Lebenserwachen und zur Lebenserwärmung. Zu der Absonderung ins Besondere. Zu einem archaischen Separatismus des Ichs, der sich mit Aufbegehren und Empörung verbindet. Zeichen nicht für die Revolte gegen eine gottgegebene Ordnung, sondern für die Anwesenheit der *»Himmlischen«*, oder, im christlichen Vokabular, des *»Vaters«*. Die individuelle Eigenwilligkeit ist ja Ausdruck leidenschaftlichen Strömens, in welches das Leben geraten ist. Jetzt beginnt es, sein Gefälle zu spüren, das *»ungeheure Streben«*. Einmal auf dieser *»Bahn«*, nimmt man wahr, in den Ausgangsbedingungen liegt eine Spannung auf Zukunft.

»Wohin er denkt«, – wer denkt?, fragte ich mich, weil mich die Antwort: *»der Strom«* verblüffte –, *»so muß ich fort«*.

Das Kirchenlied eines Neander hatte im 17. Jahrhundert zu dem religiös-allegorischen Lobpreis gefunden: *»Seht der Wasserwelten Lauf, / wie sie steigen ab und auf, / von der Quelle bis zum Meer / rauschen sie des Schöpfers Ehr.«* Und Goethe dichtete in Parallelführung: *»Des Menschen Seele / Gleicht dem Wasser!«* Bei Hölderlin war das anders. Da strömten Flusslauf und Lebenslauf nahezu ununterscheidbar in eins. Leben und Fließen hielt nicht bloß die rhetorische Finte eines poetischen Sinnbilds zusammen, sondern sie folgten übereinstimmenden Bewegungsgesetzen. Fluss und Individuum, beide sind sie die *»Flüchtigen«*, und immer auch *»Fremdling«* – *»um frei zu bleiben«*.

Fluide Archäologie

Es gibt ein Inventar der Zeit, das am Fluss lagert wie auf einer Bühne, zu der niemand hinblickt. Das Gedächtnis des Flusses hält dort die Machtgier fest und den Wahnsinn. Dem Leben an Orten, die davon berührt werden, erweist der Fluss sich als zuträglich und abträglich, und das oft zu gleicher Zeit. Manchmal ist er nachtragend. So bleibt die Erinnerung ein offenes Gelände. Es genügte, dass ich einige Schritte über den Garten hinaus machte, den verwachsenen Bahndamm hinauf kletterte, gewissermaßen den Hühnern des Nachbarn-zur-Rechten hinterher und dass ich noch ein paar Schritte zur Seite setzte, um unversehens am Anfang eines Gedichts von Eugenio Montale zu landen.

»Die großen Flüsse sind das Abbild der Zeit,
Grausam und unpersönlich. Von einer Brücke aus betrachtet,
erklären sie ihre unabwendbare Nichtigkeit.«

Vielleicht führten mir diese Zeilen vor Augen, wie sehr jeder Moment des Lebens von Ortsverlagerungen und Zeitverschiebungen eingenommen und manchmal auch bedroht wurde. Es lag Jahre zurück, seitdem ich hier auf den Stahlplatten gestanden hatte, obwohl ich beinahe täglich zu der Eisenbahnbrücke aus der Zeit eines deutsch-französischen Kriegs hinschaute. Es war zwischen den vollen Stunden, ich wusste, ein Zug wäre nicht so bald zu erwarten. Ich konnte in aller Ruhe meinen Blick mit dem Wasser der Donau flussabwärts ziehen lassen, wo sich, zwischen Weidengebüsch, jene Stelle befand, an der das Ufer vor noch nicht langer Zeit abgebrochen war. Ich vermochte sie von der Brücke aus gut zu sehen. Noch war sie nicht wieder überwachsen.

Damals, an einem 24. April, kurz nachdem das Reich noch einmal den Geburtstag seines Führers gefeiert hatte und wenige Wochen vor dem Ende des Zweiten Weltkriegs, hatte an diesem Ort ein letzter Kampf stattgefunden. Hier, an der Donau, waren die Überbleibsel der Wehrmachtverbände, ein Gemisch aus Zollgrenzschutz-, Landwehr- und Ersatzeinheiten, am Ende ihrer Flucht vor der französischen Armée Française Rhin et Danube *angekommen. Weil andere Übergänge zerstört oder in gegnerische Hände gefallen waren, schien nur noch die Donaubrücke dieses Dorfs die Chance zu bieten, entkommen zu können. Um sich so, im unbedingten Gehorsam eines letzten Befehls nun dem Armeeoberkommando 19 folgend, nach Süden ins Allgäu zu schleppen, wo man dem Vaterland das Schauspiel des unvergesslichen Finales jenes »totalen Kriegs« zu bieten gedachte. Einen Moment mehr deutscher Unvergesslichkeit in der Welt.*

Tatsächlich war es eine Illusion. Nicht nur rückten die französischen Soldaten der Kampfgruppe Navarre der 2. Marokkanischen Infanteriedivision dicht hinter den deutschen über die Schwäbische Alb vor. Vor ihnen hatten bereits Panzereinheiten vom Combat Command 1 *des* Groupement Doré *den Weg abgeschnitten. Die letzte Lücke für eine in Wahrheit rettungslose Flucht war damit für die deutschen Truppen verschlossen. Sie steckten im Donautal in einer ausweglosen Klemme. An ein Aufgeben aber wollte man nicht denken.*

Die Körper der achtzehn toten deutschen Kämpfer dieses 24. April, Wehrmachtsoldaten oder solche vom »Volkssturm«, der jüngste neunzehn der älteste sechsundvierzig Jahre alt, verschwanden in der Grube eines Massengrabs auf dem Dorffriedhof. Ob auf ihren verwesenden Leibern ein eisernes »Heldenkreuz« gepflanzt wurde, wie vom Führer anstatt des christlichen Kreuzes angeordnet, kann ich nicht sagen. Doch sollten nach Jahren ihre Gebeine dort wieder ausgegraben, gesäubert und an ihre Heimatadresse verschickt werden. Die mehr als sechzig getöteten Pferde, ins Geschirr gebracht, um statt fehlender Lastwagen die von der Festungsartillerie des Westwalls herstammenden schweren Geschütze zu ziehen, waren über die Donaubrücke in den Wald geschleppt und dort der Verwesung preisgegeben worden.

Die Brücke war, entgegen militärischer Anweisung, durch das Pionier-Sprengkommando nicht zerstört worden. Was sich an Sprengbomben unter ihren beiden Brückenköpfen befand und was sonst noch vor der Übernahme durch den siegreichen Feind weggeschafft werden musste, wurde in die Donau geworfen. Zusammen mit einem Artilleriegeschütz, das der 10. Batterie des 147. deutschen Artillerieregiments dazu gedient hatte, an jenem heiteren Tag des April die französischen Panzer auf der gegenüber liegenden Donauseite unter Feuer zu nehmen.

Zuletzt und kurz bevor das Dorf, das sich mit dem örtlichen »Volkssturm« seit Wochen auf die Berührung mit dem Feind vorbereitet hatte, der Besatzung anheimfiel, verscharrte man in aller Eile, was es noch an Handgranaten, Munition sowie an Sturm- und Maschinengewehren gab, im sandigen Ufergrund, woraufhin man in die Rolle der Unverdächtigen, ja Unschuldigen zurückschlüpfen konnte. Während die französische Besatzung dafür sorgte, dass an den Brücken Schilder angebracht wurden mit der schwarz schablonierten Aufschrift: »Ici Danube«.

Auf seinem geschlängelten Weg strömt der Fluss durch unterschiedliche Vergangenheiten. Manchmal im Frühjahr, wenn die Schneeschmelze des Schwarzwalds zu Ende geht und das Hochwasser der Donau aus den Altwassern und überfluteten Wäldern zurückweicht, kann man sehen, wie der Fluss, der mit seiner reißenden Strömung das Ufer an einer Biegung unterspült hat, bis schließlich ein Stück davon abrutschte und fortgeschwemmt wurde, die Vergangenheit wieder ausgräbt. Dann rücken Spezialeinheiten an.

Poesie des Gefälles I

»O ihr Armen, (...) die ihr (...) so durch und durch ergriffen seid vom Nichts, das über uns waltet, so gründlich einseht, daß wir geboren werden für Nichts, daß wir lieben ein Nichts, glauben an Nichts, uns abarbeiten für Nichts, um mählich überzugehen ins Nichts«.

Sätze von ähnlicher Ungeheuerlichkeit wie die des »Hyperion« würde man erst wieder bei Schopenhauer lesen. Und später bei Nietzsche, wenn er vom *»letzten Menschen«* erzählt, der, medial bespielt und materiell überversorgt, in jenem technischen Großprojekt feststeckt, als das die Moderne sich entpuppen würde. Durch die *temps modernes* spukende *»Geister des Todes«*.

Könnte dieser eigentümliche deutsche Nihilismus, der so universell philosophisch auftritt, nicht der besonderen politischen Situation geschuldet sein? Hölderlin nimmt die politische Welt seiner Epoche als *»eisernen Schlaf«* und *»bleierne Zeit«* wahr. Gleichwohl, das letzte, bedrückende Wort über das kollektive Schicksal und die geschichtliche Bewegung ist das nicht.

Gewiss, es gibt den historischen Treibsand fester Verhältnisse, wo man in Pessimismus versinken kann. Aber es gibt eben auch das *»Asyl«* der Literatur, jenes Versuchsgelände, wo sich einem unbeengten gesellschaftlichen Leben nachforschen lässt. In ihm verfasst Hölderlin seine Flussgedichte. Alle handeln sie von einer Poesie des Gefälles. Alle werden sie, in ihrer rhythmischen Unruhe, von grundlegenden Fragen der Geschichte bewegt und bedrängt.

Doch welcher rätselhafte Strom ist es, von dem unsere Existenz in ihrem Verlauf gelenkt wird? Wohin *»denkt«* er? Welche Landschaften durchzieht er? Was für Fließkräfte beeinflussen unsere Richtung und durch welche Widerstände werden sie blockiert oder abgelenkt? Wie kann es gelingen, dass beides zusammenströmt, die Lebensmotive einzelner und die Ziele von Mengen, Gesellschaften, Städten oder Nationen? Wann *»rauscht der lebendige Strom«* im Leben der Menschen und regen sich *»die Fluten der Liebe«* darin?

Das Leben im Gefälle, diese ständige Wendung ins Offene, besitzt etwas zutiefst Beunruhigendes. Es widerstreitet dem Bedürfnis nach Sicherheit, Abschließung und Konstanz. Doch das Risiko eines Lebens im Gefälle bleibt nicht ohne die Zuversicht von Freiheits- und Lebenschancen. Darin gleichen sich Flusslandschaften und Lebenslandschaften.

»Göttersöhne« sind Hölderlin die Flüsse. Dabei hat er die großen europäischen Flüsse vor Augen, die er kennt. Rhein, Neckar, Rhône, Garonne, Dordogne, Main, Saale, Donau. In ihnen sieht er das Medium allgemeiner Austauschverhältnisse: von Kommunikationen, Menschen und Waren. Wenn Hölderlin Fluss und Gesellschaft in einen gemeinsamen Rahmen hineinschreibt, dann deshalb, weil es neben *»Gottes Stimme«* und der *»Stimme des Volks«* auch *»die Stimme der Ströme«* gibt.

Ich stockte in meinem tagelangen Lesen. Wieder eine dieser Chiffren, denen man jenen von Platon den Dichtern nachgesagten heiligen Wahnsinn anhängen möchte, um sie loszuwerden. Aber Hölderlin ist Realist, wenn auch auf einer nach oben gestuften Ebene. Die Frage musste also gestellt werden: Um was konnte es sich da handeln, bei dieser seltsamen *»Stimme der Ströme«?*

Das Bild wurde plausibler, wenn man es in zwei Begriffe auflöste, die ihre historische Bedeutung immer dann zu erweisen hatten und die uns daher immer dann begegneten, wenn die Verhältnisse auffällig in Bewegung gerieten: »Strömung« und »Stimmung«. Um diesen Begriffen unter einem gesellschaftsgeschichtlichen Blickwinkel näherzukommen, musste man sich mit einer offenkundigen Ähnlichkeit beschäftigen. Wie ein Fluss sich fortlaufend bewegte, wie er nie stillstand und sich dabei – vielen Einflüssen offen – unablässig selbst formte, so ließ sich auch in Kulturen eine immerwährende Plastizität feststellen. Soziale Gebilde gaben sich dadurch eine unverwechselbare Form, im Raum wie in der Zeit, die sie als ihre Geschichte vergegenwärtigten.

Es ist nun die Dynamik fließender Systeme, die nicht allein den Gedanken an eine Gleichartigkeit der Natur- und Kulturgeschichte bei Hölderlin inspiriert, sondern die auch die expressive Kraft auslöst, etwas zu formen. Zugleich bringt dies eine eigentümliche Art ständiger Selbstinspiration oder reflexiver Innigkeit ins Spiel. Jede fluide Bewegung bewegt ja etwas weiteres, worin sie sich fortsetzt und so weiter. Die Selbstinspiration erweist sich als jener unverlierbare Teil des Gefälles, wodurch Kulturen und Gesellschaften erst sehen, was sie tun, und tun, was sie sehen. Die Spiegelungen der Strömung, in der sie sich gerade befinden, fließen in ihr Selbstbild ein.

In dem derart sich gestaltenden dynamischen und unabschließbaren Prozess werden Gesellschaften allmählich zu dem, was sie sehen und tun. Ein Vorgang, in dessen Verlauf sich ihre Identität in unzähligen Rückkopplungen von Handeln und Bewusstwerden ausbildet. Und worin die nichtlineare Geschichte ihrer Selbstwahrnehmung und ihrer eigentümlichen Selbstformungen aus den Schleifen und Mäandern ihrer fließenden Bewegungen entsteht. Eine lebhafte Selbstbezüglichkeit, die dazu angetan ist, das historische Gefälle durch die Ausprägung von Gepflogenheiten, Normalitäten und Mentalitäten dem Ungefähr und den Zufälligkeiten zu entziehen. Es ist der Ausdruck einer besonderen Lebensdynamik: die *»Stimme der Ströme«*, die merkliche Bestimmtheit gewinnt und von einer kollektiven Stimmung getragen wird. In gewissen Momenten der Geschichte dieser Gesellschaften kommt sie frappant zum Vorschein.

Wirklich selbstbewusst – das las ich aus Hölderlins Strömungslyrik heraus – würden Gesellschaften erst von jenem Moment an sein, wo sie eine Stimme, wo sie Stimmungen entwickelten. Und wenn die sie kennzeichnenden Strömungen zum Medium von Kommunikationen würden, die sich in einem geteilten Raum offen durchdrangen. In diesem Fall, der stets von komplexen Strömungsverhältnissen ausging, erhielten historische Prozesse eine starke Formung oder dichte Information. Sie erfassten einzelne Individuen wie auch ganze Bevölkerungen, die sie selbst wiederum mit erzeugten und forttrugen. Erst durch selbstformende Strömungen aber erlangten Kulturen jene Ausrichtung und Bedeutung, die wir historisch nennen können. Und die sich, erfasst von Stimmungen, bisweilen eine Bestimmung zumuteten.

Doch war der *»Strom«* letztlich das, was jeder Benennung, jeder Identifizierung entging –vielleicht vermochte ihm allein die mäandernde Rhythmik lyrischer Sprache nahezukommen. So schwer zu benennen die ursprüngliche Gleichheit zwischen Fluss und Leben für Hölderlin bleiben musste, so unbestreitbar war die darin wirksame Kraft. Wir alle vermochten sie in der Dramaturgie kultureller Strömungen wahrzunehmen. Sie machte die allgegenwärtige Dynamik – die Chance und auch die Gefahr – historischer Gefälle aus. Im verdichteten Raum einer Poetik des Fließens ließ sich unschwer erkennen, das fluide Gefälle äußerte sich als biografische wie als historische Spannung. Fließen war eine Spannung in unterschiedlichen Richtungen und mit mannigfaltigen Wendungen: Dies eben war das Gefälle. Seiner Eigenart entsprach es, dass die Dinge nicht linear verliefen, etwa entlang von schnurgeraden Karrieren oder des ständigen allgemeinen Fortschritts.

Die Götter, hält Hölderlin im »Hyperion« fest, sehen für den Menschen vor, *»daß seines Lebens Linie nicht gerad ausgeht, daß er nicht hinfährt, wie ein Pfeil, und eine fremde Macht dem Fliehenden in den Weg sich wirft. Des Herzens Woge schäumte nicht so schön empor, und würde Geist, wenn nicht der alte stumme Fels, das Schicksal, ihr entgegenstände.«*

Alles ist im Fluss

Wie gestern und an den Tagen davor (so schrieb ich in einer jener alten europäischen Hauptstädte jetzt in meiner vergangenen Gegenwart weiter) drängte die Junihitze unter das Blattwerk des Bluthaselnussbaums, wo ich, Buch und Schreibzeug vor mir, seit Stunden saß. Kaum vorstellbar jetzt, wie im Winter der Nebel wochenlang im Flusstal festgeklebt hatte, als wäre es das Pech der Geschichte. Am längst verbleichten Blau des Himmels, das dem Grau tristen Großstadtbetons gleichsah, hinterließen die Düsen der Linienmaschinen geheimnisvolles Graffiti, langsam zerlaufende Tags.

Vom Morgen war beinahe nichts mehr übriggeblieben. Mein Hölderlin-Buch war einer von zwei in grünes Leinen gebundenen Bänden. Ein Textband und ein anderer mit philologischen Kommentaren. Erworben hatte ich sie zu einer Zeit, als derartige Bücher für mich kaum erschwinglich waren.

Kaum hatte ich das Buch zur Seite gelegt, setzte sich mein Blick sogleich auf die Mittsommerfärbung des Flusses, grün wie der Leinenumschlag. Nach wenigen Sekunden glitt er gegen die Strömung zum Gestänge des Schattens der Eisenbahnbrücke. Endlich fiel mir ein, dass es wohl Zeit wäre, für das Kind und mich das Essen vorzubereiten, wenn es demnächst mit dem Bus aus der Schule zurückkäme. Was schon längst nicht mehr stimmte. Ich hatte diese Gewohnheit trotzdem beibehalten. Also ging ich hinauf ins Haus, wo ich neben dem Schaben und Schneiden Radio hörte. Nach einer Musikeinspielung wurde die Reportage zu einem Staudammprojekt im Amazonasurwald gesendet. Augenblicklich unterbrach ich mein Hantieren und Nebenherhören, verfolgte stattdessen den Bericht über einen ungeheuren Dammbau im brasilianischen Belo Monte.

Was ich dabei erfuhr, führte mir eines jener neuzeitlichen, Strömungsenergie auffangenden Vorhaben vor Augen, welche die Landschaften dieser Erde, nicht nur jene des Niger und Jangtsekiang, der Donau oder des Amazonas, überschwemmten, seitdem der Strom in unsere Häuser und Fabriken zu fließen und die Länder zu elektrisieren begonnen hatte. Bereits im Bau, würde der neue Staudamm nach seiner Fertigstellung an Größe weltweit nur noch von zwei Staudämmen übertroffen werden. Die unvermeidlichen Folgen seiner Ausmaße bestanden darin, dass das Wasser des Flusses Xingu sich zu einem riesigen See aufstauen und um viele Meter erhöhen würde, was mehreren Gemeinschaften, die in diesem Gebiet seit Menschendenken ihren Ort hatten, für immer den Lebensraum entzog, dort am Strom Xingu.

Ich hörte zu, das Gemüsemesser weiterhin in der Hand. Dabei begriff ich nicht sofort, wie genau das, was ich da hörte, mit jenen Versen verknüpft war, die ich davor gelesen hatte. Dennoch war ich gebannt von den Worten eines jener Männer, der nun bald nahezu alles von einer Stimmung verlieren würde, in der er zusammen mit seinem Volk bisher wie selbstverständlich existiert hatte. Reglos lauschte ich seiner festen, weder klagenden noch erbitterten Stimme, über die sich nach wenigen Sekunden diejenige eines Übersetzers legte. Die fremde und, ihr folgend, die mir vertraute Sprache erzählten beide vom Leben am Fluss. »Der Fluss bedeutet uns sehr viel, er ist für uns Vater und Mutter. Warum? Weil er uns das gibt, was wir brauchen. Wasser zum Trinken. Er führt die Fische mit sich, von denen wir leben. Wir gewinnen aus ihm unsere Medizin. Alles ist in ihm. Und geht das alles zu Ende, ist auch mein Leben am Ende.«

Poesie des Gefälles II

»Es hört tief Land / den Stromgeist fern«.

Ein Land ist kein festes Gebilde. Kulturen und Nationen sind Strömungsgebiete.

Der *»Stromgeist«* und die *»Stimme der Ströme«* sind mehr als ein Lyrismus. Sie verleihen einem kulturellen Raum seine einzigartige Stimmung. Das ist eminent politisch. Orientiert am Bild des Flusses, ist Hölderlin darauf bedacht, die statische Vorstellung vom bleibenden Wesen und Schicksal eines Volkes zu der politischen Perspektive eines einflussoffenen Gebildes veränderlicher, fluider Gesellschaften zu verschieben. Alles ist Strömungen ausgesetzt und damit stetigen Prozessen der Umwandlung: von Fluss und Ufer, System und Umwelt. Der Fluss und sein nichtlineares Mäandern stellen ein szenisches Prinzip von Gleichheit und Gegenseitigkeit dar.

Wenn man die auf die allgemeine Erfahrung einwirkenden Kräfte strömender Bewegung präzise genug abschätzt, kann man den Sinn für jene Metaphern einer kosmischen Ordnung schärfen, worin göttliche Gesetze und menschliche Lebensweisen in Beziehung stehen. Gleichwohl führt das Ungestüm der fließenden Kraft zu einer recht zwiespältigen Erfahrung. Wenn nämlich Turbulenz und *»uralte Verwirrung«* wiederkehren oder *»ausgeglichen / ist eine Weile das Schicksal«.*

Ob die »*Himmlischen*«, die »*Götter*«, »*Mutter Erde*« oder »*die göttlich-schöne Natur*« – es sind dies Chiffren einer fortwährend erzeugenden Kraft. Aus ihnen entfaltet sich die Gewissheit, dass das Fluide Medium einer göttlichen Natur ist. Jede Zivilisation, insbesondere die westliche der Neuzeit, existiert darin. Weshalb die Natur nicht in erster Linie als Erreger von Gefühlsstimmungen herhalten sollte. Weit mehr als um ästhetische Erregungen muss es der Moderne darum gehen, die Natur zu kennen und zu achten – ähnlich griechisch-antiker Ehrfurcht. Das ist eine Voraussetzung dafür, dass Kultur zu gedeihen vermag. Was heißt, die jeweilige Zivilisationskultur weder nach innen – im Blick auf die einzelnen Menschen – noch nach außen – in der Beziehung zur Umwelt – zu einer Quelle der Zerstörung werden zu lassen.

Die Aufgabe jeder Gesellschaft ist damit formuliert. Sie erfordert, jene wechselseitige Ordnung herbeizuführen, die erreicht wird, wenn sich unterschiedliche Lebensformen, Verhaltensweisen und Lebewesen aufeinander abstimmen. Mit einem Wort: Sie verlangt ökologische Ausgewogenheit. Das ist nichts Statisches, kein fester Zustand sondern ein stetig und normalerweise in langen Zeiträumen verlaufender, strömender Prozess. Dabei entwickelt sich die Abstimmung, aus der die Stimmung der Landschaft resultiert, nie linear sondern in sich koordinierenden Wechselspielen und Mäandern, die wie ein Zusammenwirken erscheinen. Die balancierte Ordnung wird nicht einseitig und hierarchisch angeordnet wie bei deformierten, unabgestimmten, subordinierten Landschaften, vielmehr ist sie koordiniert in einem Netz des Lebens.

Was die Moderne angeht, so ist Hölderlin nicht übermäßig optimistisch, dass diese sozial-naturale Transformation auch gelingen könnte. In der technisch-wissenschaftlichen Epoche, wo wie in keinem Zeitalter zuvor immense Kenntnisse angehäuft werden, sieht er das entscheidende Wissen stark schwinden, dasjenige um das »*Göttliche*«. Die modernen Gesellschaften seien, konnte ich im Gedicht »Der Archipelagos« nachlesen, selbstherrlich »*ans eigene Treiben geschmiedet*« und die Geschichte vollziehe sich »*über dem Schutt*« ihrer »*tosenden*« Projekte.

Mit den Jahren wächst Hölderlins diesbezügliche Skepsis. Hyperion, der Held seines idealistischen Bildungsromans, zieht noch in den Unabhängigkeitskrieg, das »*stolze Bild des werdenden Freistaats*« vor Augen. Doch das republikanische Ideal wird durch die Ausbrüche blutiger Gewalt rasch ruiniert. In der Folge nimmt der einstige studentische Feuerkopf, der den revolutionären Ausbruch in Frankreich begeistert begrüßt hatte, Abstand vom politischen Vulkanismus. Er nähert sich der Vorstellung einer allmählichen Veränderungskraft, die seine Zeitgenossen als Neptunismus debattieren. Stetige Einflüsse – »*der sanfte Strom*« – anstatt gewaltsamer Umstürze.

Welche Alternative bestand, wenn man nicht eine technokratische Auffassung vom zwingenden Machen der Geschichte vertreten wollte und wenn man sich auch nicht einem historischen Fatalismus mit seinen zirkulären Irrgängen hingeben mochte? Welche Einflussmöglichkeiten gab es dann, geschichtliche Prozesse zu gestalten?

Die Durchdringung von Natur und Kultur. *»Deus sive natura«*, Spinozas Formel der göttlichen, in sich erschaffenden Natur, gilt für Hölderlin uneingeschränkt. In heutigen Begriffen: Natur und in ihr die menschliche Kultur bilden ein selbsterzeugend sich entwickelndes, wechselwirkendes System. Ohne einlässliche Betrachtung und Beachtung der Natur, ohne genaue Welt-Anschauung muss jedwede Weltanschauung unweigerlich blind und ideologisch bleiben. Darum lassen sich aus der Formel *»Deus sive natura«* die Grundzüge dynamischer Evolution ableiten, die unabweisbaren kulturellen Bewegungsgesetze.

Zu beachten ist, Hölderlin erweitert Spinozas Formel entscheidend, in Richtung einer kulturellen und politischen Ökologie. Im Mittelpunkt davon stehen wiederum Flüsse und Strömungen. Sie gelten Hölderlin als wahrer Ausdruck des universellen physikalischen, biologischen und kulturellen Kräftespiels. Sie sind ihm dichterische Metapher und reale Macht zugleich. Einmal riskiert er eine Benennung: *»der Geist / der Welt«*.

Nicht ausgeschlossen, dass sich Hegel auch durch die Idee einer allgemeinen, das Große wie das Kleine erfassenden Geschichtsströmung zum Weltgeist hat anregen lassen. Gleichwohl könnte Hegels Vorstellung von einer allen Aufstieg und Zerfall der Menschenwelt überragenden Kraft der Vernunft Hölderlin nicht fremder sein. Hölderlin denkt an Flüsse. Und mit Flüssen verbindet sich eine natürliche wie auch eine kulturelle Diktion und Direktive. Selten treffen wir bei ihm auf eine derart feste Gewissheit. Damit werden Flüsse zum Politikum. Zum einen als Quellen der Kultur und kollektiven Erfahrung, zum anderen als Lebensader bestimmter Traditionsströme und Identitäten. Poetische Einbildungskraft und politische Realität verfließen ineinander. Nur, ließ sich das seiner Zeit irgendwie nahebringen? Berechtigte es zur Zuversicht auf jene entscheidende Wende, die aus dem modernen Nichts und dem leerlaufenden Fortschritt herausführen würde? Eröffnete sich dadurch die Chance zu einer Neuorientierung, vermochte das Flussdenken jenen Wandel Deutschlands einzuleiten, der zur Erwartung berechtigte, die politische Verschlossenheit, volkstümliche Enge und heimattümelnde Borniertheit ließe sich überwinden?

Hölderlins Hoffnung stützt sich auf eine andere Aufklärung. Und sie verbindet sich untrennbar mit einem Fluss, der Donau. »Am Quell der Donau« ist eines der Gedichte überschrieben, und es entfaltet in seinen sieben Strophen Merkmale jener Strömung, die wie gemacht dafür sind, eine weiträumig fluide Kultur zu durchtränken und deren abgestimmte

Fruchtbarkeit hervorzurufen. Als wäre es eine Stimme. Konnten Flüsse für ganze Bevölkerungen zur *»Erweckerin«* werden, so fasziniert Hölderlin an der Donau jene *»menschenbildende Stimme«*. Lange hat er sich damit befasst, wie ihr Fließen den kontinentalen Raum nach Osten geöffnet und dem mittleren Europa zum Zugang zu neuartigen Erkenntnissen verholfen hat. Einsichten, die in europäische Erfahrungen eingeflossen sind und die sich darin über Jahrhunderte weiterentwickelt haben. Griechenland nennen Hölderlins Gedichte. Aber auch Asien und, lange vor Goethes »West-östlichem Diwan«, Arabien.

Ein beinahe dreitausend Kilometer langes europäisches Mäandern. Die Donau. Ihre Fließeigenschaften sind so, dass sie sich über Hindernisse und Widerstände nicht kurzerhand und geradewegs hinwegsetzen kann. Souveränität heißt fürs Strömen nicht Unumschränktsein. Es bedeutet vielmehr, sich im Wechselspiel von Kontakt und Austausch mit der Umgebung eine eigenständige Richtung zu geben, deren Form, und damit auch jene der Umwelt, sich ständig neu entwickelt. Je mehr Nebenarme, Krümmungen und Mäander *»des weitumirrenden Stromes«* die Landschaften durchziehen, desto durchdringender und breiter geraten das Spiel der Einflüsse und der geschwungene Rhythmus des Dialogs. Menschenbildend wie auch gemeinschaftsbildend ist der *»melodische Strom«*.

Wollte man dies leugnen, wäre damit auch der Rang des Dialogs als das eigentlich Menschliche am Menschen verfehlt. In diesem Fall würde die Sprache, wie andere Kommunikation auch, augenblicklich erstarren, indem sie auf einer Seite festsitzt. Die einseitige Sprache aber ist nichts anderes als das Kommando. Sie baut auf eine absolute Macht, die sich das Ohrenverschließen leisten zu können glaubt. Die Voraussetzung jedweder Befehlsstruktur liegt ja im Nichtzuhörenwollen, jeder Despotie auf einseitigem Rederecht. Hölderlin hatte den Kasernenton des europäischen Absolutismus zur Genüge im Ohr, um die freie, dialogische Rede zu ersehnen. Dass *»ein Gespräch wir sind / und hören voneinander«*, ist für ihn Grund-Satz des Menschlichen. Er darf niemals aufgegeben werden.

Jeder, der Flüsse kennt, weiß auch um Gegenströmungen. Es existieren Wirbel, man muss Bewegungen in die Gegenrichtung in Kauf nehmen. Und der Donaustrom bereitet durch sein langsames, breites Strömen die Fluktuation flussaufwärts bestens vor:

»Der scheinet aber fast
Rückwärts zu gehen und
Ich mein, er müsse kommen
Von Osten.
Vieles wäre
Zu sagen davon. (...)
Umsonst nicht gehn
Im Trocknen die Ströme. Aber wie?«

Zuallererst ist es ein Strömen in beiden Richtungen. Nach Kleinasien und nach Mitteleuropa. Ein wechselseitiger Austausch.

Dichterische Rede. Aber ist sie durch die Wirklichkeit belastbar, hält sie einer Überprüfung der Realien stand? Wenn Weinbergschnecken der Schwäbischen Alb, Salz der mitteleuropäischen Salinen oder Schießpulver mit der Strömung geschifft wurden, so kamen ungarische Kartoffeln, Roherz aus dem Donezbecken, rumänisches Öl und Getreide oder Wein aus der Wachau in umgekehrter Richtung. Der Transport verläuft durch die Jahrhunderte. Mit ihm gelangen Geschichten und Menschen den Strom hinauf und hinab. Seit dem 14. Jahrhundert getreidelt von manchmal achtzehn Pferden, auch von Menschen, die an den Kähnen zogen – so ließ etwa Joseph II. im 18. Jahrhundert in aufklärerischem Nutzendenken Schwerverbrecher vor die Schiffe spannen. Später wurden die Schiffe technisch angetrieben. Noch zur Lebenszeit Hölderlins unternimmt Anton Bernharder erste Pionierfahrten mit dem Dampfschiff. 1831 kann ein regelmäßiger Schiffsbetrieb mit der neuen Technik eingerichtet werden. Ende des Jahrhunderts bringen Schiffe der »Donau-Dampfschifffahrtsgesellschaft«, nun auch mittels Dieselmotoren, jedes Jahr zwei Millionen Menschen auf dem Fluss bergwärts und talwärts.

Vier Jahre nach Bernharders Pionierfahrten hält Hegel im Jahr 1822 erstmals seine »Vorlesungen über die Philosophie der Geschichte«. Hegel, der als theologischer Kandidat einige Jahre zusammen mit Hölderlin im Tübinger Stift am Fluss, am Neckar gewohnt und philosophische Diskussionen geführt hatte, beginnt mit Überlegungen zu geografischen Unterschieden. Er versucht, ihre Bedeutung für die Eigenart bestimmter gesellschaftlicher Räume zu ermessen. Für die jeweils spezifisch kulturprägende Ausrichtung *»gegen das vielfach Zufällige«*. Neben den Steppengebieten und den am Meer liegenden Ländern sieht Hegel eine dritte typische Landschaft: *»die Talebenen, welche von großen Strömen durchschnitten und bewässert werden«*. Gerade die Flusslandschaften seien es aber, welche *»Mittelpunkte der Kultur«* bilden, *»die ihre ganze Fruchtbarkeit den Strömen, von denen sie gebildet sind, verdanken. (...) In diesen Ländern entstehen große Reiche, und die Stiftung großer Staaten beginnt«*. Nichts, so fährt Hegel in seiner flussphilosophischen Beschreibung fort, vereinige so sehr wie *»das Wasser, denn die Länder sind nichts als Gebiete von Strömen«*.

ER

Ich kannte das Gefühl recht gut. Irgendwie festzusitzen, zwischen zwei Seiten eingeklemmt zu sein, von etwas, das schwer zu greifen war. Und dass das nicht bloß mir so erging, dass es vielmehr das Befinden einer ganzen Kulturzone, eines Kontinents, schon länger bestimmte, konnte ich einer kleinen Parabel Kafkas entnehmen. Sie trug den Titel »ER«. Und die namenlose oder alle denkbaren Namen tragende Figur, die damit gemeint war, steckt in einer beträchtlichen Klemme. Nämlich zwischen denjenigen Dingen, die »ER« vor sich sieht und die bedrückend auf ihn zukommen, und dem, was »ER« hinter sich zu haben meint, was aber weiter auf ihn eindringt. Eine unentrinnbare Bedrängnis, von welcher »ER« zerrieben, ja zerquetscht zu werden droht.

Mein Leseplatz befand sich zwischen zwei Brücken, flussaufwärts der Eisenbrücke von 1870, flussabwärts einer bis vor kurzem recht schmalen, vom Krieg verschonten, mittlerweile aber erneuerten Brücke aus Beton. Während mein Blick oft in Richtung der Eisenbrücke wanderte, fiel mir gelegentlich etwas in die Augen, das sich an der Wasseroberfläche bewegte. Eine vom Schlamm verdreckte Plastikflasche konnte es sein, was da leicht schaukelnd hertrieb. Aus einem undeutlichen Da in ein ungewisses Dort. Das gab mir die Gelegenheit, Kafkas Geschichte zu überarbeiten. Ich fuhr also fort, indem ich die Stelle von Kafkas »ER« einnahm, den Ort aber an meinen Fluss versetzte.

Er steht gerade an dieser Stelle am Ufer, zwischen Herkommen und Davongehen, zwischen einem dunklen Vormals und dem unabsehbaren Futur, am eingebildeten Mittelpunkt zweier konstruierter Fernen. Er sieht, wie die Dinge, aus dem Kommenden, auf ihn zuströmen. Aber er glaubt auch, sie aus der Vergangenheit des Flusses, in die sie, an ihm vorbeischwankend, hineingetrieben werden, wieder heranholen zu können, zumindest in seiner Fantasie, seiner Sprache. Dabei nimmt er aber wahr, dass die Dinge von ihm doch fortfließen, und dann für ihn vorbei und gewesen sind, in die Vergangenheit davon gespült.

Und dennoch könnte ihm genau in diesem Moment der Gedanke in den Sinn kommen, dass alle diese Dinge auf dem Fluss in Wirklichkeit in dessen Zukunft fließen, dorthin, wo das Wasser und sein Treibgut irgendwann erst noch sein werden. Die Dinge, könnte er folglich denken, gehören in derselben Sekunde sowohl der Zukunft wie auch der Vergangenheit an, sobald er zu dem Entschluss bereit wäre, sich selbst nicht mehr als Mittelpunkt der Zeit zu empfinden. Doch liegt ihm dieser Gedanke fern, denn die Epoche des Zentrums, der er gewiss angehört, ist noch nicht an ihr Ende gekommen. Vorläufig könnte er es sich aber ein kleines Stück leichter damit machen und, da das gute Wetter, wie es aussieht, sich bis in den Spätsommer hinein hält, im Fluss noch ein wenig Schwimmen gehen, jetzt, morgen oder an einem anderen Tag. Und vielleicht käme ihm der Raum, den das Wasser um ihn herum einnimmt, wenn es ihn trägt, dabei wie ein halb durchsichtiger Traum oder eine Parabel vor, die wir uns erzählen können, weil Sprache auch nur ein Fluss ist.

Menschen, Ströme

»Hier aber wollen wir bauen. / Denn Ströme machen urbar / Das Land.«

Das Gedicht »Der Ister« führt die Donau unter ihrem antiken Namen. Er findet sich etwa im Argonautenepos des Apollonius von Rhodos:

jener Erzählung der leidenschaftlichen Suche nach dem Goldenen Vlies, die sich zuletzt auf der Donau abspielt. Und der Blick auf die Donau und des von ihr durchwirkten Raums, ist es auch, der Hölderlin jene literarisch imaginierte Migrationserfahrung nahelegt, ohne welche die Einübung in Aus- und Einwanderungsbewegungen sich unmöglich einspielen würde. Und ohne die ein kulturelles Spiel der Übertritte und fluktuierenden Menschenströme dauerhaft Illusion bleiben musste.

Noch nicht lange lagen da jene Auswanderungswellen Tausender von Deutschen zurück, die sich in Ungarn und Rumänien ansiedelten. Von der österreichischen Kaiserin Maria Theresia und ihrem Sohn Joseph II. waren sie zur Kolonisierung von Ostgebieten angeworben worden. Und weil die deutschen Emigranten in Ulm die Schiffe dorthin bestiegen, hießen sie in Ungarn und auf dem Balkan »Donauschwaben«. Hölderlin steht diese Geschichte vor Augen, es ist in seiner Kindheit viel davon geredet worden. Aber er übersieht auch nicht die Erfahrung anhaltender Konflikte und kriegerischer Gewalt, die in dem nach Osten grenzüberschreitenden Gefälleraum längst nicht vergessen war. Jener *»Zwist«*, jene Phasen gegenseitigen Verstummens, in dem allein *»Waffen«* zu hören waren. Zwischen Markomannen und Römern, Osmanen und Habsburgern, Bayern und napoleonischen Truppen, Russen und Türken, deutscher Wehrmacht und serbischen Partisanen.

Keine ungetrübte Hoffnung also. Dennoch bleibt für ihn die Bewegung einer Jahrtausende alten Mobilität die maßgebliche Kraft. Eine europäisch-balkanisch-asiatische Bewegung. Sie führt bis zum *Pontos euxeinos*, bis hin zu jenem *»gastfreundlichen«* Meer, als das die Griechen das Schwarze Meer bezeichnet hatten. Und so betrachtet, gerät nun das beachtenswerte Gefälle in den Blickpunkt. Nämlich jene von Respekt geprägte Zeremonie der Gastlichkeit und des einladenden, zusammenfindenden Interesses. Es ist, als vereinigten sich die Flüsse eines halben Kontinents, um schließlich das zu bilden, was als Donauraum nicht bloß geografisch beschrieben sein will.

»Denn aus den heiligvermählten
Wuchs schöner, denn Alles,
was vor und nach
Von Menschen sich nannt', ein Geschlecht auf.«

Im Donauraum, vom christlich geprägten Mitteleuropa bis hin zur muslimischen Kultur des Osmanischen Reichs und der aufgeklärten Epoche danach, formt sich für Hölderlin das landschaftliche Ideal einer weit ausschwingenden Konversation, die im *»melodischen Strom«* ihr ständiges Spiegelbild besitzt. Gerade dafür aber ist die deutsche Stimmung, wie er nur zu gut weiß, *»schwer zu gewinnen«*. Der Idealismus, der ihm vorgeworfen wurde, schärft in Wahrheit Hölderlins Realitätssinn dafür, wie provinziell man sich in Deutschlands Kleinterritorien an die Auffassung klammert, *»es wäre / sonst nirgend besser zu wohnen«* als am angestammten, ängstlich behaupteten Platz.

Und so musste es sich als höchst fraglich darstellen, ob im Blick auf die Mentalität deutscher Leser irgendeine Aussicht bestand, die Anregungen zu einer veränderten politischen Strömung, zumal für eine orientalische Stimmung aufzunehmen, da sie in den Augen der weit überwiegenden Zahl ja doch einer vermeintlich antimodernen und antiwestlichen Rückwendung gleichgekommen wäre?

Nein, die politischen Umstände waren für Hölderlins literarischen Vorstoß alles andere als günstig. 1794 hatte er in Jena Vorlesungen bei Fichte besucht, der die französischen Revolutionsideen von Freiheit, Gleichheit und der Brüderlichkeit aller befürwortet hatte. Kaum fünfzehn Jahre danach hält Fichte in Berlin dann eine Reihe von Vorlesungen, die als »Reden an die deutsche Nation« Berühmtheit erlangen. *»Volk und Vaterland«*, verkündet Fichte darin, *»liegt weit hinaus über den Staat«*.

Jetzt also gerät, statt der gleichheitlichen Verbrüderung aller in einer zukünftigen Weltrepublik, das Völkische ins Zentrum. Denn es stellt für den Philosophen bei der Bildung einer Nation das oberste Kriterium und den begründenden Wert schlechthin dar. Warum ist das so? Weil es mittels metaphysischer Substanzen zum Leuchten gebracht wird. Weil es *»Ewiges in sich aufzunehmen«* vermag. Weil das national gedachte Wirken des Subjekts *»unmittelbar ausströmt aus dem ursprünglichen und göttlichen Leben«*. Kurz: Weil das Ewige der Religion in der säkularen Gesellschaft bei Fichte unmittelbar in die Nation übergeht.

So reicht das deutsche Wesen in die Tiefe der Zeit, in eine imaginierte Vergangenheit zurück, zu einem völkischen Ursprung. Und es reicht in eine seelische Tiefe hinab, die den Nationalismus letztlich im Gefühl legitimiert und ihn damit vor sämtlichen Vernunftüberlegungen abschirmt und schützt: *»Wer dasselbe in sich fühlt, der wird überzeugt werden; wer es nicht fühlt, kann nicht überzeugt werden, denn allein auf jene Voraussetzung stützt sich mein Beweis.«*

Es liegt in der Natur des völkischen Denkens, jeder Weltoffenheit zu misstrauen. All die Anregungen, die von neuen kulturellen Einflüssen und ethnischen Unterströmungen ausgehen könnten, oder die der Zustrom anderer Mentalitäten mit sich bringt, werden als unerwünschte Überfremdung angesehen. Als eine Form der Korruption des angeblich Reinen, Ursprünglichen. Die nationale Identitätsmystik fühlt sich gekränkt und bedroht durch die Energien, die von dorther auf sie einströmen, was als das Außen betrachtet wird.

In den ersten Jahren des 19. Jahrhunderts wird die politische Orthodoxie der Volksgemeinschaft zur zukunftsschwangeren Beschwörungsformel nationaler Abgrenzung. Zum Bannfluch der Ausschließung des

Anderen und Fremden. Der jüdische Publizist Saul Ascher, er ist nur drei Jahre älter als Hölderlin, tritt als einer der wenigen öffentlich hervor, um sich gegen diesen völkischen Enthusiasmus zur Wehr zu setzen, den er als *»Germanomanie«* geißelt. Als *»Kreuzzug gegen alles Undeutsche oder Ausländische«*.

Tatsächlich dominiert im politischen Denken des Kontinents die Grenze. Vor allem das mittlere Europa igelte sich in dem Bedürfnis nach Abgrenzung und Protektion des jeweils eigenen Lebensbereichs zunehmend ein. Man war der nur schwer zu erschütternden Meinung, sich in geschlossenen Nationalstaaten schützen zu müssen, und baute Schranken auf. Man saß fest in nationalen Territorien und militärisch geschützten Sektoren, zwischen Markierungen des Todes und der Macht, angetrieben von staatlicher Interessenspolitik und imperialen Gelüsten. Die Ideologie der Sperre institutionalisierte sich in behördlichen Hindernissen und rechtlichen Barrieren, welche über die Lebenschancen hier und nicht selten über das Sterben dort entschieden. Und was hätte sich daran je ändern sollen?

Vielleicht aber war ja die Angst des Nationalismus auch nur die Maske eines heimlichen Begehrens, das sich der Reize einer anderen Welt durchaus bewusst war. Vielleicht war sie die Verdrängung jenes verbotenen Wunschs nach einer freieren Gesellschaft mit ihren offenen Lebensweisen. Jedenfalls war es ein fundamentaler Irrtum anzunehmen, die Bahn der Geschichte gleiche dem Nebeneinander gerader Linien, auf denen sich Reinkulturen parallel zueinander durch die Zeit bewegten.

Der geschichtliche Moment mit seiner gedrückten Verbürgerlichung, mit der moralisch angepassten Gestik des Ordentlichen – dessen, was sich gehört, ohne dass man zuhört – zeigte sich gleichwohl in Deutschland dem euxenischen, dem gastfreundlichen Motiv gegenüber wenig aufgeschlossen. Dem ins Provinzielle geduckten Volksgefühl versagte sich das Erstrebenswerte einer Aussicht, die bestehende europäisch-asiatische ebenso wie die abendländisch-orientalische Anspannung des bilateral Fremden aus der Feindlichkeitszumutung herauszulösen und die Begegnung über Grenzen und Kulturschwellen hinweg als Erkenntnisimpuls fruchtbar werden zu lassen.

In diesem Umfeld, worin das Gespräch und der Sinn erstarren, wird die Donau zum Inbild einer Alternative. Der Fluss, ein weiträumiges Leitsystem: Siedlungskorridor, Handelsweg, Kommunikationskanal, Kulturschleuse, Migrationsroute. Für die zunehmend national gestimmten Zeitgenossen eine irrwitzige Vorstellung. Nicht so für Hölderlin. Wobei ihm die politische Provokation klar bewusst ist, die darin liegt und die in den mehr als zweihundert Jahren seither ja nicht verschwunden ist.

Hegel verdanken wir eine so schöne wie genaue Formel von Flussräumen: *»das Land des Überganges«*. Als wäre es das Gesetz des Stroms, sein doppelsinniges Gefälle, Verbindungen zu schaffen und Kulturen ineinanderfließen zu lassen. Geformt durch die territoriale Plastizität des Reisens, durch den Aufbruch der Migranten vieler Jahrhunderte. Es ist der *»lebendige Strom«*, von dem Hölderlin spricht, der die Grundlage dafür bildet, dass zum einen die Gastlichkeitskultur der kontinentalen Flusslandschaft weit und bis nach Asien reicht. Und der andererseits die Chance zur Gegeneinladung eröffnet. Um dadurch jenen gastfreundlichen Austausch einzuleiten, worin Hölderlin eine der wichtigsten schriftstellerischen Aufgaben erkennt:

»euch einzuladen,
Bin ich zu euch (...) gegangen,
Daß, wenn die Reise zu weit nicht ist,
Zu uns ihr kommet«.

Hölderlins ungeheure Zuversicht, die durch die Geschichte, wie sie seither verlaufen war, kaum gerechtfertigt erschien, berührte mich tief. Seine Hoffnung, *»die Stimme der Ströme«* und *»der stille Gott der Zeit«* könnten kulturelle Erfahrungen wachsen lassen, die zu einer europäisch-balkanisch-arabischen Friedensordnung führen würden, *»und nur der Liebe Gesetz, / das schönausgleichende gilt von hier an bis zum Himmel«.*

Nichts schien ferner. Und doch war ebenso wenig zu bestreiten, der Lauf der Donau, dieser Großraum natürlicher und sozialer Beziehungen, konnte Anregung sein, die Geschichte der Gewalt, wie sie hier über Jahrhunderte durchlitten wurde, neu und anders auszurichten. Um in einem neuen *»Frühling der Völker (...) aus diesen befleckten veralteten Formen«* herauszukommen. Denn was Hölderlin vorschwebt, lässt sich als politisch-naturbewusste Biosphäre, als balancierte Landschaft, in unsere Gegenwart übersetzen, in der Machtverhältnisse durch dialogische und kooperative Austauschbeziehungen ersetzt sind. Darin liegt die Strömung, die Hölderlin der Moderne so gerne einflößen, in der er als Dichter maßgeblich mitwirken möchte:

»Noch weiß ich es nicht«, bekennt Hyperion, *»doch ahn ich es, der neuen Gottheit neues Reich, und eil ihm zu und ergreife die andern und führe sie mit mir, wie der Strom die Ströme in den Ozean.«*

In seinen Donau-Gedichten formuliert Hölderlin so etwas wie das poetisch-politische Projekt der Osterweiterung des mittleren Europa. Eine Öffnung zum Balkan und darüber hinaus. Ihn trägt die Hoffnung, jene *»Unheilbarkeit des Jahrhunderts«* und *»die Todeslust«*, auf die er die abendländische Welt zutreiben sieht, ließe sich dadurch abwenden. Nachdem im politischen Denken des Kontinents Feindseligkeiten vorherrschen und sich zu verschärfen drohen, entwirft er das bis in unsere Gegenwart unerhörte europapolitische Bild einer fluiden Zivilisation. In ihr könnte das Hin- und Herwogen von Menschen unterschiedlicher Länder,

Ethnien, Religionen und Kulturen in ein gedeihliches Fließgleichgewicht gebracht werden.

Fließtext

Mein Blick. Der Schrift folgend. Der Flussbiegung. Vers für Vers. Wendung um Wendung. Schrift. Fluss. Hin und her. Dazwischen die Schattenspiele des Bluthaselnussbaums. Wenn ich mich festgelesen hatte, legte ich den Kopf zurück und überließ mich den Windstößen in den Bäumen, ihrem dünungsgleich anschwellenden und abschwellenden Rauschen. In der Sonnenwärme hörte ich die Knacklaute der sich dehnenden Eisenbrücke, ihrer zehntausend Stahlnieten. Dann vernahm ich die Tonspur der Bundesstraße, die über die Hangkante des Hassenbergs herabfiel und sich übers Wasser legte, seltsam rauh und dunkel, fast wie mongolischer Kehlgesang. Die Gegend wirkte zeitverloren, als wäre sie nur noch in jenen alten Sätzen aufbewahrt, denen ich irgendwo einmal begegnet war, an fast vergessenen Stellen fast vergessener Bücher.

»Wenn man so lebt wie ein Fluss«, hatte ich einmal bei Henry Miller gelesen, »erlebt man das Leben in seiner Fülle, man fließt dahin mit dem Strom des Lebens und stirbt, um als ein Ozean wiederzukehren.«

Wenn man lange genug am Fluss gelebt hatte, begann man einzusehen, dass die Sache so einfach nicht sein konnte. Der Fluss war immer gleich und immer anders. Er war das Identische und das Nichtidentische. Darin lag seine sonderbare, seine widersprüchliche Natur, die ihn zum Ausdruck der Zeit werden ließ. Die Fülle war Leere. Das Strömen am Ort sein. Die Wiederkehr eine Form der Unwiederbringlichkeit.

Poetik der kulturellen Fluktuation

Hölderlins Aufruf, seiner Heimat die Wendung zum *»Land des Überganges«* einzuschreiben, lässt sich in dem Gedicht »Germanien« nicht missverstehen:

> *»Tal und Ströme sind*
> *Weitoffen um prophetische Berge,*
> *Daß schauen mag bis in den Orient*
> *Der Mann und ihn von dort der Wandlungen viele bewegen«.*

»Weitoffen«. Man musste Hölderlins Werk schon die Engstirnigkeit faschistischer Gemüter zumuten, um es in eine nationalistische Lesart einzuzwängen, wie es in Nazi-Deutschland geschehen ist. Andererseits machte es das Fluss-Pathos und das gastfreundliche Motiv der Begegnung leicht, ihn als politischen Illusionisten abzustempeln. Heute kann sich uns der Blick auf jene beherzte Version einer Epochenalternative auf neue Weise öffnen, wie sie Hölderlins dichterischer *»Gesang«* als Flusstheorie

kultureller Evolution auffasst. Für das physiokratisches, bürokratisches und technokratisches Herrschaftsmodell, ist darin freilich nur wenig Platz. Aber auch nicht für ein Herrschaftsverständnis, das im Kult der Menge – wie bei der Französischen Revolution – oder im einzelnen Heros der Historie – wie im Fall Napoleons und späterer Diktatoren – sein Muster besitzt.

»Das Eine in sich selbst unterschiedne«, im »Hyperion« hymnisch beschworen, wird in den Donau-Gedichten zum Bild in sich vielfältiger Gesellschaften und Landschaften. Heraklits antike ontologische Idee verwandelt Hölderlin in eine moderne politische. Vorläufig unzeitgemäß, trägt der Donauraum den Entwurf einer anderen Zivilisation in sich. Einer Kultur, die sich über jene Beziehungen versteht, die Menschen miteinander eingehen. Die Beziehungsachse bildet der Fluss. Durch ihn und die von ihm geprägten Landschaften sind die Länder miteinander verbunden und die Kulturen ineinander verschlungen.

Nirgendwo entdeckte ich bei Hölderlin Spuren des Gedankens, es existiere eine Überlegenheit bestimmter Völker über andere. Was es gab, waren unterschiedliches kulturelles Wissen und historische Erfahrungen, die es zu teilen und im Dialog anzureichern galt. Auch angesichts moderner Sinnkrisen sah er, ganz im Gegensatz zu Novalis, nicht in einer postsäkularen Neubelebung der christlichen Religion die Kraft, von der zu erwarten wäre, sie könnte *»Europa wieder aufwecken«*.

Friedrich Hölderlin war der erste Schriftsteller der Moderne, der das Phänomen des Fließens erfasst und in faszinierenden Versen zum Ausdruck gebracht hatte. Seine Vorstellung meinte eine Welt, die sich fortwährend selbst erschuf und umwandelte. Eine Welt, die nicht unter einem absoluten Kommando stand, weder einer irdischen noch metaphysischen Macht. Sie meinte ein schwingendes, biegsames System, das auf der gastlichen Solidarität eines interkulturellen Redeflusses gründet. Und das zu Formen findet, dieses Zusammenleben zu feiern, in Rausch und Fest.

Nur, wie konnte jemand in der Mitte Europas auf einen derart abseitigen Gedanken verfallen? Auf die Idee offener sozialer Gebilde des zivilen Gemeinsinns? Auf die Vorstellung von Gesellschaften eines vom konfessionellen Glauben unbeengten und von Machtstreben befreiten Beziehungsgeflechts? Mit einem Funken Rousseauismus und einem Anteil dionysischer Tradition schärft sich trotz allem die politische Idee eines neuen Europa: kein gewaltsamer Umsturz nach innen, keine brutalen Kriege nach außen, vielmehr eine naturbezogene, vom Zusammenströmen der Menschen begeisterte Kultur, die eine neue integrale Landschaft formen. Sie folgt ganz der Überzeugung, jede Gesellschaft und jeder Einzelne darin finde zu sich selbst erst im Respekt vor jenem Leben, dessen Gesamtheit die Natur ausmacht. *»Die neue Kirche«*, das ist – wie

Hölderlin lange vor Feuerbach sinniert – jener wechselseitige Prozess einer Naturalisierung des Menschen und der Humanisierung der Natur.

> *»Wieder, wie vormals oft, bei Hellas blühenden Kindern,*
> *Wehet in neuer Zeit und über freierer Stirne*
> *Uns der Geist der Natur, der fernherwandelnde, wieder«.*

Und so geht Hölderlin radikal über alles hinaus, was im neunzehnten Jahrhundert die geschichtliche Perspektive Europas denkt und staatspolitisch zu organisieren unternimmt. Sein politisches Projekt einer kulturellen Ostbindung Europas greift über Griechenland und den Orient hinaus, indem es permanenten Austausch und ein Spiel der Vielfalt vorschlägt. In seiner sozialen Dynamik westöstlicher und ostwestlicher Durchdringung und Entfaltung ist der Donau-Raum ein vorbildhaftes geschichtliches Milieu für das, was viel später, nach dem Wüten der *»Geister des Todes«*, Interkulturalität heißen wird.

Natürlich, der Gedanke ist höchst anstößig. Die Stimmung bläst einstweilen dem chauvinistischen Patriotismus der Vaterländer kräftig Wind unter die Flügel. In ihr verstärkt sich das Unbehagen vor einer Balkanisierung Europas. Vor orientalischer Unübersichtlichkeit und einer sinnlich-dionysischen Unordnung. Wer will da hören, was ein Dichter in die poetische Erzählung eines offen strömenden, kulturellen Raums verwandelt, in *»eine Sage der Liebe«*?

Kein Zweifel, Hölderlins Epoche ist dies genau so fremd wie das Fremde, das einem begegnete, wenn man dem Lauf der Donau nach Osten folgte. Im Vergleich zu dieser poetisch-politischen Vision nahm sich sogar Goethes Nationalitätsskepsis, die mit der Befürwortung der alten Kleinstaaterei einhergeht, gegründet auf eine autokratische, feudale Herrschaftsschicht, ziemlich verzagt, zumindest aber harmlos aus. Wo sich die Moderne im Zeichen des Völkischen und Biedermeierlichen darauf einstimmte, einen frivolen Widerwillen gegen das Andere und Unbekannte zu hätscheln, muss man schon lange suchen, bis man auf politische Ansichten stößt, die denjenigen Hölderlins an bis heute zukunftsweisender Hellsicht nahekommen.

Für mich erstaunlich, ist es gerade jener Politiker gewesen, den man gemeinhin als den Konstrukteur der Einheit einer deutschen Nation feiert, welcher der Idee des Vielvölkerstaats im 19. Jahrhundert ihre Berechtigung zuerkannt hat. Einer Idee, wie sie Österreich, der Donaustaat, mit seiner balkanischen Ausweitung verkörperte. In allen Auseinandersetzungen blieb Bismarck unbeirrbar bei seiner Überzeugung. Weder dachte er großdeutsch noch pangermanisch wie so mancher andere während seiner Zeit als Kanzler eines deutschen Kaiserreichs. Bismarck erkannte in Österreich das gültige Staatsgebilde vieler Völker und Kulturen, und er erkannte es an. Aus dem *»Vorland an der Donau«* sollte keinesfalls ein großdeutsches *»Hinterland an der Spree«* werden. Und auch dabei sieht der lebenskluge Preuße die Aufgabe des kybernetischen politischen Handelns darin, *»die Strömungen [der Geschichte] zu beobachten und in ihnen mein Schiff zu steuern wie ich kann. Die Strömungen selbst vermag ich nicht zu leiten, noch weniger hervorzubringen«.*

Hölderlins Flussgedichte. War das also nicht bis zu diesem Sommer, in dem ich da im Bluthaselnussschatten an der Donau hockte und Hunderttausende sich aus Syrien, Afghanistan oder dem Irak auf den Weg durch den Westbalkan nach Europa machten, das weiterlaufende Projekt unseres Kontinents, diese Poetik der kulturellen Fluktuation, diese staatenübergreifende Inspiration innerhalb einer zusammenfließenden Welt des Besonderen, die eine neue Strömung bildete, ein neues Maß von Energie? Eine Strömung, welche die Stimmung der Übereinstimmung des Verschiedenen deutlich verstärken musste und die das etwas einfältige Wort der Völkerverständigung durch dialogische Komplexitäten bereichern konnte, bei der die einstmaligen Fremden und Feinde zu *»Verwandten«* wurden? Und die jeder nationalen Staatsgläubigkeit mit Argwohn gegenübertrat? Eine historische Wende. Nichts weniger wollen Hölderlins Donau-Gedichte.

Trotzdem gibt er sich keinerlei Illusionen darüber hin, seine Zeit würde diesen Vorschlag anders denn als Botschaft eines *»falschen Priesters«* auffassen. Bestenfalls noch als die Marotte eines zur Überspanntheit neigenden Lyrikers. Sein politischer Scharfsinn indessen, dass Barbareien Gesellschaften ohne Raum für das Erwachen individueller Kräfte und polyphoner Stimmungen waren, musste Hölderlin im eisigen Schweigen, das ihm in Deutschland von allen Seiten entgegenschlug, den Atem gefrieren lassen. Irgendwann erschien ihm, anstatt die belebenden *»Kräfte der Höhe«* noch zu verspüren, *»leer, wie Gefängniswände der Himmel«*. Unweigerlich erstarrte darunter jeder *»lebendige Strom«*. Gefälle zum Verfall.

Die lyrisch eingeforderte euxenische Politik bedeutete eine gewagte dichterische Geste. Nicht bloß in Richtung Orient war sie das, sondern vor allem für Deutschland, für Europa selbst. Wir sehen das heute. Der *»lebendige Strom«* flüchtender Menschen aus arabischen und asiatischen Ländern wird Europa verändern. Er wird, ob wir wollen oder nicht, zu *»Wandlungen«* führen, wieder einmal. Und wieder einmal führt durch den Balkan, zieht sich entlang der Donau eine Fluchtroute, ein Einwanderungskorridor. Nicht alle in Europa halten das für wünschenswert oder wenigstens für eine politische und menschliche Aufgabe. Anstatt sich auf Hölderlins Idee der transnationalen Gastlichkeit zu besinnen, werden Grenzregime erneuert, Landschaften verriegelt und ein Selbstverständnis Europas bekräftigt, das von einer Festung spricht. An den Grenzen tauchen Todeszonen auf, und auch dies wird Europa verändern. Wir sollten Hölderlins Warnung diesmal nicht überhören, dass in derartigen Zeitströmungen nicht selten die *»Völker (...) ergreifet die Todeslust und Heldenstädte sinken«*.

Im Gegenbild wird der Donau-Raum zur konkreten Metapher eines dynamischen Raums geteilter Erfahrungen, der überstaatlichen Durchlässigkeit und schließlich auch einer gemeinsamen Zukunft. Im Donau-Raum zeigen sich geschichtliche Strömungen über Jahrhunderte hinweg als natürliches und kulturelles Ökosystem ortsbezogener Austauschprozesse. Strömungen von Bewusstseinsbildung, Gesellschaftsbildung, am Ende vielleicht sogar von einer neuen Idee der Staatenbildung. Ja, warum nicht, der Neuerfindung Europas.

Neben dem imperialen Machtgebaren der politischen Moderne, das sich zäh gegen eine einladende interkulturelle Gastlichkeit behauptet, entwickelt sich die Hoffnung einer fluvialen Moderne. Europa könnte von jenem *»Stromgeist«* erreicht werden, dessen Vorschein Hölderlins Flussgedichte sind.

Die *»entbundene Welt«* offener Gesellschaften kommt ohne die produktive Differenz nicht aus. Der Donau-Raum, diese große Fluidalwelt, bietet mitnichten das Beispiel irgendeiner Homogenität. Das macht ihn so lebendig, überraschend, strömend. Und genau jenes politische Spiel der Zivilisationen in einer human-gastfreundlichen Grundstimmung wechselseitiger Beeinflussungen könnte, so mag Hölderlin gehofft haben, womöglich am Ende die Bedeutung der technisierten, ökonomisierten oder militarisierten Historie ganz von allein zurücktreten lassen. Gleichwohl gibt es keine Garantie dafür, keinen Masterplan. Denn in fluiden Prozessen existiert kein Außerhalb und kein Oberhalb.

Der Strom der Geschichte verläuft ohne Metaphysik. Sogar die Götter, sogar jene Kräfte einer sich selbst schaffenden Natur und Welt erscheinen als *»die Wandelbaren«*. Für die frei sich entfaltenden offenen Prozesse kann es keine völlige Kontrolle geben. Kaum denkbar, dass *»mit den tausend Bächen Mäander / Seinen Irren enteilt«*. Die Wirbel und Wendungen der geschichtlichen Strömungen bleiben unberechenbar. Das Ende der Geschichte ist daher nichts anderes als eine schöne Illusion oder böse Fantasie. Und bisweilen kehren Flüsse sogar in das alte Bett zurück.

Bis hierher war ich mit dem Lesen und Herauslesen gekommen. Unterdessen hatte die Hitze soweit zugenommen, dass sie sich, Tag für Tag ein wenig mehr, im Flusstal staute, als säße ich in einem engen Zimmer. Die Luft überm Wasser schien sich zu einem sonderbaren Luminophor zu verwandeln. An keiner anderen Stelle der Landschaft hielt sich das Licht länger als dort. Nach Jahren war in diesem Sommer als Zeichen seiner außergewöhnlichen Trockenheit wieder eine Kiesbank aus dem Fluss aufgetaucht, dort, oberhalb der Eisenbrücke, wo die komplizierte Konstruktion der Schatten jetzt, am Abend, auf dem Flusswasser verschwunden war, das träge und geräuschlos dahinfloss.

Unter allen Fluss-Gedichten Hölderlins ist nach allem, was wir wissen, »Der Ister« sein letztes gewesen. Hölderlin hat es auf bräunliches, billiges Papier geschrieben, zusammen mit der letzten Strophe des an seine Bordeaux-Reise erinnernden Gedichts »Andenken«. Entstanden ist es im Jahr nach der Rückkehr, in einer Zeit, als Schelling den alten Stiftsfreund *»in einer vollkommenen Geistesabwesenheit«* antrifft, in der *»sein Äußeres bis zum Ekelhaften«* vernachlässigt gewesen sei. Das Gedicht endet mit den Versen: *»Was aber jener tuet der Strom, / Weiß niemand«.*

Parisches Protokoll

Beschreibung einer Insellandschaft

Nachdem ich im nebelhaften Morgengrauen mit dem Zug von einem süddeutschen Provinzbahnhof losgefahren war, befand sich die Propellermaschine mit ihren sechsunddreißig Passagierplätzen, von denen nicht einmal die Hälfte besetzt waren, wenige Stunden später – zuvor hatten uns über Kéa und Síros harte Windstöße durchgerüttelt – im Anflug auf die Kykladeninsel Páros. Auf dem Flugfeld, wo man zu Fuß bis zu einem unscheinbaren Ankunftsgebäude gehen musste, traf mich jener lederharte Wind im Gesicht, von dem auch der niedrige Bewuchs auf der trockenen Erde gepeitscht wurde. Am Himmel einzelne Wolken, wie auf der Flucht dahinjagend.

Eilig zog jemand die Tür hinter sich und den übrigen Angekommenen zu, während man sich draußen anschickte, das Flugzeug zu entladen. Unversehens fand ich mich in der gedrängten Enge eines von kaltem Rauch und einem alten Licht verhangenen Raums wieder. An zwei Wänden hingen, ohne Beachtung zu finden und unbehelligt von der Gegenwart, die Ereignisse vom vergangenen Jahr. Einige Prospekte, ausgelegt auf zwei niedrigen Tischchen und von Feuchtigkeit gewellt, waren in ein Stadium des Verbleichens eingetreten, das die Vermutung nährte, auch jene Sehenswürdigkeiten, auf die sie hinwiesen, könnten längst verschwunden sein. So stehen wir in meiner Erinnerung dicht gedrängt beieinander, eine winzige Gruppe von Menschen, die in dieser frühen Zeit des Jahres auf die Insel gekommen sind, und wir haben nicht mehr miteinander zu tun, als dass wir in diesen Minuten gemeinsam auf Koffer und Taschen warten, die man in Kürze durch eine Öffnung in der Mauer auf die Eisenzylinder eines Rollbands stoßen wird. Anschließend würde sich jeder in Richtung seines Reiseziels verlieren.

Pántheon

Umständlich erkläre ich der Taxifahrerin, wohin ich möchte, weil ich davon ausgehe, dass ihr mein Ziel nicht bekannt sein dürfte. Sie sagt nur kurz »Entáxei«, und telefoniert daraufhin mit ihrem Mobiltelefon, bevor sie losfährt. Nach etlichen Kilometern, die sich die Straße um menschenleer daliegende Meeresbuchten krümmt, entlässt die Küste sie aus ihren weiten Schlingen. Fortan windet sie sich, als wäre das an diesem Ort die angemessene Bewegungsweise, in noch engeren Kurven um die Abhänge steiniger Hügel ins Innere der Insel. Unterwegs hält die Taxifahrerin, deren weiße, lange Fingernägel unablässig auf der Gangschaltung spielen, am Straßenrand noch einmal an. Aus der Art, wie sie sich begrüßen, kann ich erkennen, es ist ihr Freund, der dort auf sie wartet, und der jetzt mit uns mitfährt. Offenbar geht es in dem sogleich lebhaft einsetzenden Gespräch zwischen den beiden um etwas Wichtiges, vielleicht planen sie zu heiraten, aber mein Griechisch reicht nicht aus, das zu verstehen. Und während die Taxifahrerin der Straße fortan nur noch den kleineren Teil ihres Interesses zu widmen scheint, werde ich auf dem Rücksitz zu etwas Unpersönlichem, zu einer Fracht, die es an irgendeinem Punkt abzuliefern gilt. Falls die beiden nicht überhaupt vergessen haben, dass ich hinter ihnen sitze.

Sie sind für sich, ich bin für mich. In einem Raum, einer Fahrgastzelle, noch weitaus kleiner als der Flughafenwarteraum. Das verschafft mir die Gelegenheit, meine ungeteilte Aufmerksamkeit der Gegend zu widmen. Zwischen den im vergangenen Herbst abgeernteten und seitdem unbearbeiteten Feldern stehen hier und da die Betongerippe nicht fertiggestellter Häuser, deren herausstehende Armiereisen braune Rostschlieren hinterlassen. Von Gestrüpp überwachsen, verschwindet ein unbrauchbar gewordener Traktor am Rand eines schmalen Ackers hinter seiner Tarnung aus Clematisranken. Ich entdecke nur wenige Wege, die von der Straße abzweigen und zu einzelnen Häuser unterhalb der Straße führen, von denen sich ein paar auf scheue Weise zu kleinen Gruppen zusammenschließen. Über die Hangflächen treiben Wolkenschatten, dunkle, surreale Gestalten, gerade so als erlebe hier das uralte griechische Masken- und Mystentheater voller Mischwesen und Chimären sein Remake. Staubbedeckte, steif wackelnde Sträucher, dazwischen die nickenden Brombeerzweige – ein Zeremoniell des Winds, mutwillig, ein bisschen komisch auch. Und in den Bergeinschnitten taucht hier und da ein stumpfes, sepiaschwarzes Dreieck auf, die Ägäis.

Noch wirkt das meiste undeutlich und unbestimmt, ein Zeichen jeder Ankunft, die noch nicht von den Schattierungen der Wiederholung gefärbt ist. Nicht einer der Namen und Plätze wird von Erinnerungen besetzt, von der eigenwilligen Ordnung des Gewesenen. In meinem Gehirn existieren keinerlei Spuren, die diese Insel mit mir und meiner Vergangenheit verbinden könnten. Das führt dazu, dass mir alles, was ich wahrnehme, gegenwärtiger und materieller vorkommt, als wäre es durchdrungen von seiner reinen Idee und doch nur diese unmittelbare, fassliche Erscheinung. Ein seltsames Schwanken und Gleiten der Landschaft, worin sich die Unsicherheit und instabile Textur meiner Wahrnehmungen ausdehnen. Und ich merke, wie in mir eine Bewegung anrollt, die zwischen

Zudringlichkeit und achtsamer Annäherung schwankt, mit der ich die gespannte Distanz verringern möchte.

Das Taxi kommt, nicht allein wegen der weiter abgelenkten Fahrerin, nur mäßig schnell vorwärts, zu schmal die Straße, zu kurvenreich. An manchen Stellen sehe ich, über halbhohe Trockenmauern aus Feldsteinen hinweg, das Meeresufer, erkenne für ein paar Sekunden den Rand der Insel. Eine Stromleitung, die sich strikt an den Straßenverlauf hält, unterstreicht, von Holzmasten zu Holzmasten, den grauen, felsigen Glanz der Hügel. Seltsamerweise scheint es diese Leere zu sein, von der die Gegend verdichtet und zu einer Einheit zusammengefügt wird. Entlang der Straße tauchen zuweilen Geschäfte auf, schlichte Autowerkstätten oder Installationsbetriebe, umgeben von allerhand brauchbarem und unbrauchbarem Metallzeug, wo fast nie jemand zu sehen ist. Ganz offenkundig müssen sie niemanden mit Schildern und leuchtenden Werbetafeln anlocken. Der Bedarf oder eine Notlage ist es, was ihnen ihre Kunden zuführt, nehme ich an. Doch sind meine Überlegungen viel zu voreilig, die Schlussfolgerungen überstürzt. Dergleichen benötigt Zeit, und die werde ich in den nächsten Wochen, wie es aussieht, glücklicherweise haben.

Es liegt schon einige Zeit zurück, als mich in einem Buch von Emil Cioran ein sonderbares Wort verblüffte, das mich zugleich jedoch auf eine Weise berührte, die verhinderte, dass ich es wieder vergaß, wahrscheinlich weil ich in meinem Leben oftmals auf Inseln gewesen bin. Jetzt, wo der Wagen weiter ohne Hast dem sich am Berghang empor schlängelnden Weg folgt, kommt es mir plötzlich wieder in den Sinn: *»Inselbesessenheit«*. Cioran, sagt mir mein Gedächtnis, meinte damit eine besondere Gemütsverfassung, die er dem römischen Kaiser Tiberius zuschrieb. Warum das? Nur, weil Tiberius während eines dynastischen Machtgerangels ein paar Jahre im Exil auf Rhodos verbracht hatte? Oder weil er später als zweiter römischer Kaiser das Festland mit seinem imperialen Mittelpunkt Rom in einem Maße verachtete, dass er seine letzten Lebensjahre auf Capri zubrachte? Jahre, in denen Tiberius den flamboyanten römischen Luxus ebenso zu beschränken versuchte wie die dort grassierende Spielleidenschaft. Jahre auch, in denen sein Ekel vor den Machtintrigen und Denunziationen in nicht wenigen Todesurteilen Ausdruck fand. Inselbesessenheit, weil Tiberius die Insel wie einen Schutzmantel um sich zusammenzog, in deren Sicherheit und Absonderung er sich einhüllte? Oder worin sonst hätte sie bestehen sollen, diese Inselbesessenheit, als im Bild einer Gegenlandschaft, ja einer politischen Heterotopie? In eine Art Revanche schrieben ihm die Historiografen Roms dafür abgrundtiefe Hässlichkeit zu, gepaart mit einer eindrucksvollen sittlichen Verrohung.

Aus meinen Gedanken über Tiberius und Cioran gerissen, halten wir, jenes temporäre Taxi-Trio, das den modernen Taximythen keinen weiteren hinzufügt, schließlich direkt vor neunzehn weißen Marmorstufen. Deren unterste Stufe, das fällt sofort ins Auge, berührt zaghaft den Rand der Straße, und sie führt mich, nachdem ich bezahlt und der Fahrerin, froh heil angelangt zu sein, vielleicht etwas zu überschwänglich gedankt habe, mit den achtzehn anderen steil zu einem stattlichen Gebäude hinauf. Nach der robusten Eingangstür öffne ich den zarten Flügel einer Glastür, und betrete damit einen Raum, der sich auf der linken Seite zu einer Art Lounge erweitert, mit Sesseln und niedrigen Tischen. Im Hintergrund, von einer bis zur Decke reichenden gläsernen Wand abgeschirmt, bemerke ich Bücherregale, zwischen denen zwei Computerbildschirme sichtbar sind. Auf einer Art Empore, die über ein paar Stufen erreicht werden kann, befinden sich rechts von mir Tische und Stühle. Augenscheinlich jener Bereich, wo die Mahlzeiten einzunehmen sind. Womöglich liegt es an dieser Nachmittagsstunde, an der Tageszeit schläfriger Trägheit, weshalb das Foyer des Hotels völlig menschenleer ist. An der Rezeption, einer hellbraunen, vormals glänzend lackierten, inzwischen schartig und stumpf gewordenen Holztheke, entdecke ich schließlich ein Blatt Papier, gefaltet zu einem kleinen Firstzelt. Darauf lese ich meinen mit violettem Filzstift geschriebenen Namen. Und unter dem Papierzelt findet sich ein Schlüssel mit der Zimmernummer 13.

Um die Wahrheit zu sagen, das Hotel ist kein Hotel, und ich bin darin auch kein Gast, jedenfalls nicht in dem üblichen Sinn. Im Innenhof, den ich, wie ich erst nach längerem Suchen herausfinde, durchqueren muss, um zu meinem Zimmer zu gelangen, füllt ein Eukalyptusbaum die Luft mit Mentholgeruch und die dort empor führende Treppe mit einer Schicht stilettschmaler, dürrer Blätter. Ich zögere, meine Zimmertür aufzuschließen, was seinen Grund nicht in der ominösen Zimmernummer hat sondern in den Schwalben, die unmittelbar darüber auf einer Wandlampe brüten, welche mit ihrem hinterleuchteten grünen Pfeil den hier Untergekommenen den Fluchtweg anzeigen soll, nun allerdings nicht mehr funktioniert. Der Marmorboden, über den ich die ganze Zeit schon gehe, oder sollte ich sagen: schreite, setzt sich bruchlos in mein Zimmer hinein fort, das sich als nicht besonders geräumig erweist, jedoch für die Stunden der Arbeit und die im allgemeinen schlichten Bedürfnisse des Schlafs genügen wird. Die übrige Zeit, nehme ich mir vor, werde ich mich draußen auf der Insel bewegen.

Als erstes nehme ich die Bilder von der Wand, kleine verblasste Reproduktionen archäologischer Plätze, verstecke sie hinterm Vorhang. Später werde ich herausfinden, das Hotel trug – wer hatte sich dieses hochfahrende Marketing einfallen lassen? – zuletzt den Namen »Pántheon«. Davor hatte es »Xenía« geheißen, was mir weit besser gefällt, aber wahrscheinlich bei Besuchern der Insel weniger erwartungsfrohe Empfindungen ausgelöst haben dürfte. Letztlich durfte es keinen seiner beiden Namen behalten, und zusammen mit den Namen hat es auch seine Funktion verloren. Nach der wiederholten Pleite seiner Betreiber ist es nämlich inzwischen ein Exhotel, als welches es sich vor einigen Jahren in ein Haus der Literatur verwandelt hat. Auf diese Weise bin ich Nutznießer eines verfehlten oder einfach unglücklich beendeten Geschäftsmodells.

Ich packe meinen Koffer aus, unternehme anschließend mehrere Versuche, mich in dem weitläufigen Gebäude zurechtzufinden, schlendere durch Gänge, den Patio und lese schließlich im Foyer in einer herumliegenden Zeitschrift, deren Berichte bereits eine historische Aura verströmen. Auf einer Uhr vergeht die Zeit derweil ganz akkurat, doch auch nach zwei Stunden, die ich mit Lesen zubringe, weiß ich noch immer nicht, ob ich tatsächlich der einzige Mensch hier bin. Das Exhotel scheint, nicht nur wenn, wie jetzt, das unruhig flackernde, vom Wind getriebene Licht der ägäischen Dämmerung in seine Gänge fällt, mit nichts anderem beschäftigt als der Melancholie, über seine versunkenen Tage als Hotel nachzusinnen. Für die Gegenwart eines Schriftstellers interessiert es sich offenkundig nicht die Bohne.

An meinem ersten Abend auf der Insel, der mich die Fassungslosigkeit spüren lässt, die ich für gewöhnlich an neuen Orten empfinde, helfe ich mir, indem ich die Verlässlichkeit einfacher Routinen aufsuche. Das heißt, ich kaufe im einzigen Laden, den ich im Dorf entdecke, er besteht aus nur einem, dazu noch kleinen und demzufolge heillos vollgestopften Raum, Oliven, Tomaten, Käse und eine Flasche roten Wein. Sein Etikett besagt, dass er auf der Insel selbst gewachsen und auch gekeltert wurde. Das genügt, um mich im Post-»Xenía« zu einem einladenden Abendessen an einen der Tische zu setzen, bei dem ich mich, um jene Leere zu verscheuchen, um die Züge von Trostlosigkeit geistern, dazu überrede, mich selbst als Gast zu betrachten. Lediglich einen reglosen Gecko an der Wand zur Gesellschaft komme ich mir mittlerweile vor, als wäre ich der letzte schreibende Mensch. Die von kühler Luft umspielte Stille der Räume, die Zurückgezogenheit, die mich hier in Empfang genommen hat, und das am Mittelpunkt der Insel, an dem ich mich befinde, nur zu erahnende, doch seit Jahrtausenden die Geschicke bestimmende Meer, all das verbindet sich zu einer Atmosphäre, mit der sich etwas schwer Greifbares um mich verdichtet oder schließt. Ich halte es für die Kontur einer eigentümlichen Abtrennung, des Auf-mich-selbst-gestellt-Seins, worin ich die Souveränität der Insellandschaft zu spüren glaube.

Disruption

Wer im Lauf seines Lebens die Möglichkeit wahrnehmen konnte, auf einer Insel zu sein, wer Inseln womöglich von Zeit zu Zeit bewusst aufsuchte, aus welchen besonderen Gründen auch immer, der wird damit höchstwahrscheinlich eine gemeinsame Erfahrung verbinden: Jede Insel macht einen Unterschied. Nicht so sehr, weil Inseln in ihrer Lage, speziellen Geografie, Vegetation oder Ausdehnung recht verschieden sein können, je nachdem ob es sich um Vulkaninseln, Atolle, um eine See-Insel oder sonst eine vom Wasser umspülte Landmasse handelt. Den Unterschied machen Inseln vor allem deswegen, weil uns ihre Erreichbarkeit mit markanteren Problemen oder zumindest aufwendigeren Maßnahmen konfrontiert, als das der kontinuierliche Landraum tut. Diskrete, disjunktive Landschaften, deren Umrisse vollständig deutlich werden, sind Inseln. Bei allen anderen Landschaften stellen die Ränder unscharfe Übergangszonen dar, mit denen sich der intellektuelle oder auch politische Wunsch nach Einheit oder Klarheit verwischt. Wenn wir Inseln aufsuchen wollen, sind wir gezwungen, auf ein anderes Transportmittel als Fahrrad, Auto oder Zug umzusteigen. Inseln machen damit auf einen disruptiven Raum aufmerksam, der dem Reisenden beim Durchqueren des Raums den Wechsel in ein anderes Element aufdrängt. Man muss sich aufs Wasser begeben oder in die Luft erheben und dabei verliert man den Boden unter den Füßen: ein Moment irritierender Grundlosigkeit. Das Sprunghafte verlässt sein psychisches Gefilde und wird zum Moment von Motorik, einer Verschränkung aus Technik und Körper.

Tatsächlich wurde mir dieses Mal auffallend bewusst, welche Unsicherheit damit verbunden ist, auch wenn sie sich in den meisten Fällen unserer Aufmerksamkeit nicht aufdrängt, denn diesmal machte es ein sturmartiger Wind zunächst stundenlang ungewiss, ob der geplante Flug mit der kleinen Propellermaschine überhaupt stattfinden konnte. Und als der Flugkapitän irgendwann den Entschluss fasste, nur die Hälfte der Passagiere an Bord zu nehmen, wobei das Los entscheiden sollte, wer schließlich mitflog, befand ich mich am Ende unter den zehn glücklichen Fluggästen, die ihre Reise von Athen aus fortsetzen durften, um alsbald jedoch, während das Flugzeug, von Böen am Himmel herumgestoßen, fortwährend in Luftlöcher absackte, in ernsthaftes Grübeln zu verfallen, ob ich mit dem Los wirklich auch Glück gehabt hatte.

Trotzdem, und abgesehen von derartigen Widrigkeiten, gibt es nun einmal keinen anderen Weg, um auf eine Insel zu gelangen, als die buchstäblich elementare Unsicherheit, sich dem flüssigen oder gasförmigen Trägermedium anzuvertrauen. In aller Regel erweckt dieser Umstand angesichts moderner Mobilitätstechnik zwar deutlich weniger Befürchtungen als in früheren Zeiten, wo der Aufbruch zu einer Reise in vielen Fällen mit Gebeten und religiösen Segnungen verbunden war, in persönlichen Formeln oder dem formgemäßen Zeremoniell. Dennoch bleibt auch in säkularen Reisegesellschaften die Zäsur spürbar, mit der wir uns vom Festland abstoßen oder von dort abheben, um in eine Zwischenphase der Grund-Losigkeit einzutreten. In ein Intervall erhöhten Risikos, das uns im Schwanken oder Schweben körperlich bewusst wird. Und wenn der Begriff ›Grund‹ in diesem Zusammenhang doppeldeutig und höchst relevant mit der menschlichen Existenzbedingung von Raum und Rationalität spielt, dann lässt sich ein philosophischer Aspekt hier nicht beiseiteschieben. Sieht man einmal von ein paar Vorsokratikern ab, so wurde der Luft oder dem Wasser innerhalb abendländischer Denkgeschichte traditionell nie eine tragende Bedeutung zuerkannt. Die Risikoerfahrung von fluidem wie auch aviatischem Wissen trat gegenüber dem festen, belastbaren Grund in ihrer Bedeutung zurück. Wenn die Philosophie nach dem Anfang suchte, möglicherweise gar dem uranfänglichen Anfang, hieß das, sie suchte nach dem *»Wesen des Grundes«*. Doch räumte Martin Heidegger als moderner Interpret der existenziellen Verfassung dann immerhin ein: *»Das menschliche Dasein (hat) als ›räumlich‹ existierendes unter anderen Möglichkeiten auch die zu einem räumlichen ›Übersteigen‹ einer räumlichen Schranke oder Kluft.«*

Eine Insel aufzusuchen, bleibt dauerhaft mit der Erfahrung verknüpft, sich elementaren Differenzen auszusetzen: Sprung, Kluft, Übersetzung. Zwar kein vollständiger Bruch, doch eine gravierende Unterbrechung. Wo das Land abbricht, erzeugt die Unterbrechung eine Stockung der bisherigen Bewegung, was sich unlösbar mit jener Spannung des Hier und des Drüben verbindet. Wir tief wir davon in Wahrheit geprägt sind, zeigt die dadurch unwillkürlich ins Spiel kommende Topik von Diesseits und Jenseits, das Bild der Toteninseln oder elysischen Inseln. Um das Zeichen der Insel baut sich eine fast metaphysische Spannung auf, in der das Bewusstsein über einen riskanten Abstand und die gewagte Distanz oszilliert. Eine Spannung, in der das Undefinierte die Geräumigkeit imaginärer Überschreitungen bereithält, weltenbummelnder oder transzendenter Fantasien.

Die Insel ist ein anderer Ort – ein Ort des Anderen. Davon zeugt nicht zuletzt eine reichhaltige Mythologie. Das Phänomen Insel nimmt im seelischen Haushalt individueller Sehnsüchte einen nicht minder breiten Raum ein wie in der kulturellen Vorstellungswelt und den Inszenierungen der Vorstellungskraft. Ein bodenloser Hiatus aber bildet die Introduktion jeder Inselgeschichte. Und er trägt nicht unerheblich zu jenem Insel-Appeal bei, den Lawrence Durrell als *»Islomania«* literarisch beschrieben hat. *»Ich habe einmal eine Aufzeichnung von Krankheiten gefunden, die von der medizinischen Wissenschaft noch nicht zur Kenntnis genommen worden sind, darunter die Islomania, die als eine seltene, aber keineswegs unbekannte Behexung der Seele beschrieben wird. Es gibt Menschen, die Inseln nur schwer widerstehen können. Die bloße Vorstellung, auf einer Insel, in einer kleinen, vom Meer umgebenen Welt zu leben, erfüllt sie mit unbeschreiblicher Trunkenheit.«*

Am Morgen darauf werde ich durch anhaltendes Hupen geweckt, mit dem sich ein klappriger Pritschenwagen durch die Gassen der alten Inselhauptstadt Léfkes bewegt, die wenig größer ist als ein Dorf. Sein Fahrer, stellt sich heraus, verkauft Fisch. Genau genommen sind es vier Makrelen und zwei Styroporkisten halb gefüllt mit Sardellen und einigen anderen Kleinfischen, die er an diesem Tag im Angebot hat. Längst ist die Ägäis leergefischt, die Erträge einer Nacht auf dem Meer fallen gering aus, kaum genug zum Leben. Trotzdem kann ich mich heute nicht entschließen, dem Fischer etwas abzukaufen, gehe stattdessen an der Ecke in eine kleine Bäckerei, wo es zweierlei Sorten Brot zu kaufen gibt. Die Auswahl an süßem Dauergebäck, das die Härte der Steine nachahmt und vor dem Verzehr eingeweicht werden will, fällt etwas umfangreicher aus. Eigentlich kenne ich damit bereits die ganze Infrastruktur, die zur Lebensversorgung nötig ist. In den nächsten Tagen und Wochen wird bloß noch jener Lastwagen hinzukommen, der an jedem Samstag Hasen und Hühner durch die Inseldörfer fährt, ein unübertroffen frisches Sonntagsessen, das sich auf der Ladefläche in Dutzenden von Käfigen noch am Leben befindet und das mit abrupten Bewegungen und gackernden Lauten zum Ausdruck bringt.

Von außen sieht man, dass die prächtige, weiße Marmorfassade des Hotels nach seinem Niedergang hinter einer Schicht rotbraunen Staubs versunken ist. Im Zimmer mit der Nummer 13, die auszusparen hier niemand abergläubisch genug war, habe ich mittlerweile Tisch und Bett meinen Arbeitsbedürfnissen entsprechend verrückt. Von seinem Balkon aus, der sich nicht weiter als einen schüchternen Meter in die Luft hinauswagt, erblickten einst die Hotelgäste und überblicke jetzt ich das Dorf, wie es sich mit seinen meist frisch geweißten Häusern und blauen Fensterläden vor mir den Hang hinauf erstreckt. Bei seinem Anblick ist es unmöglich, sich nicht vorzustellen, wie die weißen Kuben mit ihren flachen osmanischen Dächern mit einem mächtigen, nur Göttern zuzutrauenden Wurf dort hingewürfelt wurden. Ein inmitten der universellen Unwahrscheinlichkeit materialisierter Ort, ein ›*coup des dés*‹, der den Zufall bekanntlich nicht zum Verschwinden bringt. In seinem Hintergrund stemmt sich der Berg Stroúmboulas steinern gegen den Himmel. Weit oben an seinen kahlen Hängen hält sich ein winziges Menschennest fest, das Kloster Ágios Joánnis. In den folgenden Wochen erfahre ich, es ist längst so verlassen, wie es das »Xenía« war, bevor irgendwer auf die Idee kam, es den Schriftstellern dieser Welt zur Verfügung zu stellen, einer jener *lost places*, für die jene seltsame Berufsgruppe schon immer eine besondere Neigung zeigte.

Das ist der Blick.

Er ist scharf, fast schmerzhaft klar. Das ägäische Licht, frei vom verschleiernden Sfumato des Kontinentallichts, blendet selbst im Regengrau, das sich jetzt über der Landschaft ausbreitet, die weißen Würfel des Dorfs mit den blauen Zahlaugen hell auf. Eine kleine Herde von Gläubigen zieht, denn heute ist schon Sonntag, zur Kirche, an deren zweitem Turm ein verrostetes Gerüst die Leere und Hinfälligkeit umfasst hält. Seit Jahren sollte eine neue Spitze gemauert sein. Auf Dächern und in Innenhöfen trocknet flatternd Wäsche, wird vom nächsten Regenguss, der vom ewigen Wind über die Insellandschaft getrieben wird, wieder nass, manchmal mehrmals am Tag. An den Zypressen brennt Stunden später der Abend herunter bis zu blakender Dunkelheit. Die genauen, harten Schläge der Kirchenuhr setzen schließlich selbst dem Hundegebell ein Ende. Was bleibt ist die Hoffnung auf Auferstehung des Fleischs, nach den Gebeten, geküssten Ikonen, angezündeten Kerzen und geweihten ›*tammata*‹.

Das ist ein Tag.

Die insulare Situation nimmt Einfluss auf die Dimension des Lebens, die Größe der Siedlungen, die Maße der Häuser, die Ordnung der Bewegungen, die Ausdehnung des Glücks. Wie es aussieht, wirkt sie sich auch auf die Zahl der anwesenden Gäste aus. Es hat sich in den zurückliegenden Tagen gezeigt, wir sind vier. Wir sind zusammengewürfelt. Eine griechische Theaterautorin aus Athen, eine junge amerikanische Journalistin, ein Zypriot, schmal von Gestalt, mit schütterem Bart und starker Brille, und ich, der Deutsche. In jedem Fall sind wir nicht annähernd genug, um den weitläufigen Speisesaal für uns einnehmen und mit Leben füllen zu können. Noch aussichtsloser scheint die Sache, wenn man die Großküche betritt, wo wir unsere Mahlzeiten selbst zubereiten, in der wir uns in Wirklichkeit aber verlieren. Zwischen zwei riesigen Arbeitstischen ist schwer zu übersehen, wie die lokale Dimension des Insellebens verfehlt wird, wo man unter Hunderten Tellern und Tassen auswählen kann und unter einer ausladenden Dunsthaube auf eisernen Spießen mehrere Ziegen Platz fänden.

Und so habe ich bei jedem Mal, da ich die Küche betrete, das Gefühl, ich wäre in den Kulissen eines Traums von einem Film, in dem ein Wiedergänger erscheinen wird, doch weiß niemand, wann das geschieht und wer sonst, welcher Halbgott oder Dämon, sich noch vorbereitet, eine sichtbare Gestalt anzunehmen, den Nebel draußen als Deckung nutzend, als feuchtes Medium. Zur Seite springt meinem absonderlichen Gefühl der Geruch in der Küche, an den Wänden niedergelassener Fettdunst, klamme Feuchtigkeit, letzte olfaktorische Spuren hellbraunen griechischen Kaffees, kurz: der Duft von Vergangenheit, einer Vergangenheit zuvorkommender Gastlichkeit und der beinahe unirdischen Freude, in einem Hotelraum bei gedämpften Geräuschen zu speisen. Dabei macht die Unwirklichkeit meiner Empfindung die Nähe einer Abwesenheit spürbar, die den Rand des Verschwindens zu streifen scheint, was am Ende den irritierenden Eindruck in mir hinterlässt, von mir selbst über das wahre Ziel der Reise auf diese Insel getäuscht worden zu sein.

Mir ist bewusst, welch berühmtes Vorbild es für jedes insulare Abstandnehmen mit Jean-Jacques Rousseau gibt. *»Der Süße der Muße und des beschaulichen Lebens hingegeben«* nahm Rousseau auf der Insel La Motte im Bieler See *»gleichsam von meinem Jahrhundert und meinen Zeitgenossen Abschied«*. Das ist die maximale Distanz zur Umtriebigkeit städtischer, geschäftstüchtiger Lebensstile. Auf die Weltabkehr folgt allerdings eine unmittelbare Gegenbewegung, die Zuwendung zu sich selbst. Die abgesonderte Landschaft bewirkt, dass man zwar anderen, nicht aber sich selbst ausweichen kann. *»Losgerissen von der ganzen Welt«*, stellt sich die Frage: *»was bin ich selbst?«* Jahrhunderte überbrückend erweist sich Rousseau als Nachfahre Petrarcas, der bei seinem Aufstieg zum Mont Ventoux die Eindrücke der überwältigenden Landschaft mit moralischer Verve umwendet, um seinen mühseligen Aufstieg im Sinne des sittlichen Lebenswegs, *»einer Erhebung zum seligen Leben«* zu deuten.

Landschaftserleben wird Selbstreflexion. Was, oder vielmehr: Wer bin ich selbst? Die asoziale Autonomie fordert die Selbstverständlichkeit der Subjektivität in jedem Fall beißend heraus. Ökologische Nische des Ichs, eröffnet sich im diskreten Glück der äußeren Differenz die Möglichkeit, die eigene Freiheit gegenüber der Rolle als gesellschaftlich vereinnahmtes, verwaltetes, leistungsbestimmtes und allseits kontrolliertes Individuum zu überprüfen. Die Insel wird zum Intervall, zum Zwischenraum, um auf sich selbst zurückzukommen. ›Isola‹ – die anthropologische Grundform der Isolation hat bis heute nichts von ihrer existenziellen Position eingebüßt, zumal wenn man einer isolierten Tätigkeit nachgeht, wie es das Schreiben trotz digitaler Angeschlossenheit im Grunde nach wie vor ist. Wir sind vier, wir sind unter uns, oder besser: neben einander. Wir bewegen uns wie in einem Zwischenreich, verhaftet einer Feier des Nicht-Ankommens, des Unterwegsseins, wo über der Landschaft der matte Glanz von Fremde liegt. Wir bewegen uns geräuschlos durch die Räume, wie Vergessene, die nicht so genau wissen oder es vielleicht schon vergessen haben, was dazu geführt hat, dass man sie irgendwann vergaß.

No signal

Ein weiterer Tag beginnt, wie der vorhergehende begann und der darauffolgende beginnen wird, mit jaulendem Kläffen und dumpfem Gebell, das die Ränder des Dorfs absteckt. Das Dorf findet, wie alles andere, bequem Platz in den Grenzen von Gestern und Morgen. Aber es gibt auch Veränderungen. Dinge verschwinden. So sind die schwarzen Frauen, die ich vor nicht langer Zeit auf den griechischen Inseln noch antraf, verschwunden. Ich begegne ihnen nicht beim Bäcker, sie sitzen nicht auf der Bank am Dorfplatz, nicht vor den Türen in den engen Gassen. Das Schwarz jener Frauen, das durch Jahrhunderte weitergetragen und mit dem eine Form von behutsamem Lebensabschied festlegt wurde, der sich nicht nach verlebten Jahren berechnen ließ, begegnet mir nun nicht mehr. Und mit den schwarzen Frauen verschwand aus dem weißen Dorf das sichtbare Zeichen jenes Wissens um eine jeden früher oder später ergreifende Trauer, die doch nur das Nachlassen jener hartnäckigen Hoffnung ist, mit der man sich in eine einzige Geschichte, eine einzige Möglichkeit von Glück verstricken zu müssen glaubt und die irgendwann, früher oder später, unweigerlich zu ihrem von Anfang an absehbaren Ende kommt.

Weil ich nun mal nicht die ganze Zeit am Schreibtisch sitzen kann, auch nicht in derart nasskalten, windgepeitschten Wochen, verbringe ich an jedem Tag eine Stunde im Kafeníon, jeden Tag die gleiche Stunde. Auf der Insel entwickelt man, weil Ablenkung sich selten bietet, schneller Gewohnheiten als anderswo. Das Kafeníon liegt an einem unscheinbaren Platz, zu dem verwinkelte Gassen führen. Hin und wieder rede ich mit einem der Männer, die ebenfalls täglich herkommen, um ihren Kaffee oder Tee zu trinken und zu reden. Gespräche, die oft aus wenigen Sätzen bestehen und doch lange Zeit in Anspruch nehmen. Gespräche, die einer mit der Zeit, dieser insularen Zeit, verknüpften Ordnung des Redens und Schweigens folgen und sich nicht so recht dem Begriff Kommunikation fügen wollen. Gespräche über Wetter und Politik, die mir helfen, das Vokabular der Isolation zu erlernen. Beides, erklärt man mir, sei schon lange nicht mehr derart schlecht gewesen. Und beide Dinge scheinen diesen Männern, wenn ich es richtig begriffen habe, gleichermaßen ein Naturereignis zu sein. Man muss eben sehen, wie man da durchkommt. War es nicht Sokrates, der in Platons »Politeia« im Angesicht widriger äußerer Bedingungen riet, wenn es regne, müsse man sich unterstellen?

Hat sich daran nach zweieinhalb Jahrtausenden wirklich so viel geändert? Überhaupt drängt sich mir die Frage auf, welche Form an diesem Ort Wandel und Veränderung besitzen, die Leitwährung der modernen Transaktionen unseres Lebens? Wenn der Topos der Isolation die Insel zur Landschaft des Anderen macht, dann betrifft das auf besondere Weise die Zeit. Weder hat die beschleunigte Arbeitswelt großer Industriezentren mit ihren Zeittakten und Zeitverdichtungen die kleineren Inseln in den Griff genommen, noch werden sie von Bahnlinien oder Autobahnen durchschnitten und mit rasender, rastloser Mobilität versorgt. Hier wird es, als Leerstelle, zur körperlichen Wahrnehmung, welch enormen Einfluss das moderne Tempodrom aus Materie, Menschen und Informationen auf die soziale Zeit ausübt, auf die individuellen und gesellschaftlichen

Lebensrhythmen und gleichermaßen auch auf kulturelle Einteilungen von Tagen und Jahren. Die technisch effiziente Zeit und die von ihr informierte und disponierte gesellschaftliche Lebenswelt, geprägt durch Zeitdruck und Zeitmanagement, entwickelt im insularen Sonderraum eine merklich geringere Wirksamkeit. Die Folge davon: Hier herrscht üblicherweise ein gemäßigteres Tempo, das sich an der Langsamkeit eines Ritardando orientiert, welche sich ihrerseits an einer dauerhaften, anstatt der flüchtigen, fahrigen Zeit ausrichtet.

Über Nacht hat der Sturm, der auch am Tag weiter überm Kykladenarchipel wirbelt, die Verbindung ins Internet gekappt. Nach wie vor treiben Wolken so tief vom Meer herauf ins Dorf, dass die Hälfte der Häuser hangaufwärts von ihrem Grau aufgesogen wird. Niemand, der an einem solchen Tag aus dem Haus ginge. Die Gassen gehören ganz dem schwachen Graphitglanz der Nässe. Unterdessen meldet jeder der Computer im Haus: *No signal*. Die einzige öffentliche Botschaft kommt heute von der durch einen Blechtrichter verstärkten Stimme des Fischhändlers, der unverdrossen seine spärliche Ware anpreist. Die uralten Suren des Handels, jahrein, jahraus.

Abgeschnitten von der Welt in der zeitgemäßen Form ihrer globalen digitalen Vernetzung, dazu von Wind und Regenkälte ins Zimmer verbannt, bringe ich die meiste Zeit unter leichtem Frösteln mit Lesen zu. Ich habe Aufsätze von Truman Capote mitgenommen, die ich längst hatte lesen wollen, und in einer kleinen Reiseskizze stoße ich auf die Sätze: *»Vor ein paar Jahren verbrachte ich einen Sommer auf den Kykladen, auf der Insel Páros, die zweifellos der Lieblingsaufenthalt des Meltémi ist: er verlässt sie praktisch nie, wirbelt vielmehr heulend um die Insel wie die Spektralstimmen ertrunkener Seeleute, Jahrhunderte von an den Klippen zerschmetterter Seeleute.«* In Wahrheit war es damals ebenfalls April, als Capote die Insel besuchte und die Stimmen von Seelen zu vernehmen glaubte, die ihren Frieden nicht fanden. Stimmen, die in der Erinnerung der Landschaft herumgeistern, und zu denen der glamouröse, doch langsam in sich selbst ertrunkene Schriftsteller seine hinzugefügt hat. Aber nach der Zeitspanne eines Menschenlebens wird sich hier bestimmt niemand mehr an ihn erinnern. Ist also mehr geblieben als einige Sätze, ein verblasster Schatten, ein Phantom? Und benennt dies das Wesen der Insel – die Gespenster, die Isolation? Etwas zwischen Spuk und Erinnerung?

Kann sein. Doch wie für Capote, der wie wenige die weltstädtischen Erregungsmoden schätzte, verhieß die Insellandschaft auch anderen einen Rückzugsort vor den Zeit- und Raumzumutungen der nervösen, getriebenen, innovativen Moderne, vor den ›*boom towns*‹ und Mega-Cities dieser Welt. Die offensichtliche Ungleichartigkeit im Blick auf die Kommunikationsanforderungen und Aufmerksamkeitsimperative des sozial-ökonomischen Festlandklimas wirkt sich günstig auf das Innewerden und die

Selbstnähe des Ichs aus. Neben der Unaufgeregtheit durch Abstandhalten, die sich als Noblesse der Distanz vorführen lässt, erweist sich das Inselleben als unbedingt vorteilhaft für die Selbst- und Welterkenntnis. Das weiß bereits im 7. Jahrhundert der assyrische Mönch Isaak von Ninive: *»Dies ist der Weg des Einsiedlers, solange er von dieser Welt ist. Er verläßt die eine Insel um der anderen willen. Die verschiedenen geistigen Erfahrungen, denen er begegnet, sind ebenso viele Inseln, bis er schließlich seine Schritte hinlenkt zu der Stadt, deren Bewohner nicht mehr reisen, und worin jeder erfüllt ist von dem, was er hat. Glückselig diejenigen, deren Reise durch den großen Ozean ohne Störung verläuft.«*

Die Inselmetaphorik berichtet seit Jahrtausenden von einem eigenwilligen Ort der Existenz, auf den der Glanz der zeitlos Seligen fällt. Sie spricht von jener ›*felix insula*‹, die uns Irdischen nach dem Tod als glückserfüllter Ewigkeitsort winkt, ein Elysium, das sich in der jüdisch-christlichen Paradiesvorstellung zwar verwandelt, doch dauerhaft fortsetzt. Die Vorstellung vom nachteilslosen und schmerzfreien Raum des Lebens ruft eine lange Geschichte mythologischer Kodifizierungen der Insel hervor. Unbezwingbar zieht sie die distinguierte Imagination einer Landschaft des Vollendeten auf sich. Und spätestens seit der spätmittelalterlichen »Mappa mundi« von Fra Mauro liegt das Paradies, für keinen Betrachter zu übersehen, jenseits des Erdkreises, auf einer exorbitanten Insel. Der bisherige kontinuierliche Raum löst sich damit auf. Und die räumliche Trennung von diesseitiger und jenseitiger Welt tritt – nun als landschaftlich-metaphysische Kluft – durch die extraterrestrische Verinselung des abgerückten Glücksortes in Kraft.

Nicht erst seit Rousseau und Capote gibt es Inselparadiese. Ihre Beschreibungen jedoch verorten sie beharrlich ein triftiges Stück außerhalb des sogenannten Fortschritts. Und seitdem die insularen Zivilisationsfluchten, denken wir an Paul Gaugin oder Ernest Hemingway, zu Ikonen einer Gegenmoderne aufsteigen, werden Inseln zum Bild-Stereotyp der Reiseindustrie. Eine traumhafte, ins Klischee abgleitende Ikonografie von ›*splendid isolation*‹, die verbirgt, worin ihre wahre Realität besteht: in Massentouristik und der Unrast globaler Mobilität. Eine der so unliebsamen wie unausweichlichen Folgen ist es, dass die Inseln strukturell und wirtschaftlich mehr und mehr ans Festland angeschlossen werden. Die zu Wochen gebündelte Migrationsbewegung Urlaubsbedürftiger, die bevorzugt abgelegene Landschaften aufsuchen, wird zum wichtigen, unverzichtbar scheinenden ökonomischen Faktor.

Davon erzählt der zypriotische Schriftsteller, wenn wir uns auf der Suche nach einer Tasse Tee im Post-Hotel begegnen und uns durch eine kurze Bemerkung von ihm oder mir in ein Gespräch verstricken. Seine Enttäuschung, mehr noch, seine Verbitterung lassen sich nicht überhören, sobald er vom Ausverkauf seiner Heimatinsel berichtet, von der Vernichtung und Verbauung ihrer Landschaft, von der ungeheuren Vermüllung von Meer und jenen Stränden, die, von Plastikpartikeln durchsetzt, farbig zu schimmern begonnen hätten wie eine geheimnisvolle Substanz. Insgeheim verachtet er, und vermutlich teilt er sein Gefühl mit allen Inselbewohnern, jene Wöchner des Ausspannens, die alsbald wieder in ihr gestresstes, geschäftstüchtiges Leben abwandern. Dann, nach ihrem Verschwinden, kommt die Zeit, wo die Insel in ihr altes Leben zurückfinden kann, beinahe jedenfalls. Es gibt die Jahreszeiten, und seit einer Weile gibt es zudem die Saison der Touristen. Beide kommen und gehen. Auch das gehört zur Insel und zur unablässigen Bewegung der Wellen, die an ihrer Küste anbranden. Und auch wenn die Eigenarten der Insel sich abgeschwächt haben, ist etwas von jenem Unterschied doch spürbar geblieben, den das Meer ausmacht, das sie umschließt.

Weil die Wolken sich im Dorf mitten auf der Insel festkrallen, ergreife ich die Gelegenheit, zusammen mit der griechischen Theaterautorin in deren Auto an die Küste nach Parikiá zu fahren, dem heutigen Hauptort der Insel. An der einzigen Kreuzung ein langer Stau. Jetzt, vor Ostern, bringen die Fähren die Leute, deren überwiegende Zahl in Athen arbeitet, auf die Insel zurück. Denn letztlich verfällt kaum einer von ihnen, obschon man dort das benötigte Geld verdienen muss, gänzlich der Orthodoxie des Festlands, seinen Industrien, seinem Verkehr, dem wuchernden Beton-Urbanismus. Während die Theaterschriftstellerin ihre Einkäufe erledigt, gehe ich zu dem bescheidenen Hafen, anschließend an menschenleeren Läden und Tavernen vorbei zur Panagía Ekatontapilianí, der Kirche der hundert Türen. Später fahren wir wieder gemeinsam ein Stück an der Küste entlang, weiter nach Náoussa. Und dort finde ich sie schließlich wieder, die schwarzen Frauen, sie haben sich verwandelt, aus ihnen sind Seniorinnen geworden, die jetzt in fliederfarbenen Blusen, beigen Röcken und Gesundheitsschuhen herumspazieren, erst gestern beim Friseur waren und heute eine Busfahrt mit anderen Seniorinnen nach Náoussa unternommen haben, wo man ein wenig am Hafen schlendern und einen Kaffee trinken kann. In die Zeit der Landschaft ist die Freizeit tief eingedrungen und obgleich sie ihr täuschend ähnlich sieht, sollte man sie nicht mit der alten insularen Zeit verwechseln, die hier und da noch im Kafeníon oder bei den Bänken vor den Häusern existiert.

Der Inselring

Es sind jetzt, ich habe es gerade erwähnt, die Tage vor dem Osterfest der griechisch-orthodoxen Kirche. Und das bedeutet, man tut, was man immer getan hat und streicht allerorten die Treppen und einzelnen Stufen vor den Hauseingängen mit weißer Farbe. Mit Verschönerung hat das allerdings weniger zu tun als mit einem besonderen Schwellenritus. *Xénos*, das griechische Wort meint sowohl Fremder wie auch Gast, und es ist die

Schwelle, auf der sich wie durch Zauberhand der eine in den anderen verwandelt. Die Doppeldeutigkeit des Begriffs tut nichts anderes, als dieser Verwandlung gerecht zu werden, der menschliches Zusammenleben, das lehrt eine lange Erfahrung, viel, vielleicht alles, zu verdanken hat. Man weiß, anders als bei Grenzen ist eine Ethik der Gastfreundschaft eng verbunden mit dem fein skalierten Raum von Schwellen. Darin liegt der wahre Sinn des Neuanstrichs, seine weiße Aura.

Mit der Atmosphäre von Feierlichkeit, die sich in der Gegend ausbreitet, hat nun erstmals auch der Wind auf der Insel ausgesetzt. Und sofort bringt das die Zeit, denn Wind ist in manchen Landschaften fast gleichbedeutend mit Zeit, zum Erstarren. Und es ist gut möglich, dass die Reglosigkeit tatsächlich der günstigste Moment ist, den Zeitkreis zu schließen. Den Zyklus: ›*Kýklos*‹. Wie der Schwellenritus sich im Kreis der Zeit bewegt, so tut es auch das Osterfest, mit dem sich die Jahre in einer gleichbleibenden Drehbewegung festhalten. Das besagt, und jeder beteiligt sich an dieser Sage, in Wahrheit existiert kein Fortschritt. Mit dem Karfreitag scheint das Leben wie Blut in den Adern zu gefrieren, es wird langsam und lautlos, um dann mitten in der Nacht zum Ostersonntag mit wilder Schießerei, Böllern und bunten Raketen neu zu erwachen: Das Leiden und die Grabexistenz Jesu Christi sind beendet. Scharfe Salven, unterbrochen von ohrenbetäubenden Donnerschlägen geben jene ausgelassene Freude über den unvergleichbaren Sieg kund, den das Leben im Leidensweg eines einzelnen über den Tod errungen hat. Während der darauffolgenden Tage wird es nicht mehr still, ununterbrochen liegt Musik aus Lautsprechern überm Dorf, vermischt mit dem Qualm von Grillfeuern, um die man sich wie schon immer in großen Runden zum gemeinsamen Essen zusammenfindet, während vereinzelte Scharmützel des metaphysischen Sieges noch gelegentlich die Tauben aus den Gassen hochjagen.

Nicht allein die Zeit, auch der Raum bildet einen Kreis. Die ideale Form der Insel ist der Ring. Was er umschließt, fasst die eigene Identität in sich zusammen. Das Fremde und nicht Dazugehörende liegt logischerweise außerhalb des Rings. Wer hier ankommt, aber auch, wer von hier fortgeht, bekommt die Schwelle, hinter der das Außerhalb beginnt, wie eine elementare Zäsur, wie ein ewiges Gesetz des Raums zu spüren. Die typologisch zirkuläre Gestalt der insularen Landschaft, die zu bewohnen und mit Leben zu erfüllen ist, wirkt tief auf das Leben ein. Dabei spielt die spezifische Form von Einheit, welche die Landschaft darstellt, eine entscheidende Rolle. Sie ist gewissermaßen objektiv, weil geografisch, physisch. Die nicht historische sondern naturgegebene Grenze von Festland und Wasser besitzt einen Grad von Sachlichkeit, den niemand leugnen kann. Und die Besonderheit einer Insel wie Páros ist es darüber hinaus, von einem zweifachen Ring geformt zu sein, dem eigenen Ufer und sodann der Inselgruppe der Kykladen. Zyklisch zu sein, räumlich wie zeitlich, mag daher deutlicher als bei anderen Inseln zu ihrer Eigenart, ihrer Identität gehören.

Zugespitzt ließe sich dieser eigentümliche Wesenszug als das insulare Gesetz der Unentrinnbarkeit beschreiben, das in besonderer Weise die Tiere zu spüren bekommen. Anders als auf kontinentalen Landmassen sind, sieht man von einigen Vogelarten ab, ihre Entwicklungsräume, aber auch ihre Ausweichmöglichkeiten begrenzt. Das hat auf vielen Inseln nicht nur zur Entwicklung eigener, bisweilen endemischer Tierarten geführt, sondern auch dazu, dass wildlebende, zum Verzehr gejagte Tiere oftmals weitgehend oder gänzlich ausgerottet wurden. Doch auch für Menschen können sich die zerklüfteten Inselränder zusammenziehen wie ein Stachelhalsband um einen Hundenacken. Trotzdem ist es die Inselbedingung selbst, die sich auf derart drastische Weise bemerkbar macht und die jedem, der an diesem Ort seine Zeit verbringt, nicht bloß mit der Tautologie der Tage unausweichlich auf den Leib rückt. So unbedacht kann in einer Landschaft das Leben nicht vonstattengehen, als dass man mit deren Einschränkungen auf Dauer unvertraut bleiben würde. Und in Wirklichkeit ist der felsige Umriss auch nichts anderes als der unnachgiebige Rand des Lebens selbst. Diese Randbedingung rahmt die individuellen Ambitionen und Anpassungen, die Erwartungen und den Ehrgeiz, die Größe der Hoffnungen und das Maß der Enttäuschungen.

Die unter dieser nicht aufhebbaren, allenfalls abzumildernden Bedingung gegebenen Entwicklungsräume und Ausweichmöglichkeiten gestatten es auch bloß in eingeschränktem Maß, Untugenden und Schwächen auszuleben. Entgleisungen, Rücksichtslosigkeiten oder Übertreibungen stehen den Maßgaben und Erfahrungswerten des beharrlichen Insellebens ruppig entgegen. Schärfer als anderswo werden Unverhältnismäßigkeiten missbilligt, stellen sie doch einen Angriff auf die Tugenden des Überlebens selbst dar. Für wie bindend die *›aretés‹* hier gehalten werden, erkennt man unschwer an der mittleren Gestalt von Kleinstädten und Dörfern, deren gleichmäßig umfangreiche und sehr ähnlich ausgestattete Häuser – genau so übrigens wie die einstigen Volkstrachten – die Energien des Wettstreits und der Konkurrenz in Schach halten, welche das griechische Altertum als *›thymós‹* kannte. Die antike und von Aristoteles gerühmte *›mesótes‹* scheint immerhin eine normativere Kraft auszuüben als die neuzeitliche Aufstiegslust und Durchsetzungskraft oder der macchiavellistische Wille, sich über andere hinwegzusetzen, sie niederzuringen und zu beherrschen. Nicht die Pyramide ist das Emblem jener Architektur des Zusammenlebens sondern die gewellte Landschaft zusammengewürfelt Gleicher.

Ich bin geneigt anzunehmen, es war jene egalitäre Eigenart und mittlere soziale Ordnung, welche die politische Fantasie von Philosophen geweckt hat. Einer unter ihnen, Platon, schildert als erster in den philosophischen Dialogen »Kritías« und »Tímaios« die Geschichte der Insel Atlantis. Damit tritt den Bildern von Paradiesinseln die Vision des ideal verfassten Staatswesens an die Seite. Platon wird nicht müde, die Vorzüge jener reichen, nach außen machtvollen, nach innen gut organisierten und wohlhabenden Insel Atlantis zu rühmen, die zwar ein Königreich, doch auch eine gerechte Gesellschaft beherbergt. Die Gründe für ihren Untergang zeigen all die preiswürdigen politischen Qualitäten dann noch einmal im Negativ: Zerfall des sozialen Zusammenhalts und der Tugenden, zügelloser Egoismus, wachsende Ungerechtigkeit und Machtanmaßung. Mit einem Wort: Die Bewohner von Atlantis hatten begonnen, den göttlichen Anteil an ihrer menschlichen Natur durch zunehmende Hybris zu verachten. Und so konnte es gemäß der über sie waltenden kosmischen Ordnung nicht ausbleiben, dass die sittlich denaturierte, in Ungleichheit und Gier versinkende Insel innerhalb nur eines Tags und einer Nacht für immer im Meer unterging.

Zwei Jahrtausende nach Platon wird dessen gedanklicher Impuls von Thomas Morus wieder aufgenommen. »Nova insula utopia« – Morus veröffentlicht seinen Entwurf eines idealen gesellschaftlichen Zusammenlebens im Jahr 1516 und er verbindet den erst von ihm geschaffenen Begriff der Utopie folgenreich mit jenem der Insel. Als könnte das utopisch Andere der Gesellschaft allein durch die insulare Differenz und Unterbrechung entworfen werden. Die Insel wird dadurch zum regulativen Modell für die beste kollektive Lebensform. Davon ausgehend führt ihre fiktive Konstruktion zu provokanten Brechungen, beispielsweise wenn die Insulaner *»in der Pflege geistiger Bedürfnisse das wahre Glück des Lebens«* finden oder der wuchernden Verrechtlichung sämtlicher Lebensbereiche entschlossen vorbauen. Auch bei der Frage der Bedeutung von Geld, Vermögen und Reichtum tut sich eine meerbreite Kluft zwischen der utopischen Insel und der Realgeschichte auf.

»Wo es noch Privatbesitz gibt, wo alle Menschen alle Werte am Maßstab des Geldes messen, da wird es kaum jemals möglich sein, eine gerechte und glückliche Politik zu treiben. So bin ich denn fest überzeugt, dass der Besitz durchaus nicht auf eine billige und gerechte Weise verteilt und überhaupt das Glück der Sterblichen nicht begründet werden kann, solange nicht vorher das Eigentum aufgehoben ist; solange es bestehen bleibt, wird vielmehr auf dem weitaus größten Teil der Menschheit Armut, Plackerei und Sorgen als eine unentrinnbare Bürde weiter lasten. Wenn ich daher alle unsere Staaten, die heute irgendwo in Blüte stehen, im Geiste betrachte, und darüber nachsinne, so stoße ich auf nichts anderes, als auf eine Art Verschwörung der Reichen, die den Namen und Rechtstitel des Staates mißbrauchen, um für ihren eigenen Vorteil zu sorgen. Haben die Reichen erst einmal im Namen des Staates, das heißt also auch der Armen, den Beschluß gefaßt, ihre Machenschaften

durchzuführen, so erhalten diese sogleich Gesetzeskraft. Aber selbst wenn diese abscheulichen Menschen in ihrer unbegreiflichen Gier alle Güter des Lebens, die für alle gereicht hätten, unter sich aufgeteilt haben – wie weit sind sie dennoch entfernt von dem glücklichen Zustand des utopischen Staates!« Vom Sozialismus *avant la lettre*, könnte man meinen.

Die utopische Insel entpuppt sich spätestens in diesem Moment als avantgardistisches Labor für eine Umwertung der Werte. Auf ihr bietet sich uns das Schauspiel jener neuen Welt, durch die sich Alteuropa – wenige Jahre nach der Entdeckung Amerikas – in seinem bisherigen Sinn und Selbstverständnis herausgefordert sieht. Die *»insula nova«* ist die Landschaft einer radikalen Alternative. Und Morus' Insellösung der besten aller möglichen Welten hüllt auch die nachfolgenden Gegenbilder zur historischen Wirklichkeit in den Lichtschein des ganz Anderen: Tommaso Campanellas idealer Sonnenstaat, den er auf der Insel Taprobane, dem heutigen Sri Lanka, ansiedelt; oder Francis Bacons *»neues Atlantis«* in der Südsee, das er auf den Namen Bensalem tauft. Es sind dies allesamt Inseln, die uns den Abgrund einer Unterscheidung vor Augen führen sollen. Und sie ist insofern wirklich erschütternd, als die Vernunft Europas, betrachtet man sie von den utopischen Inseln aus, sich wie ein kaum erträglicher Verblendungszusammenhang der Irrationalität ausnimmt.

Inseln sind, so wie jede andere Landschaft auch, zum Teil imaginäre Landschaften. Deshalb und vermutlich sogar ohne die Erfahrung all jener Inseln, die ich in meinem Leben bisher kennenlernte, wäre es nicht übermäßig gewagt zu behaupten, der insulare Proberaum für das Menschheitsglück erscheine vor dem Hintergrund der realen Bedingungen doch ziemlich maßlos, wenn nicht geradezu vermessen. Vermessenheit entspricht zwar dem Naturell von Utopien, allerdings trifft sie nicht das Maß der Insel, das sich von ihren reduzierten Möglichkeiten, ihrem beschränkten natürlichen Reichtum und der vergleichsweise geringen Zahl an Menschen mit erstaunlicher Konsequenz ableitet. Verbindet man die naturgemäß engen Grenzen und Spielräume mit der Neigung zu sozialem Gleichmaß, dürfte der spekulative Gehalt der Annahme nicht allzu ausufernd sein, dass in dieser Enge der eigentliche Grund für ein tief verwurzeltes Bedürfnis nach Durchschnitt und einer nicht selten kratzigen Normalität vermutet werden darf. Wer sich nach oben kämpfen will – wobei dieses Oben nie sehr hoch hängt –, anstatt sich auf das Netz des Gewohnten in seiner sozialen Verknüpfung zu verlassen, wird auf wenig milde Widerstände treffen.

Dieses eigentümliche Gefüge normierter Verbindlichkeit, wie ich es oft erlebt habe, hat einen kleinräumigen Hintergrund: Jeder kennt hier jeden und das von früh an, zudem über Generationen. Man kann in solcher Landschaft kaum hoffen, dass etwas Wesentliches der Wahrnehmung anderer entgeht, lange unbekannt bleibt und rasch vergessen wird. Unter

Inselbewohnern trifft jedes Tun auf kollektiv ein- und ausgeübte, kontrollierende Wahrnehmung. Es ist schon aussagekräftig, wenn als einziger der Götter der Gott der Kleinkriminellen, Hermes, nie den Fuß auf eine Insel setzte. Kein Terrain für fiese Tricks, für die Leidenschaften eines zwielichtigen Raffinements. Warum bin ich während der ganzen Zeit, die ich nun schon auf der Insel bin, keinem Polizisten begegnet, keiner Polizeistation? Vermutlich gibt es sie, so wie andernorts auch, doch sie treten nicht in Erscheinung. Menschliche Tragödien ereignen sich höchst selten, und nicht einmal den Verkehr gilt es zu regeln.

Unvermeidlich, dass man für die anderen auf der Insel sichtbar ist, gut sichtbar, in den meisten Fällen sogar von der Geburt bis zum Ende des Lebens. Innerhalb der Maßgaben dieser spezifischen Provinzialität mit ihrem begleiteten Dasein und ihrer sanktionierenden Aufmerksamkeit liegt auch ein Hauptmotiv für all jene, die das Weite suchen und die Insel für immer zu verlassen trachten. In der Tat, habe ich mittlerweile im Kafeníon erfahren, sind nicht wenige weggegangen, um in Thessaloniki, Athen oder auch im Ausland zu studieren, dort Arbeit und ein anderes Leben zu finden. Sie alle leben mit der Zäsur, dem Einschnitt. Viele von ihnen kehren gleichwohl irgendwann zurück und nicht bloß zu den Osterfesten. Sie sehen, ob zu Recht oder Unrecht, hier noch einen Teil ihrer Zukunft, trotz der Vergangenheit anderswo. Und oftmals sind sie es, denen die neuen, protzigen Häuser am Rand der Dörfer oder ein Stück außerhalb gehören, mit denen sie die Insel herausfordern.

Aus den Gesprächen begreife ich so viel: Man achtet den Erfolg, aber man sieht ihn weniger mit Missgunst als mit Misstrauen. Übermäßiger Erfolg untergräbt die Ordnung, nach der ein bestimmtes Maß an Ungleichheit nicht überstiegen werden darf, ohne das Leben aller zu gefährden. Insellandschaften haben klare, scharfe Umrisse, auch im Blick auf soziale Vermessenheit. Es gehört zu ihrem Wesen, das Gleichmaß zu wahren. Und jenes eigentümliche, unter der einschränkenden Bedingung der Insel und ihren naturgegebenen Restriktionen ausgebildete Wissen erweist sich als so beharrlich, dass es seine soziale Formkraft sogar in Zeiten digitaler Medientechnologien und globalisierter Wirtschaftsräume, die neue Utopien geschaffen haben, nicht zur Gänze verloren hat. Das Gleichmaß gehört zur Inselbedingung, ein Gemisch aus Monotonie und Gleichheit. Es ordnet die Landschaft, so wie es die Zeit ordnet. Und wie könnte es dann anders sein, als dass meine Tage bald zu einem fast rituellen Gleichlauf gefunden haben. So schreibe ich, so lese ich, so langweile ich mich, so gehe ich zu der Platía beim Kafeníon, wo mir der alte Besitzer bereits fraglos den Wein bringt und wortlos vorsetzt. Eine Geste, so abweisend wie einnehmend, eine karge Form der Anerkennung. Als jemand, der sein Herkommen außerhalb der Insel hat, bringt man es hier wahrscheinlich noch nach Jahren nicht sehr viel weiter.

Die Insel, die ich hier protokolliere, könnte man für das Paradebeispiel einer balancierten Landschaft halten. Wenn man nach der romantischen Gestimmtheit, mit der sich die Seele im Industriezeitalter in die freie Natur einfühlte, im Landschaftszusammenhang von Stimmung überhaupt noch reden will, dann hat das in einem stark veränderten Sinn zu geschehen. Dieser Sinn saugt seine semantischen Nährstoffe aus über lange Zeiträume herausgebildeten Lebens- und Wirtschaftsformen, mit denen sich sie naturale und soziale Sphäre aufeinander abstimmen. Diese Abstimmung, die am Oliven- und Weinanbau filigran sichtbar wird, prägt die Stimmung der Landschaft. Auf einer Insel wie Páros, wo das naturgegebene Gelände agrartechnischer und agrochemischer Optimierung entgegensteht, gelang die landwirtschaftliche Transformation zum Agrobusiness, ähnlich wie moderne Beschleunigung, in einem nur sehr begrenzten Grad. Gerade das, diese alte und erhalten gebliebene Abstimmung im natural-sozialen Gefüge führt jedoch zu dem Eindruck einer eigentümlichen Stimmigkeit der Landschaft.

Der Kosmos ist das Dorf gemeinsam mit seinem Umland. Kosmos beschreibt nicht das ferne Universum, er ist die naheliegende Ordnung. In der Antike wurde damit die Organisation des Militärs oder die schmuckvolle, wohlversorgte Umgebung bezeichnet, überhaupt der freundliche Schimmer eines gut geregelten Lebens. Die kubisch gleichmäßige Architektur der Dörfer bildet innerhalb dieses Kosmos eine nachgerade kristalline Struktur. Die drängende Enge und dass sich die einzelnen Häuser so nahestehen, ist der Inselbedingung geschuldet, sich vor der Wucht vom Meer her auf die Ortschaften treffender Winde und Stürme zu schützen. Dem ungestümen Wetter, und mithin dem Chaos (das sein Naturbild von alters her im Meer hatte), bietet der Ort durch seine mineralische Kompaktheit nur wenig Angriffsfläche. Außerdem: Wo die Häuser dermaßen zusammenstehen, dass viele der Gassen kaum mehr als ein schulterbreiter Durchschlupf sind, vermag selbst eine über Monate sengende Sommersonne, die den letzten Grashalm an den Hängen verdorren lässt, die angenehme Kühle nicht zu vertreiben. Das Dorf ist eingebaut in den Wind, ist Teil des Winds, wie es Teil der Sonne ist.

Der Kosmos des engen Raums macht die soziale Verarbeitung von Nähe zu einem Hauptfaktor, der die insulare Mentalität bestimmt. Dabei versteht man die Festigkeit und Kohäsion nach innen noch besser, wenn man bedenkt, wie verwundbar Inseln nach außen hin sind. Páros ist ein passendes Beispiel dafür. Im Lauf ihrer Geschichte musste die Insel nicht bloß einmal Besetzungen und Plünderungen miterleben, bis noch zuletzt im 19. Jahrhundert Piraten über sie herfielen. Was schließlich auch der Grund dafür war, weshalb man inmitten der Insel, geschützt von den umstehenden Bergen, irgendwann ein neues Inselzentrum gründete, Léfkes.

Zur Stimmung des Kosmos gehören die Gärten. Obgleich sie in der Enge der Ortschaft kaum Platz finden, sind sie darauf insofern abgestimmt, als sie die erste Schale um die Häuseransammlung bilden. Die Gärten, für Gemüse und Obstbäume angelegt, bilden ein starkes Element der Autarkie. Fast täglich gehen die Dorfbewohner in ihre Gärten, pflanzen, versorgen und ernten Spinat, Tomaten und Zwiebeln, Zitronen, Feigen oder Orangen. Die Kultivierung dieser Gärten verlängert die körperliche Erfahrung in die Gegenwart, dass Kultur in jener beschwerlichen Arbeit besteht, der Natur das eigene Überleben abzuringen. Aber auch, in welcher Form von Ausgewogenheit das am besten und gedeihlichsten gelingen kann.

Entscheidend dafür, und folglich für die Form der Landschaft, sind die Mauern. Trockenmauern, die wie in den felsigen Untergrund hinein montiert scheinen. Aus Felssteinen aufgeschichtet, findet man sie räumlich verdichtet hauptsächlich in der zweiten kosmischen Schale, die sich um die Ortschaften legt. Dort formen sie jene mühevoll angelegten Terrassen für Olivenbäume und die schmalen Geländestufen für Getreide, mit denen das Fortschwemmen fruchtbaren Bodens verhindert wird. Die um diese Jahreszeit mit dem hellen Grün junger Gerstenhalme besetzten Terrassen steigen ums Dorf den Hang hinauf bis zum Rand des stahlgrauen Himmels, der um die Mittagszeit in durchscheinende Tintenfischblässe übergeht. Auf den Mauern wärmen sich Feuerwanzen und Eidechsen, in ihre Ritzen fliegen Wildbienen und kleine Vögel.

Die jetzt häufig fast wolkenlosen Tage, deren bisweilen noch harter Wind einen Spaziergänger wie mich durchaus wieder ins Dorf zurückpeitschen kann wie einen ausgerissenen Esel, fordern es gleichwohl heraus, über die Insel zu wandern. Es gibt in den Fels gesprengte Straßen in andere Orte, es gibt Wege in die Felder, Pfade in die Gärten. So gut wie gar nicht findet man Wanderwege. Zu gehen allein um zu gehen, ist nichts, was innerhalb der Lebensweisen hier viel Sinn hätte. Ausschließlich Fremde mit einem anderen Leben, welche die ästhetische und Wellness-Landschaft suchen, tun dergleichen. Aber seitdem ich ihn ein erstes Mal gegangen bin, liebe ich jenen alten byzantinischen Weg ganz besonders, der über das Kloster Panagía Myrtidiótissa Thápsanón in die Dörfer Pródromos, Mármara oder Márpissa führt. Ans Meer. Und obwohl diese Ansiedlungen in ihrer Geschichte stets ungeschützt dalagen, jedem von der See her kommenden Angriff preisgegeben, stößt man in ihnen auf so gut wie keine Abwehranlagen. Keiner der Orte wird von einer mächtigen Schutzmauer umgeben, wie sie beispielsweise der kontinentaleuropäische Ritterorden der Johanniter im Mittelalter auf Rhodos errichtete.

Die Asphodelen sind bereits erloschen, es blühen Lupinen, Ginster, Salbei in hohen Stauden. Auf der byzantinischen Straße blieb die Wegpflasterung, zumindest in manchen Abschnitten, vollständig erhalten. Ich gehe tatsächlich auf Marmor, wobei in einige der unregelmäßig behauenen Platten Buchstaben gemeißelt sind, von Schritten und Karrenrädern über Jahrhunderte beinahe heraus geschliffen. Für ein paar Augenblicke erlaube ich mir die Illusion, im Magnetfeld Konstantinopels zu schreiten, ausgerichtet wie ein winziger Metallspahn vom unwiderstehlichen und verworfenen Glanz eines gottesfürchtigen Imperiums. Die schlichte Tatsache, dass mir der Schweiß brennend in die Augen rinnt, vertreibt die kurze Verklärung, und ich wandere weiter zwischen zwei niedrigen Steinmauern an Terrassenfeldern entlang, deren Mauern langsam zerfallen. Hier beginnt die Phrygana mit ihrem dornigen Gestrüpp, den hartblättrigen Sträuchern. Dazwischen verlieren sich ein paar Krüppelbäume. Solche Kargheit, durchsetzt mit unfruchtbaren Felsschultern, war, was zurückblieb, als Kermeseichen und Aleppokiefern auf Schiffen den imperialen Rohstoffbedarf Roms und später Venedigs zu befriedigen hatten, während der Rest des Baumbestands regelmäßig wiederkehrenden Feuerbränden anheimfiel. Was heute wächst, was keiner der jetzt Lebenden hier jemals anders gekannt hat, wuchert hüfthoch oder mit kleinwüchsigen Stämmen zwischen Pfriemenginster und phönizischem Wacholder. Einzig der findigen Genügsamkeit der Ziegen bietet es ausreichend Nahrung. Das ist die dritte Schale in der Abstimmung der Landschaft, und hier ist es auch, wo die größte natural-soziale Gelassenheit vorherrscht, ohne Erzeugungsdruck, eine nichtkapitalisierte Zone, wechselwirkender Koexistenz und mäandernder Koevolution überlassen. Insgesamt bleibt die Landschaft beweglich, ihre Beweglichkeit jedoch hat langsam genug zu sein, um artenübergreifend Pflanzen und Tieren die notwendige Zeit zu lassen, sich auf die Veränderung der Landschaftsstimmung einzustellen.

Nahezu beiläufig erbringen derartige Ausflüge eine Jackentasche voller Küchenkräuter, Rosmarin, Majoran, Ysop, Thymian. Partikel jener Geruchszeiten und Duftzonen, aus denen die Landschaft wie aus Mineralien und Zellulose gleichfalls besteht. Zum Frühstück hat sich eine Teemischung aus Eisenkraut und Diktamos eingespielt, wofür sich sogar der von Lebensskepsis tief durchdrungene Schriftsteller aus Zypern gewinnen lässt. Er ist unter uns im vormaligen Xenía im Übrigen der Einzige, der für sich in Anspruch nehmen darf, auf einer Insel geboren zu sein und die meisten Jahre seines Lebens dort zugebracht zu haben. Als griechischer Zypriote ist er nicht nur verbunden, sondern verwachsen mit seiner Insel, worin zweifellos der Grund dafür liegt, weshalb jede unserer Unterhaltungen dorthin zurückkehrt. Und das heißt auch, zur Besetzung von Teilen Zyperns durch den türkischen Staat. Das lässt ihn auch hier, auf dieser anderen Insel, keine Sekunde los. So erzählt er von der Zeit nach der Okkupation, davon, wie die Landschaft, wie Städte und Dörfer auseinandergerissen wurden. Ohnehin habe er wie seine ganze Generation nicht nur einmal von der Insel, vor den dorthin getragenen Feindseligkeiten fliehen müssen. »*Taksim*« jedoch sei die nicht heilende Wunde.

Ans Meer. Dahin führt, wie der byzantinische Marmorweg, eigentlich jede Straße. Natürlich kann man auch einen der in die Jahre gekommenen Busse nehmen, die täglich drei Mal zur Küste hin verkehren, ohne den Anspruch zu haben, die Fahrt mit Bequemlichkeit zu verbinden. Von keiner Stelle der Insel aus braucht man viel länger als eine halbe Fahrstunde ans Meer. Spätestens dort, wo der unstete Blick von Weite und Wellen und einer blaugrauen Erhabenheit gefangengenommen wird, käme dann jeder plötzliche Fluchtimpuls vor der insularen Eintönigkeit und Mittelmäßigkeit zum Erliegen.

Hat man diesem Fluchtimpuls einige Male nachgegeben, erlahmt er schließlich. Die geborenen Insider der Insel zeichnen sich leicht erkennbar dadurch aus, an Ort und Stelle zu bleiben und nur herumzufahren, wenn eine Notwendigkeit dafür besteht. Andere als geborene Insulaner wären kaum in der Lage, nicht verschiebbare, weil natürliche Grenzen ein Leben lang hinzunehmen, das Statische und Stationäre, das darin zum Ausdruck kommt und mit dem Bedürfnis nach Veränderung, Weiterentwicklung und der Ausdehnung eigener Bedürfnisse schwerlich in Einklang zu bringen ist. Natürliche Grenzen zu verinnerlichen, macht die Seele selbst zur Insel. Soweit sich die Psyche nach Art einer Landschaft verstehen lässt, wie man seit der Romantik glaubte, bedeutet die dichte Landschaft der Insel aber gewiss etwas gänzlich anderes als die zeitliche und räumliche Verdichtung, wie man sie in Städten erlebt. Und dass Denken Überschreiten heißen soll, wie die Kontinentalphilosophie lehrt, muss man wohl zu deren typischen Überspanntheiten rechnen. Ich weiß, wovon ich rede, denn um mir aus der ungewohnten, einschnürenden Enge zu helfen, steige ich hin und wieder über eine wacklige Notleiter aufs flache Dach des Hotels, von wo ich einen fast grenzenlosen Blick habe, der nur im Osten auf eine weitere Insel trifft: Náxos. Ich entdecke die Chóra, den Bergzug Zas, dessen Name sich von Zeus herleitet. Mythische Geografie. Überm Meer, Schauplatz odysseischer Irrfahrten, marmornes Licht.

An einem anderen Tag wandere ich die Inselstraße entlang, auf der mich die Taxifahrerin hergebracht hat, nach Maráthi. Unterwegs begegne ich erstmals in meinem Leben einer Vipernatter. Nach eineinhalb Stunden erreiche ich die Stollen, wo in der Antike unter Tage der berühmte Marmor, der ›*lychnitis*‹, abgebaut wurde. Weiß, feinkörnig und von einer Transparenz wie kein anderer Marmor der Welt diente er vorzugsweise als Statuenmaterial der Heiligtümer, in Délphi, auf Délos oder der Athener Akrópolis. Auch die Venus von Milo wurde daraus gefertigt. Nur dort, wo großer Reichtum herrschte, konnte der ›*lychnitis*‹ hingelangen, so auf Sífnos, wo man aufgrund ergiebiger Gold- und Silbervorkommen kaufkräftig genug war, um Prytaneion und Marktplatz aus parischem Marmor zu erbauen. Dagegen ist mir nicht bekannt, ob der Marmor für das Grab Napoleons, den man eigens aus Páros holte, wirklich *›lychnitis‹* war oder nicht jener graue Oberflächenstein, der auf der Insel heute noch abgebaut wird.

Erst nachdem ich mich durch wildes Gestrüpp geschlagen habe, entdecke ich die Eingänge in die Erde. Sie sind von Zäunen versperrt, und die dort angebrachten Schilder weisen darauf hin, dass das Betreten wegen Einsturzgefahr verboten ist. Nach kurzem Überlegen entschließe ich mich, den Zaun zusammen mit meiner Furcht zu überwinden. Wenn schon nicht ein Gang in die Unterwelt, so hat es doch etwas von der Tiefe der Zeit, in die man steil in den alten Stollen hinabsteigt, wo seit langem kein Stein mehr gefördert wird, weil die Gewinnung zu aufwendig und daher zu kostspielig wäre. Mit einer Kerze, die ich vorsorglich aus dem Haus der Literatur mitgenommen habe, sitze ich eine Stunde nahezu bewegungslos auf einem Marmorblock in einer kleinen Halle, das Schimmern der Kalkspatkristalle um mich, das zweieinhalbtausend Jahre wie eine Sekunde erscheinen lässt. Als ich bei Einbruch der Dämmerung ins Hotel der Schriftsteller zurückkehre, liegt vor meiner Zimmertür, kaum fingernagelgroß, eine weiße Eischale mit schwarzen Sprenkeln, zerbrochen wie feines Porzellan. Das erste Schwalbenjunge ist geschlüpft. Am Ende des Sommers, da bin ich längst schon wieder weg, wird es die Insel Richtung afrikanischem Kontinent verlassen.

Normative Zeichen

In jeder Landschaft, insbesondere in der dichten typologischen Ordnung der Insellandschaft, existieren symbolische Orte, an die sich eine kollektive Erinnerung geknüpft weiß, indem sie ihnen bleibende Bedeutung verleiht, Marmorstollen oder eine byzantinische Straße. Herausgehoben ist fraglos die Architektur, sofern sie Landschaften normative Zeichen einschreibt, die sich etwa anhand der engen und gleichmäßigen Bauform von Ortschaften entziffern lassen. Das Inselgesetz mit seinen ungeschriebenen Paragrafen gibt eine Maßregel vor, die Motive von Versuchung und Verzicht einschränkt und Ausbrüche in die Tiefe oder Höhe nicht einräumt. Es wäre vermutlich ein Fehlschluss zu meinen, die kubisch bemessene Abgrenzung des Wohnens würde jene Häuser mit geometrischer Schärfe aus der Natur heraustrennen. Möglicherweise war dieses Missverständnis sogar mit verantwortlich dafür, dass die Architekten des Bauhauses jene Formsprache für großstädtische, modern ambitionierte Lebensformen für sich entdeckten.

Die Landschaft der Insel setzt gleichwohl zwei unübersehbare vertikale Zeichen. Das erste findet sich in den Friedhöfen: Zypressen. Ein sakraler Bezirk, in dem Bäume eine sublime Chiffre abgeben. Und auch das zweite Vertikalzeichen gehört den heiligen Orten, den Kirchen, an.

Freilich nicht als Ausdruck von etwas Großartigem, Mächtigem und Erhabenem. Die Inselbedingung setzt sich selbst im Religiösen durch, ein entscheidender Grund, weswegen der Dom- oder Kathedralgedanke undenkbar wäre. Wo in dieser Landschaft eine christliche Sakralarchitektur auf antike Tempel gesetzt wurde und die alten Götter verdrängte, geschah das nicht, wie andernorts oft, mit triumphaler Baugeste. Ein Beispiel dafür, gleichzeitig der bemerkenswerteste Kirchenbau zwischen Ándros und Santoríni, stellt die Kirche der hundert Pforten dar, Panagía Ekatontapilianí. Zunächst ist festzustellen, sie entsprang nicht den festen Vorgaben eines technisch-konstruktiven Masterplans. Ganz im Gegensatz dazu wuchs sie mit der Zeit, und unterdessen fügten sich Säulen, Türstürze und Kapitelle, die vormals den Raum der jetzt abgelösten Götter gebildet hatten, in den veränderten Hausbauplan für den neuen Gott ein. Jene Pasticcio-Architektur, wie sie auf diesem Weg entstand, entspricht bestens der Pasticcio-Religion des Christentums.

Man ist ja keineswegs respektlos, wenn man anmerkt: In der Geschichte religiöser Ideen und Gesten verhält es sich nicht anders als in der Geschichte technischer und künstlerischer Erfindungen: Der Ideenklau ist beträchtlich. Entsprechend reichern sich im Christentum ägyptische, jüdische oder eben griechische Vorstellungen und Elemente an. Nachdem beispielsweise das Alte Testament keine Unsterblichkeit und die Vorstellung eines gut ausgearbeiteten Jenseits kennt, behilft sich das Christentum mit Übernahmen ägyptischer Ideen. Vergleichbar ist es die pharaonische Kultur, der das Verdienst jener imaginativen Leistung zukommt, zum ewigen Leben gefunden zu haben, das sie dazuhin mit einem Tribunal ausstattete. Durch diese metaphysische Zulassungsstelle ließen sich die Toten auf eine Schatten- und einer Götterwelt verteilen, abhängig von gewissen Leistungen und Verhaltensweisen im Verlauf ihrer Lebenszeit. Die Trennung in Hades und Elysium behält sich dann auch der griechische Glaube vor. Das ›Jüngste Gericht‹ des Christentums, ihr Himmel-und-Hölle-Separatismus, dürfen wir als Diebstahl in großem Stil ansehen. Oder eben als Pasticcio.

Dementsprechend entspringt die Panagía Ekatontapilianí nicht einer planmäßig übergeordneten Einheit. In ihrer Gesamtform erscheint sie tatsächlich als Zusammenschluss mehrerer kleiner, genau genommen: von sieben Kirchen. Sie ist, wenn man so will, ein Kirchendorf. Ein Kollektiv des Glaubens, in Architektur übersetzt. Das Bapisterium bildet darin die älteste Komponente. Es entstammt einer Zeit des römischen Reichs, als die Erinnerung an die blutige Verfolgung der Christensekte, die dem Kaiser die Huldigung als ›*Divus*‹ hartnäckig versagte, noch frisch gewesen ist. In die Kreuzform jenes in den Erdboden eingegrabenen Beckens steigt man von Westen her hinein, um, nach dem Taufbad, in Richtung der aufgehenden Sonne und einem neuen Leben entgegen wieder herauszusteigen. Das Taufkreuz stiftet die Neuorientierung. Dieser Wille zur veränderten Ausrichtung des Lebens – der in der Kathedralgotik analog das Kleinwerden und Aufblicken verlangt – ist bei allen belangvollen Sakralarchitekturen mit ihrem sorgsam unterteilten symbolischen Raum beherrschend. So trennt die Panagía Ekatontapilianí auch klar zwischen dem Innenbezirk einer Arkandisziplin von Getauften und der Vorhalle der Laien. Und, das sei ebenfalls noch angemerkt, auch die Taufe hat natürlich in der jüdischen Mikwe und der damit verbundenen spirituellen Reinigung ein rituelles Vorbild.

Die Panagía Ekatontapilianí ist, wie die Inselortschaften auch, ein System der Schwellen. Schwellen sind so etwas wie die Grammatik, die den Raum, gleichgültig ob Landschaften oder Bauwerke, mit unterschiedlichen Bedeutungen versieht. So verhält es sich auch bei den vielgestaltigen Übergängen, mit denen der Kirchenraum in ein räumliches Davor und Danach unterteilt wird. Dennoch ist mir kein anderer Ort bekannt, wo sich die körperliche Bewegung durch die Signifikanten religiöser Existenz, vorbei an Ikonen und geweihten Flammen, derart eindringlich mit dem heiligen Komplex der hundert Durchlässe und Schwellen verbindet, wie es hier der Fall ist. Mit jedem Schritt lässt sich der Transit durch das Umfassende der Kirche und die Partialität des eigenen Körpers erspüren. Jene absolute Spannung von Kirche und Fleisch, die sich, ob man einen Glauben besitzt oder nicht, gleich Meer und Insel wechselseitig bedingen und in den Sinn der Welt hineinschreiben. Das erklärt mir die *›tammata‹*, jene zahllosen, an Ikonen aufgehängten kleinen Metalltafeln, worauf im Relief Ohren, Arme, Augen oder Brüste geprägt sind. *›Membra disiecta‹*, die den Körper in Hilfezonen zerlegen und ihn auf diese anatomische Weise zum detaillierten Areal von göttlichen Hilfseinflüssen herrichten. Verlässt man die Panagía Ekatontapilianí, tut man es in dem erhöhten Wissen, jeder trage einen religiösen und einen medizinischen Körper mit sich durch die Landschaft, für den es, trotz seiner Separierungen, ein umfassendes Heil gibt.

Kreuz und Trauben

Als ich an einem der Nachmittage vom Kafeníon zurückkehre, hat sich etwas verändert. Merkwürdigerweise herrscht im Exhotel plötzlich Unruhe. Etwas bewegt die Luft in den Räumen und von irgendwo sind Geräusche und nervöse Laute zu vernehmen, die wie Mäuse umher huschen. Die Sessel der Lounge sind mit Bergen unterschiedlichster Dinge überhäuft. Und was mich daran hindert, in die Küche vorzudringen, um Tee zu kochen und mich damit an den Schreibtisch zu verziehen, ist nicht allein eine Pyramide aus Reisekoffern. Vielmehr scheint die Küche erstmals seit meiner Ankunft zu ihrer wahren Bestimmung zurückgefunden zu haben, wenn jetzt mit lautem Klappern und Schaben darin Essen zubereitet wird. Denn, so erfahre ich, die Schauspieler sind angekommen.

Durch den Duft von gebratenem Lamm, Kartoffeln und griechischem Spinat angezogen, erscheinen sie nacheinander im Speisesaal, wo die Stille erstmals ihre unumschränkte Herrschaft aufgeben muss. Textproben, Tourereignisse, spontane Einfalle und ein professioneller Übermut lassen sich in den Unterhaltungen nicht trennen. Einer der Schauspieler, er steckt in einem fliederfarbenen Anzug mit aufgedruckten braunen Teddybären, führt auf dem Arm einen mopsähnlichen Hund mit sich. Das Tier wirkt auf mich wie eine flauschige Tasche, worin man seine Liebe aufbewahrt. Das Hündchen streichelnd setzt er mich darüber in Kenntnis, dass man in den folgenden Tagen die größeren Orte der Insel bespielen werde. Der Hund will unterdessen partout vom Arm, weil er sich zu seiner Erleichterung den Eukalyptusbaum im Patio auserkoren hat. Er trägt, sehe ich erst jetzt, ein Trikot aus dem gleichen fliederfarbenen Stoff mit aufgedruckten Teddybären wie sein Herr.

Unübersehbar, in das marmorne Haus ist Theatralik eingekehrt. Und ich frage mich, wie wohl das Theater, wie seine Doppelbödigkeit, sein mimetisches Spiel zwischen Schein und Sein hier ankommen werden? Auf welche Lebenserfahrung treffen wohl das Als-ob einer Welt dramatischer Konflikte, das abgründige Scheitern und die triumphalen Höhenflüge, all die menschliche Extravaganz? Welchen Publikumserwartungen begegnen die Spiele des Absurden oder die opferreiche Farce der Geschichte? Als ich schließlich einen der Theaterleute danach frage, erklärt er mir, man habe ein *»funny american play«* zur Aufführung ausgewählt.

Der einzige ruhige Platz ist in diesen Tagen das Dach. Mein Blick gleitet über die Schalen der Ortschaft und den Taleinschnitt hinab zur Küste, anschließend weiter über den schmalen Meeresstreifen zur Nachbarinsel Náxos. Sie könnten zwei sich nahestehende Wesen sein, doch weiß ich, die Nachbarschaft beider Inseln war in Wirklichkeit lange von Rivalitäten geprägt. Man stritt ausdauernd um die Vorherrschaft auf den Kykladen oder unterstützte, wie in den Perserkriegen, feindliche Mächte. Erst ihre Eroberung durch Alexander den Großen, gefolgt von dem Umstand, dass die Kykladeninseln im zweiten vorchristlichen Jahrhundert dem römischen Reich zufielen, machte diesen Wettstreit innerhalb eines neuen politischen Rahmens bedeutungslos. Das ist Geschichte, doch wenn der Meltémi mal aussetzt, könnte man glauben, das Meer werde zu einem dunklen Zauberspiegel, in dessen Flimmern Bilder auftauchen, die nur der eigenen Erinnerung entspringen können. Einmal zeigt sich ein Schiff in Form eines schlanken Fisches, das strahlend weiße Segel wird vom Meerwind gebläht und seine Fahrt über die Ägäis von Delphinen umspielt. Aus dem Schiffsrumpf winden sich zwei Weinstöcke empor, dicht behängt mit dunklen Trauben, unter deren Ranken sich ein einziger Passagier, ein Trinkgefäß in der rechten Hand, entspannt ausstreckt: Dionysos. Ich muss gestehen, diese Fata Morgana auf dem Meeresspiegel gleicht ziemlich genau dem antiken Innenbild einer attischen Schale aus dem 6. Jahrhundert. Und dann taucht da vor meinen Augen noch ein zweites Bild auf. Es zeigt ein Relief, wenigstens ein Bruchstück davon. Tatsächlich entdeckte ich es vor einigen Tagen auf einer Steinplatte an der Außenmauer der Kirche der hundert Pforten. Darauf sind Pfauen und Weintrauben abgebildet, doch nicht nur sie. Zu meiner Überraschung winden sich die Weinranken eng um ein Kreuz.

Selbst wenn man das Symbol der Schönheit, die Pfauen, beiseitelässt, ist die Verschlingung von christlichem Kreuz und dionysischem Emblem erstaunlich genug. Um sich einer Erklärung dafür zu nähern, hat man unterschiedliche Mythen und Quellen zusammenzusetzen und das heißt, imaginäre und erinnernde Landschaften. Was den Mythos anbelangt, so schildert er die Reise von Dionysos durch den Ägeopelagos, bis er am Ende auf Náxos anlandet, wo er am Strand eine schlafende junge Frau vorfindet. Es ist eine der am häufigsten erzählten antiken Geschichten: Ariadne, verlassen auf einer Insel, nachdem sie aus Liebe zu Theseus dem unbarmherzigen Gesetz einer Insel hatte entfliehen wollen, die ihr Vater regierte, der kretische König Minos; Ariadne, verlassen von Theseus, der, nachdem sie ihm unter Landesverrat half, den menschenfressenden Minotaurus zu töten, auf der Rückfahrt nach Athen das ihr gegebene Eheversprechen bricht; von Dionysos gefunden, wird sie dessen Braut, und der Grund dafür, warum der Rauschgott sich auf Náxos festsetzt.

Befragt man historische Quellen, zeigt sich, dass Náxos zusammen mit Páros zu jener Zeit, als in Athen gerade die Drakonischen Gesetze erlassen wurden, ein Zentrum des neuen Dionysoskultes bildete. Nicht lange zuvor war der neue Gott aus Kleinasien oder Thrakien (die Herkunftsorte schwanken erheblich) nach Griechenland vorgedrungen, wo der Dionysoskult schnell Anhänger fand, nicht zuletzt auf dem Festland. In erstaunlich kurzer Zeit schaffte es Dionysos, zu einem der beliebtesten Götter zu werden. Viele begannen, ihm im *›mysterion‹*, einer geheimen Kultfeier, zu huldigen, in deren Mittelpunkt die *›epopteia‹* steht, die Schau ausschließlich Initiierten zugänglicher Gegenstände. Dazu gehört auch das rauschhafte Erlebnis, die Führung *›ta orgia‹*, in eine Ekstase also, bei der man in eine andere Sphäre übertritt. Die rauschhafte Übertretung gehört zur Vorerkundung des Danach, ein bewusstseinserweiternder Versuch mit dem Jenseits. Goldplättchen, gefunden in Gräbern nicht allein im nordgriechischen Thessalien, wo sie den Toten auf die Brust gelegt wurden, tragen eine Nachricht für die Göttin der Unterwelt: *»Sag´ Persephone, dass Bakchios selbst dich erlöst hat«*.

Auffällig anders als bei der hochrangigen Vegetationsgottheit Demeter fanden die dionysischen Kultfeiern nicht in einem großen offiziellen staatlichen Rahmen, im *›telestérion‹* von Eleusis, statt. Sie verstreuten sich in eine Vielzahl örtlicher, inoffizieller Rituale, die teilweise in der Landschaft stattfanden. Der greifbaren Überlieferung zufolge waren es zu einem Großteil Frauen, welche die Anhängerschaft des Dionysos bildeten und die Kultfeiern als charismatische Mysten anleiteten. Neben dem Wein spielten Mittel der Verwandlung, Kostüme und Masken, eine gewichtige Rolle, wodurch die dionysischen Mysterien zu Vorläufern der griechischen Tragödie und Komödie wurden. Selbst in der klassischen Zeit des attischen Theaters finden sich bei Aufführungen der *›komodía‹* noch die trunkenen Tänze der Silene samt ihres weiblichen Gegenparts, der *›lenai‹*. Ganz ähnlich wird die *›tragodía‹* von satyrischen Bockstänzen unterschiedlicher Mischwesen begleitet.

»Trink Wein aus Náxos und du fühlst dich wie ein Gott.« Auf Münzen geprägt, wurde die dionysische Lehre, kaum unterscheidbar von einem Werbeslogan, in der Antike von Hand zu Hand weitergereicht. Die Stimmung der Insel mit ihrem ruhigen Alltag, der fast schläfrigen Regelmäßigkeit und dem gleichförmigen Ablauf eines Lebens nach dem anderen vor Augen, fällt es nicht schwer, mir vorzustellen, was für einen Aufruhr die ekstatischen Zeremonien verursacht haben müssen, wenn Männer und Frauen sich plötzlich in ausschweifende Thyaden verwandelten. Wie obszön, ja wie bedrohlich müssen jene sich dabei abspielenden Szenen aus Lust, Freiheitsgefühl und Droge gewirkt haben, dass ihnen Euripides in seinen »Bakchen« eine Bühne bietet? Und da sieht man bis heute, wie, vom Rauschgott inspiriert, Gattinnen ihre Männer, Frauen den häuslichen *›Oikos‹* und Mütter ihre Kinder verlassen, um aus Ökonomie, Ethos und dem hergebrachten Sozialgefüge auszubrechen. Eine Energie, ein Enthusiasmus, die sich als so mächtig erweisen, dass der König, der sich dem entgegenstellt und die alte Ordnung, auch unter Anwendung von Polizeigewalt, aufrechtzuerhalten versucht, von der eigenen, wie entfesselt mordenden Mutter in Stücke gerissen wird. Dionysisch begeistert, werden aus Frauen Furien. Und was wird, wenn sich alle wie Götter fühlen, aus dem Olymp?

Derartige Vorkommnisse, die Euripides in ungekannten Blutszenen und dem Untergang Thebens vor Augen führt, müssten auch heute jede Obrigkeit beunruhigen. Es spricht indessen für die politische Klugheit der Tyrannen Kleisthénes und Peisístratos, nicht den Fehler des Königs bei Euripides begangen zu haben. Anstatt ihn nämlich zu bekämpfen, integrierten sie den Götterneuling kurzerhand. Ein Schulbeispiel des schlauen, staatstragenden Umgangs mit Subkulturen und anarchischen Bewegungen. Dionysos zieht offiziell in den Pántheon und den Kreis der olympischen Götter ein. Er erhält sein Heiligtum in Delphi, bekommt seine anerkannten Feste, ausgerichtet von den Städten mit ihren Dionysos-Priesterinnen. Aus dem fremden, verstörenden Gott wird ein Teil kultischen Establishments.

In moderner Zeit sucht Hölderlin mit einer poetischen Osterweiterung Europas, Anschluss an die alten Landschaften des Dionysischen zu finden. *»Kühn bekenn' ich«*, heißt es in seinem Gedicht »Der Einzige« über Christus, *»du / Bist Bruder auch des Eviers«*, sprich: von Dionysos. Als läge das abendländische Dilemma genau darin, ringt Hölderlin darum, die qualvolle, tödliche Erlösung auf Golgatha mit der lustvollen Erlösung im dionysischen Lebensrausch zusammenzubringen. Diesen so übermächtigen wie vermutlich tragischen Widerspruch aufzulösen, gelingt ihm aber letztlich genauso wenig wie das auch bei jenem anderen hochgradig Modernefühligen der Fall ist, bei Friedrich Nietzsche. Der letzte Satz seines letzten Werkes, das mit »Ecce homo« den christlichen Schmerzensmann im Titel trägt, lautet: *»Hat man verstanden? – Dionysos gegen den Gekreuzigten …«* Man könnte denken, wer den westlichen Antagonismus von Erniedrigung und Übermensch in sich selbst zu synthetisieren wagt, endet fast zwangsläufig, wo Hölderlin und Nietzsche enden, im Wahnsinn. Dort angelangt, unterschreibt Nietzsche seine Briefe abwechselnd mit *»Der Gekreuzigte«* und *»Dionysos«*. War das abzusehen, als jenes Relief auf dieser Insel gemeißelt wurde, auf dem seit fast zweitausend Jahren Weintrauben und Kreuz und Pfauen vereint sind?

Die Lupe des Imaginären

Der Mythos erzeugt einen über Jahrhunderte reißfesten Stoff aus Narretei und Narration. Die Geschichte bemüht sich um die tragende Restrukturierung von Zufall und Nichts. Ob im Marmorbergbau, ob in Kirchenbauten oder antiken Ruinen, ich bewege mich auf der Insel in einer erinnernden Landschaft. Unsichtbar in sie eingelagert ist eine Topografie von Mythen. Aber es gibt auch jenes andere Imaginäre, das schwerlich aus der Insel herausgehalten werden kann.

Die eng umgrenzte Insellandschaft erlaubt es, die Verhältnisse zwischen einzelnem und Gesellschaft, zwischen natürlichen und zivilisatorischen Wirkkräften wie unter einem Vergrößerungsglas zu betrachten, der Lupe des Imaginären. Im Umfeld europäischer Aufklärung wird die Insel dabei nicht zufällig zum Testlabor des Menschlichen, zum Austragungsort des Überlebens. Das Spiel der Zivilisation beginnt dort nochmals von vorn, wobei seine Akteure doch eindeutig Wesen einer Spätzivilisation sind. Wie das geht, wird in Daniel Defoes Roman »Robinson Crusoe« Anfang des 18. Jahrhunderts erstmals vorgeführt. Gestrandet auf einer unbewohnten Insel zeigt es sich, ob die Abtrennung von der übrigen Menschheit eine uralte tierische Rohheit des Menschen oder die beharrliche Kraft der Kultur und eines angeborenen Guten zum Vorschein bringt. In Crusoes Fall wirkt die Inselsituation nicht allein als Stabilisator seiner selbstkontrollierenden Kulturprägung, sie wird, mehr noch, zum moralischen Korrektiv. Der Gestrandete wandelt sich erst jetzt zum guten

Christen, dem eine aus dem Schiffbruch gerettete Bibel zum Leitfaden wird. Nicht viel anders sieht es bei Johann Gottfried Schnabels Robinsonade »Die Insel Felsenburg« von 1731 oder in Jules Vernes »Die geheimnisvolle Insel« aus. Auch dort wird auf dem Fundament christlicher Werteordnung einem kulturellen und sogar technischen Fortschrittsoptimismus gehuldigt.

Das fantastische Experiment lautet also: Unter insularen Naturbedingungen soll sich herausstellen, bis zu welchem Grad moderne Individuen denaturiert sind, ob sie sich in einer Naturwelt als lebensunfähig erweisen, oder ob sie sich im Gegenteil in der Lage zeigen, soziale und sittliche Standards als Rüstzeug des Überlebens aufrechtzuerhalten. Der europäische Inselroman inszeniert, in der Nachfolge politischer Insel-Utopien, nichts anderes als die Nagelprobe für den sozialen Rousseauismus. Wo die imaginäre Landschaft des Dionysos-Mythos die Insel räumlich direkt überschreibt, tut es der Insel-Roman mittelbar durch Analogien. Die Rückkehr zur Natur macht die Insel dabei literarisch zur anthropologischen Versuchsstation. Quasi unter Laborbedingungen lässt sich hier beobachten, inwiefern der aufklärerische Optimismus gerechtfertigt werden kann, der Mensch sei gut geboren.

Zwei Jahrhunderte später und unter dem Eindruck von zwei Weltkriegen greift William Golding in seinem Roman »Herr der Fliegen« das Inselmotiv für eine Art Prüfbericht des Menschseins erneut auf. Das Ergebnis seiner Geschichte, bei der eine Gruppe Jugendlicher im Alter zwischen sechs und sechzehn Jahren durch die Bruchlandung eines Flugzeugs auf eine Insel verschlagen wird, ist allerdings niederschmetternd. Nach dem anfänglichen Glücksgefühl des Abenteuers, wo noch eine Art basisdemokratischer Versammlungen abgehalten wird, um das Überleben zu organisieren, entwickelt sich bald eine sich steigernde Dynamik der Macht. Wie durch biologisches Naturgesetz bildet sich eine Gruppe der *»Jäger«*, eine Art *»Inselarmee«*. Es kommt zu Privilegierungen und einer Hierarchie der Rücksichtslosigkeit und Brutalität, bis am Ende alles in einem *»Rausch des Tötens«* versinkt.

An die Seite der Insel-Utopien tritt die Insel-Dystopie. Das Miniaturmodell einer Naturgeschichte, welche die untilgbare menschliche Vernichtungsleidenschaft an den Tag bringt. So taucht, nach den utopischen Eilanden und den optimistischen Robinsonaden, ein weiteres Bild in der kollektiven Vorstellungswelt dieser Landschaft auf: die Toteninsel. Spätestens mit dem Gemälde von Alfred Böcklin wird sie für die Moderne zu einer imaginären Landschaft, angesiedelt irgendwo zwischen den dekadenten Seelenschaudern des Fin de Siècle und den Todesszenarien der industriellen Kriegsmoderne. Und so werden Toteninseln in der Folge nicht bloß für melancholische Feingeister zum beliebten Motiv in Kunst, Musik, Literatur oder Film. Auch Adolf Hitler bewundert das Bild Böcklins, das er in der Kupferstichversion von Max Klinger zuerst in seinem Berghof, dann, kurz nach Kriegsbeginn, in der Reichskanzlei aufhängen lässt. *»Inselhin, neben den Toten,«* heißt es ein Jahr nach Goldings Roman in Paul Celans Gedichtband »Von Schwelle zu Schwelle«. Jenes Gedicht, das die todesfinstere historische Signatur der Insel prägt, endet mit der Zeile: *»Und morgen verdampft unser Meer!«*

Inseln sind, kurz gesagt, Landschaften höchster imaginärer Spannungen. Als hätten wir es mit einer Art visionärem Magnetismus zu tun, scheinen sie Bilder von Verheißung und Schrecken anzuziehen. Verstoßung, Absonderung, Auslöschung. Dann aber wiederum auch Freiraum, Traum vom überschaubaren, einfachen Dasein, Sehnsuchtsort für Separatisten von Massen, Märkten und politischen Mächten. Noch in den trivialen Versionen der massenmedialen Formate bleibt ein Rest davon aufbewahrt. Die Insel ist ein anderer Ort. Ein Ort des Anderen. Eine Spiegelwelt für moderne Zivilisationen waren Inseln allemal. Ihre distanzierten Räume stellen den fest formierten Gesellschaften seltsamerweise einen Bereich des Offenen und Experimentellen entgegen. Und so sind Inseln bis heute dunkle und helle Gegenwelten eines Lebens geblieben, das sich anders imaginiert.

Neobules Hand

Die Theaterleute sind wieder weg. Sie, die vor allem in Athen aufzutreten gewohnt sind, gingen unzufrieden fort. Es sei, sagten die Schauspieler, alles andere als einfach, hier zu spielen. Nein, nicht die kärglich ausstaffierten Bühnen seien das Problem, nicht die beklagenswerten Säle, die ein Höchstmaß an Improvisation und Spielfantasie verlangten. Die wahre Schwierigkeit, der man hier auf der Insel begegne, bestehe in der Illusionsunlust, welche man allabendlich im Publikum habe verspüren können. Sie zu überspielen, das müssten sie sich eingestehen, wäre nicht gelungen. Vielleicht, überlege ich mir, ist es aber auch so: Die Welt hat auf Inseln eine andere Größe, Fallhöhe und Dramaturgie. Anders ausgedrückt: Wo Polizei unsichtbar sein kann, da bedarf es auch keiner Schauspieler und Theatermacher. Und wie es hier schwerfällt, der Verstellung und dem Anderen-etwas-Vormachen eine eigenwertige, nämlich die Größe einer theatralischen, dramatischen Dimension zu verleihen, so gibt es in dieser Landschaft auch eine entdramatisierende Form der Globalisierung. Das soll keineswegs heißen, globale Ereignisse und Veränderungen wären auf den Bildschirmen und darüber hinaus hier nicht gegenwärtig, und natürlich verschonen manche ihrer Auswirkungen auch die Insel nicht. Trotzdem hat sich bis heute jener andere Maßstab für das Leben, für den matten Glamour des Alltäglichen erhalten.

Und plötzlich – ist es der utopische Funke, der mich streift? –, kommt mir bei diesen Überlegungen ein Bild des *Landscape writing* in den Kopf: *»Inseln im Landmeer«*. Ohne Zweifel, Inseln ist es vorbehalten, einen zeitgemäß-unzeitgemäßen Abstand zu den Strömungen der großen Landmassen zu bewahren. *»Inseln im Landmeer«*, diese Formulierung des Schriftstellers Guntram Vesper, gibt aber einen wertvollen Hinweis, der darüber hinausreicht. Was nämlich könnte uns daran hindern, Inseln auch aus dem angeblichen Festland auftauchen und sie gleich Atollen und aktiven Vulkaninseln stetig wachsen zu lassen? Wer könnte verbieten, an jeder Stelle der Erde ein Archipel balancierter Landschaften entstehen zu lassen, das sich zu einem neuen Lebenszusammenhang verbindet? Wenn man über distanzierte natural-soziale Räume nachdenkt, in denen Landschaften aus dem Dilemma befreit werden, einerseits Kompensationsgelände leistungsbeanspruchter Psychen, andererseits ertragsmaximiertes Produktionsgebiet zu sein, spricht viel für ein lokalistisches Denkens, das sich um den Topos der Insellandschaft entfaltet und sich global auswirkt.

Zuletzt gehören sich im Post-Xenía die Tische wieder selbst und niemand nimmt mehr die Stühle für sich ein. Nachdem die Athenerin und kurz daraufhin auch der zypriotische Autor mit der Fähre abgereist sind, sitzen wir, die Journalistin aus Chicago und ich, vor einer Flasche Wein, der denselben Namen trägt wie die Insel. Durchs Fenster beobachten wir am Himmel die Kondensstreifen von Düsenflugzeugen, unterwegs nach Kairo, nach Tel Aviv. Wie Sehnen, weiß, dünn, gespannt. Das bleiche Leuchten des Tags verzieht sich ohne lange zu zögern ins Dunkel der kykladischen Nacht. Und wie in einem alten Gangsterfilm wirft sich der Wind mit der Schulter gegen die Glastüren der Terrasse.

Es mag am Wein liegen, oder weil man auf der Insel an einem bestimmten Punkt immer ins Erzählen kommt, was mein weibliches Gegenüber dazu bringt, mir von dem einzigen Dichter zu berichten, den Páros hervorbrachte. Es sei nicht viel bekannt von diesem Zeitgenossen Hesiods und Homers, sagt sie, soviel aber doch, dass seine Spottzunge es nicht lassen konnte, die damals so beliebte Heldenepik zu verhöhnen. Statt dem Heroismus das Wort zu reden, fährt sie nach einem Schluck Wein fort, zeigte dieser Archílochos den Mut, die Feigheit zu rühmen und die Kunst, sich rechtzeitig aus dem Staub zu machen. Vermutlich, weil er als Sohn einer Sklavin und einfacher Soldat nur zu gut Bescheid darüber wusste, wer außerhalb der Epen die Knochen hinzuhalten hatte. Ohne auf die Versatzstücke der Tradition zu setzen und damit Anerkennung und Reichtum zu erlangen, fährt die Frau aus Chicago fort, sei er der erste Dichter gewesen, der im eigenen Namen sprach, aus individueller Erfahrung und auf eigenes Risiko.

Viel habe sich von ihm nicht erhalten. Bruchstücke, Sprachstaub. Genügend immerhin, uns davon in Kenntnis zu setzen, dass er dem etwas großspurigen, gravitätisch daher schreitenden Hexameter einen anderen Versfuß entgegen stellte, den leichtfüßigen, im fast beschwingt gleichmäßigen Versmaß sich bewegenden Jambus. Daneben, sagt sie und ihr Blick lässt mich zweifeln, ob sie das noch zu mir sagt, gehöre noch etwas anderes zu seinem Vermächtnis, der erste Frauenname im intimen Alphabet der Dichtung: *Neobule.* Mit ihr beginne die Reihe der Chiffren von Liebe und Leidenschaft, *Beatrice*, *Laura*, *Lili*, *Diotima.* In Fragmenten überliefert, erreiche uns dieser Ton, der den Gefühlskonventionen griechischer Aristokratie ebenso fremd gewesen sein müsse wie dem im Feld abgehärteten Ton viriler Eroberung. *»Wäre mir doch Neobules Hand zu streifen nur vergönnt!«* Liebestraum, Seufzer, Begehren. Verflogen, beinahe, wie die Zeit.

Irgendwann haben wir genug geredet, obendrein ist der Wein ausgetrunken. Draußen hört man noch den Wind und darin das vereinzelte, traumartige Bellen eines der Dorfhunde. Dann ein Autoradio, es schleift Musik, die raue Trauer eines Rembetiko, durch die Dunkelheit der Gassen. Dazwischen wirkt die Stille in diesem Haus der Literatur so offen, als hätte gerade jemand eine Frage gestellt. Wir lassen uns, umgeben von den Echos und Erinnerungen der Insellandschaft, Zeit mit einer Antwort.

Landschaft, Zeit und Kultur

»Hier am Fluss
Werde ich ruhig, ohne Grund,
Sein leerer Lauf
Spiegelt, namenlos und kalt,
Das vergebens gelebte Leben.«
Fernando Pessoa

Landschaften und Orte verweben sich wie Flechten und Myzele. Straßen und Häuser werden darin zu Lebewesen, mit denen das eigene Dasein eine Symbiose eingeht. Jede Gegend, der sich ihre Geschichte einprägt, verschmilzt mit den inneren Landschaften von Erinnerungen und Empfindungen der Menschen, die dort leben.

Zumindest entspricht das meiner Erfahrung, von der ich ausgehen möchte. Das heißt, von einem bestimmten Punkt im Raum. Von dort sehe ich den Hügel vor mir, wie er sich um den Flussbogen krümmt. Und ich sehe von meinem steinernen Gartentisch aus den Fluss, vollkommen klar von der Kälte der Wintermonate. Die rundgespülten Kiesel am Grund liegen wie hinter Glas, altem, ungleichmäßigem Fensterglas. Eingefasst vom Rahmen knochengelber Kalksteinschichten, die sich am Ufer übereinander legen. Unwillkürlich denke ich, wie oft habe ich das gesehen? Tatsächlich ist es in der langen Zeit, die ich nun schon am Fluss lebe, zu einem Teil meiner Erwartung geworden, meiner Gewissheiten und der unauffälligen Lieblosigkeit, die sich darin angesammelt hat.

Häufig gehe ich von da aus an der Flussbiegung entlang, wo mir die Gegend in den Wintermonaten so vorkommt, als wäre die Zeit darin ausgelöscht und alles eingefroren in einen einzigen winzigen Filmmoment. Dabei liegt etwas in der Landschaft, das besagt, dass sie ihre Verneinung in sich aufgenommen hat. Ein Ausdruck von endgültigem Scheitern geht von ihr aus, etwas nicht mehr Intaktes. Es gleicht jener dramatischen Tricktechnik, welche die Realität bisweilen aufbietet, um etwas Überraschendes, eine plötzliche Wahrnehmung, dem Schock anzunähern.

Von einem erhabenen Punkt

Doch nicht nur deswegen drängt es mich regelmäßig danach, eine andere Perspektive einzunehmen. Dann wandere ich auf eine nahe Erhebung, deren Name sie zum Berg erklärt. Von dort oben lässt sich das Charakteristische der Landschaft gut erkennen, die typischen Züger geometrischer Landschaft, von denen die Einteilung der Felder und Waldstücke bestimmt wird. Die Saat- und Pflanzformen gehorchen der Ordnung paralleler Linien, ebenso die Wege. Was für die agrarische Nutzlandschaft gilt, kann man in ähnlicher Form auch anhand der Siedlungsformen feststellen. Die neu hinzugekommenen Teile des Dorfs, auf das ich mit seinen exakt vermessenen Baugebieten blicke, sind mit quadratischen Grundstücken und rechteckigen Häusern versehen. Aufgereiht an schnurgeraden Straßen gehorchen sie dem linear organisierten Formwillen, der sich von dem wirren Haufen teils Jahrhunderte alter Gebäude, zu denen auch unser Haus am Fluss gehört, mit ihren krummen Gassen wie etwas Konträres absetzt.

Orte liefern Identitätsmuster. Ihre Prägekraft haben vor allem Architekten und Stadtplaner oft hervorgehoben. Beim Versuch zu begreifen, wer wir sind, fallen uns häufig Orte ein. Zusammen mit bestimmten Geschichten sind wir in ein eigentümliches Ortsnetz verstrickt. Auch wenn wir uns distanzieren und einen gewissen Abstand zwischen uns und gewisse Landschaften und Orte legen, bestätigt das ihre Wirkmacht. In Landschaften reflektieren sich Kulturformen und Mentalitäten. An ihnen lässt sich das normative und rationale Gerüst ablesen, mit dem Gesellschaften sich formatieren, stabilisieren und reproduzieren. Im Folgenden will ich daher versuchen, diesem Verhältnis nachzugehen, wobei ich noch einmal die Flusslandschaft in den Mittelpunkt stelle. Ich gehe also von der Überlegung aus, dass Landschaft und Kultur sich gegenseitig spiegeln: die Kultur der Landschaft findet in den kulturellen Landschaften ein Echo.

Aus diesem Grund kann uns ihr Charakter, ihre Konfiguration nicht egal sein. Was es nun an der Linearität wahrzunehmen gilt, ist ein Vernunftprinzip, das verspricht, den naturwüchsigen Raum einer wünschbaren Klarheit und Ordnung zu unterwerfen. Das erlaubt im Weiteren, die vermeintliche Irrationalität der Natur in die Rationalitätsform von Effizienz und Produktivität umzuwandeln, und sie damit derjenigen einer Industriegesellschaft anzugleichen, welche Ertrag, Zeitaufwand und Investition genau berechnet. Kurz gesagt: Im Prinzip Linie bildet sich ökonomische Macht ab.

Diese Entwicklung hat eine längere Geschichte. Sie zeigt sich früh in den zivilen Räumen einer der Renaissance vorschwebenden Idealstadt oder bei der vom Krieg definierten *architettura militare*. Später etablieren dann die Techniken der Mobilität mit Bahnlinien, Schiffslinien, Autobahnstrecken und Fluglinien eine durchgreifende Lineatur des Raums. Es gehört zu dieser modernen Wahrheit dazu, dass die linientreue Kultur ein Gebilde von Geschwindigkeit und Beschleunigung ist. Das führt zu Effekten von Verhärtung und Brutalisierung. Der im Bogen herabfallende Wasserstrahl verwandelt sich, wenn man ihn extrem beschleunigt, zu etwas Geradem, das in der Lage ist, Granit zu durchtrennen. Selten wird die innere Verbindung von Geschwindigkeit und Gewalt augenfälliger.

Dass die westliche Schrift mit ihren geraden Linien in diesem Prozess eine ganz wesentliche Rolle spielt, wird man heute, nach den Forschungen der Medienwissenschaft, kaum noch bezweifeln können. Denn die Welt zu verstehen, sie also in Sinneinheiten zu ordnen, bedeutet, sie in Linien zu schreiben und aus Linien wieder herauszulesen. Entsprechend reicht die Strahlkraft der Linie tief hinein in die kulturellen Muster eines gelungenen Lebens. Von ihr aus bemessen sich Schlüssigkeit und Sinn eines zielorientierten, geradlinigen Lebensentwurfs, wie er sich vorzugsweise im sozialen Raum beruflicher Karrieren abbildet. Der Erfolg, nicht religiöse oder moralische Vervollkommnung, bietet dem Individuum der Leistungsgesellschaft den richtungsweisenden Fluchtpunkt, auf den es geradewegs zuzustreben gilt. Davon abzuweichen, verlangt einen auffälligen Mangel an Rücksicht und Konzilianz.

Das Ideal der Linie ist unserer westlichen Kultur tief eingeschrieben. Es führte nach allgemeiner Überzeugung zum Fortschritt, die Linie war selbst der Fortschritt. Sich ablenken zu lassen, Irritationen, Zweifeln und störenden Einflüssen Raum zu geben, liegt, streng genommen, außerhalb ihrer Definition. Im Blick auf den landschaftlichen Raum offenbart sich dieser Sinn von Rationalität. Im geosymbolischen Terrain wird er zu einer emotionalen und geistigen Organisationsform.

Das Andere aber ist der Fluss. Wenn meine Augen von meinem höher gelegenen Standpunkt aus der Bahnlinie folgen, wie sie seit dem 19. Jahrhundert am Dorf vorbei das Tal durchschneidet, sehen sie, wie die Schienen den Fluss, der sich mit seinen Windungen von einer Talseite zur anderen biegt, immer wieder überbrücken müssen. Der Mäander unterläuft und durchkreuzt die Linie. Zu seiner Eigenart gehört die unendlich lange Berührung, gehört jene Verbundenheit von Fluss und festem Boden, wodurch sich die einzigartige Form herausgebildet hat, mit der nun beide aneinander liegen. Strömung und Ufer stehen in andauernder Wechselwirkung und bilden so eine gegenseitige Beziehung.

Die Linie organisiert das Höchstmaß und bedeutet eine Art Superlativ der Form: am direktesten, kürzesten, schnellsten. Hingegen wird man den Mäander allenfalls komparativisch begriffen können, also im Verhältnis zu etwas anderem, zu einer komplexen Umwelt, die er berührt und die Teil seiner Form wird. Linien sind das Ergebnis möglichst totaler Eigenbestimmung. Der Mäander ist Resultat eines Wechselspiels. Er folgt einem Realismus, der, umgebungsbezogen, mit höheren Komplexitäten und ständigen Austauschprozessen zu rechnen gelernt hat. Mit dem linearen und mäandernden Prinzip begegnen wir dem Gegensatz von hegemonialer und balancierter Landschaft.

Vor Ort habe ich begriffen, jeder Flussgrund treibt, jedes Ufer bewegt sich. Auch als Feststoffe sind sie Teil des Flusses, Teil einer Umwelt mit einbeziehenden Parabiose. Wichtig ist, den Mäander als Bewegung zu begreifen, die sich auf das Umliegende passiv wie aktiv bezieht: nämlich sowohl davon geformt wird, als auch dieses selbst formt. Die stetig sich verändernde Kurvenlinie mit ihrer Variation an Krümmungen bringt eine zweifache Wirkung oder Beeinflussung zum Ausdruck. Sie ist eine Art Graphik fremder und eigener Kräfte, von deren untrennbarer Wechselseitigkeit und einem Prozess komplexer Interaktionen.

Aus der gewundenen Form dynamischer Fließsysteme lässt sich die unablässige gegenseitige Infiltration ablesen. Strömung und Ufer, Fluss und Umgebung – das eine löst das andere aus und beide zusammen bilden eine selbstentwickelnde Korrelation. Während lineare Gebilde aus ihrer Einseitigkeit einen Machtanspruch über den Raum ableiten, liegen die organisierenden Kräfte des Fließens im Gefälle, dem Zuströmen und einem dynamischen Wechselspiel.

Wir sollten uns bewusst sein, dass Linearität eine finalistische Logik im Mittelpunkt der auf Effizienz und Schleunigkeit ausgerichteten Welt begründet. Dem setzt der Mäander die langsame, rücksichtsvolle Form einer spezifischen Umständlichkeit entgegen. Umständlichkeit ergibt sich, wenn eine Art Gemeinschaft angenommen wird, die es erschwert, sich über das Andere, ob Ding oder Lebewesen, schlechterdings hinwegzusetzen. Aufgrund dieser Eigenart entsteht beim Mäander ein Gebilde von Abstimmungen oder Entsprechungen, von zeitlichen und räumlichen Korrespondenzen, *»wie lange Echos, die in weiter Ferne sich verweben / In einer finsteren und tiefen Unzertrennlichkeit«*. Was Baudelaires Gedicht zum Ausdruck bringt, zeigt eine Art und Weise, mit jener Instabilität umzugehen, die eine bestimmende Eigenschaft des Lebens ist, und ihr dabei das Fürchterliche zu nehmen.

Einen erstaunlichen Moment in der Kunst halte ich in diesem Zusammenhang für besonders erhellend. Ich denke an eine Arbeit von Marcel Duchamp, und es fällt mir tatsächlich schwer, darin nicht jenen Wendepunkt der Moderne zu sehen, der für Duchamp selbst, wie er später sagen wird, *»die Hauptquelle meiner Zukunft erschloss«*. 1913 spannt er zwischen seinen Händen einen weißen Faden, den er zuvor nach der Maßnorm von einem Meter abgeschnitten hat, wie sie im Nationalarchiv in Paris auf einem Platinstab durch zwei Einkerbungen festgelegt ist. Dann lässt er die straffe Linie aus exakt einem Meter Höhe auf eine am Boden liegende Leinwand fallen, *»sich drehend, wie es mag«*. Anschließend wiederholt er den Vorgang mehrere Male. Dabei stellt er fest, alle drei Fäden haben sich in Schlangenlinien angeordnet. Als er die Fäden schließlich mit Firnis auf die preußischblau gestrichene Leinwand klebt, ist ihm klar, er fixiert jene Spielart von Freiheit, die man gemeinhin als Zufall bezeichnet.

Vielleicht übertreibe ich, aber ich bin davon überzeugt, *»3 Stoppages Etalon«* ändert mit einem verwegenen Schritt, den die Kunst auf die Information zu macht, die Gespanntheit einer Epoche und damit deren kulturelle Konfiguration. Die Überzeugungskraft kultureller Formen hängt aufs Engste mit der Zeichenhaftigkeit zusammen, die Gesellschaften ihrer materiellen Umgebung, vor allem auch den Landschaften, aufprägen oder einschreiben. Denn kulturelle Konfigurationen geben allgemeine Muster individueller Überschreibungen an die Hand. Sie bewirken dadurch entsprechende Überformungen der natürlichen oder geschichtlichen Realität. Heute gibt uns vor allem die Linie in ihrer geraden Form dafür ein großartiges Beispiel.

Genau aus diesem Grund betrachte ich Duchamps fallende Fäden – und ihre Ähnlichkeit mit dem Fluss da unten ist nicht zu übersehen – als weit mehr denn bloß ein Faktum der Kunstgeschichte. Richtig verstanden, ist es ein Akt der Revolte. Jede Gerade widerspricht der Biegung, der Schleife, dem Gekrümmten und der Gegenwendung. Widerspricht ihr nicht nur, sondern setzt sich ihr mit aller Kraft entgegen. Das Andere, über das es deshalb unter dem Blickwinkel von Landschaft und Kultur tiefer nachzudenken gilt, ist der Mäander.

Der geteilte Fluss

Nicht allein wer Romane und Erzählungen schreibt, macht die Erfahrung, jeder Ort – jeder Landstrich oder Straßenzug, Fluss oder Fabrikkomplex – ist ein Akteur wie alle übrigen Personen. Als Akteure nehmen sie Teil an einem Geschehen, einer Handlung, die sich in der Zeit vollzieht. Doch gerade das Medium der Geschichten, die Zeit, bleibt dabei in aller Regel undeutlich.

Das kann deshalb so sein, weil die uns alle bestimmende Vorstellung darin besteht, dass die Zeit fließt. Unser temporales Selbstverständnis verdankt sich dem Leben an Flüssen. Das Fließen hat die Städte und Kulturen, die an Flüssen gediehen, mit Zeit inspiriert. Das hat sich, über einen langen Zeitraum, eingespielt. Marc Aurel, der seine »Selbstbetrachtungen« zum Teil in der aufstrebenden Militär- und Donaustadt Carnuntum diktiert, formuliert diese Grunderfahrung mit dramatischen Worten: *»Die Zeit ist ein Fluss, ein ungestümer Strom, der alles fortreißt (rheuma biaion).«*

Denken wir an Wüstenvölker, so wird intuitiv deutlich, dass ihre Fantasie kaum dazu verleitet sein wird, die Zeit fließen zu sehen. In ihre zeitliche Erfahrung dringen vielmehr Bilder ein, die sich mit Staub verbinden, mit Schwebendem, Fliegendem, Fortgewehtem. Auch mit etwas, das zerrinnt. Jägerkulturen wird es zur unmittelbaren Plausibilität, dass die Zeit flieht und dahinjagt. Eine entsprechende Ethnografie der Zeit kann uns darüber hinaus mit ausreichend Beispielen versorgen, wie der Zeit Bilder aufgeprägt werden, um sie erfahrbar und aussprechbar zu machen.

Metaphern, die in den ontologischen Rang von etwas Wirklichem aufrücken, obgleich kein Mensch jemals gesehen haben dürfte, wie sich die Zeit bewegt. In Bewegung waren immer nur Blätter, Wolken, Vögel, Uhrzeiger, Wasser, Sandkörner oder Quarzkristalle. Wer also unter den Dingen, die im Universum Raum einnehmen, nach der Zeit sucht, wird höchstens auf zahllose Verwandlungen treffen, auf Entstehen und Verfall, im subatomaren wie im astrophysikalischen Raum. Derart tritt uns die Zeit letztlich als das kalte, dunkle Medium entgegen, worin sich alles verbraucht und verliert.

Seit jeher, davon erzählen Jahrtausende literarischer Überlieferung, unterlag der deprimierenden Zeit auch das menschliche Schicksal. Dabei besaßen nicht einmal Götter die Kraft, ihr zu entgehen. Selbst Götter, das zeigte sich bereits der Antike, waren vergänglich, selbst sie hatten ihre Zeit und Befristung. Ein neues Geschlecht folgte dem alten nach. Ähnlich wie man einen Fluss nicht aufzuhalten vermochte, war es mit der Zeit, in der sich das je eigene Leben bewegte und verbrauchte. Die Zeit selbst war nicht zu fassen, nicht in den Griff zu bekommen. Die Erfahrung zeigte eine unförmig schlingende, zermahlende Kraft.

Das Bild davon ist vielfach bezeugt: Der mit Kronos mythisch verschmolzene Saturn frisst seine Kinder. Dagegen ließ sich nichts ausrichten, man konnte allenfalls davon erzählen. So war die Zeit der verschwiegene, geheime Gott aller Erzählungen. Seine Interventionskraft trat vor allem bei Geschehnissen hervor, mit denen es eine besondere Bewandtnis hatte. Im Nachhinein, im Erzählfluss, konnte man nämlich nur schwer dem Eindruck entgehen, die einst strömende Zeit hätte sich an bestimmten Wendungen mit einem Mal abgelagert wie ein Sediment, das auf alle Ereignisse herabgesunken war und sie verfestigt und versteinert hatte, zur Geschichte, zum Mythos.

Sich der überwältigenden Macht der Zeit zu widersetzen, erschien der Antike entweder ketzerisch oder komisch. Es bot sich allerdings noch eine andere Möglichkeit, gegen das Schicksal anzugehen. Sie lief auf einen technischen oder medialen Kunstgriff hinaus. Er erforderte, der amorphen, chaotischen Zeit eine Form zu geben. Diese entstand, indem man an den fatalen, wirbelnden Fluss herantrat und das Wasser teilte.

Abgesehen von der paläolithischen Erfindung der Bilder und Symbole hat sich keine kulturelle Schöpfung als derart folgenreich für die menschliche Geschichte erwiesen wie die techno-mediale Beteiligung an der Zeit. Möglich wurde sie, weil einigen Vorkommnissen das Vorrecht verliehen wurde, als Einschnitte zu gelten. Kriege, Naturereignisse, die Geburt eines neuen Herrschers. Zeit wurde Zäsur. Und das diffuse Geschehen formte sich so zur unterscheidbaren Folge von Begebenheiten. Festgehalten auf

Stein, Ton oder Tierknochen verwandelte sich, was zuvor lediglich vorgefallen und vorbei war wie alles Übrige, zum gravierenden Datum. Was das einschneidende Ereignis dadurch an einzigartiger Qualität hinzugewinnt, ist seine Haltbarkeit. Denn jetzt zählt es. Jetzt ist es das fünfte Jahr einer Regentschaft oder der Tag eins nach einer Sonnenfinsternis.

In der chronischen Zeit beginnt der allgemeinte Raum des Gedächtnisses sich zu formen, indem er eine Abfolge und Reihe von Zeit anerkennt. Das bleibt fortan ein anhaltender Ansporn. Und so reißt auch die Anstrengung, die einmal vorgenommenen Zäsuren noch genauer, das heißt die Abstände zwischen ihnen geringer zu machen, über Jahrtausende hinweg nie völlig ab. Die Orientierung in der Zeit führt schließlich zur Koordination der Zeit selbst. Die Zeugnisse davon reichen von chinesischen Schattenstäben und ägyptischen Wasseruhren über mittelalterliche Räderuhren bis zur heutigen Atomuhr.

Die unbegreifliche Zeitlichkeit unserer Existenz ist nunmehr auf technische Weise gegenständlich geworden. Ein wesentliches Merkmal dieses Prozesses ist es, dass die Zeit im Gefüge tausendfacher Zäsuren und Daten eine merkliche Verdichtung und Festigkeit erfahren hat. Sie wurde allmählich: *Die Zeit.* Und schließlich dann: *Unsere Zeit.* Aus einem Mysterium bildet sich eine Form, mit der Menschen gewissermaßen Herren der Zeit werden. Dessen ungeachtet blieb Zeit das diskrete Etwas, dessen Fortgang und Nachbearbeitung feinste Details und Ereignispartikel in sich aufnehmen kann. Damit stellt sie ein flexibles Maß zur Verfügung, woran sich jeder mit privaten wie auch mit kollektiven, mit intimen wie mit öffentlichen Erinnerungen und Daten festhalten kann. Man könnte sagen: mit allem, was man ist.

Der obskure, unfassbare Fluss der Zeit ist zur griffigen Information geformt, indem die Zeit in eine handhabbare, technisierbare, kommunizierbare und verallgemeinerbare Form gebracht wurde. Der Menschheit war es gelungen, Zeit wie Hausschweine oder Weizen zu kultivieren. Aus dieser Informiertheit der Zeit lassen sich vielfältige Formen sozialer Zeit generieren. Heute sind wir vom temporalen Interieur unserer Existenz wie von Kulissen eines absurden Theaterstück umstellt: Geschäftszeiten, Liefertermine, Zahlungsfristen, Fertigstellungszeiträume, Just-in-time-Produktionen, Zeittakte, Zeitbudgets und Zeitfenster, Stundenpläne, elektronische Timer, kurzfristige Verlängerungen, Terminschwierigkeiten, Zeitmanagement von Zeitschienen, Zeitplänen und Zeitrahmen, Zeitarbeit, Zeitdruck und laufend mehr Zeitbedarf.

Die Zeit ist zum Regime über das Ereignis geworden. Ein Regime, das alles Geschehen und jeden Einzelnen in seine spezifische Zeitökonomie einordnet. Europas doppelte Buchführung der Zeit, Mythos und Geschichte, hat sich in den feinen Maschen der Minuten und Sekunden aufgelöst. Wann, müssen wir uns fragen, hat die Zeit begonnen, die Zeit zu liquidieren? Und wann wurde der verlorene Stolz des Ereignisses eine so globale Erscheinung, dass ich sie inzwischen fast überall beobachte?

Von unserer Gegenwart aus betrachtet, ist es kaum vorstellbar, dass die Zeit nicht auf ihrer Achse, auf ihrer Skala oder Leiste fortschreitet, dass sie mäandert und sich, wie sie will, in verschiedene Richtungen bewegt. Es braucht schon sehr spezielle, beispielsweise physikalische Modelle, um abweichende Verläufe denkbar zu machen. Ansonsten haftet der Zeitlinie, auf der sich unser Leben vorwärts bewegt und die uns längst in Fleisch und Blut übergegangen ist, naturgemäß etwas Serielles an. Wie übermächtig diese Formkraft tatsächlich ist, lässt sich an der *Timeline*, dem millionenfachen Lebenszeitschema des digitalen Facebook-Subjekts, ablesen, mit dem sich das Selbst auf die sozialen Plattformen ausweitet. Unser Umgang mit Zeit spiegelt die Geometrie der linearen Sequenz. Ein Schematismus, dem sich eine andere Zeit nur schwer oder überhaupt nicht erschließt. Er findet sich kulturell so tief verankert, dass er auch den landschaftlichen Raum überformt.

Was Claude Lévi-Strauss als anekdotisches und geometrisches Denken unterschieden hat, lässt sich, im Blick auf Zeit, in die Differenz von erzählerischem und linearisiertem Bewusstsein übertragen. Wir können im Leben einem Grundimpuls nach Ordnung nicht entrinnen, der uns dazu veranlasst, den Bewegungen und Geschehnissen, die an unseren Körper und an unser sinnliches Leben rühren, eine Form zu geben. Wir müssen ihnen eine Gestalt verleihen, sie in eine Figur hineinziehen. Dabei steht das aufgezählte Leben dem erzählten Leben gegenüber, wie die gerade Linie dem Augenblick, von dem an manches oder alles eine andere Wendung nimmt.

Es ist meine feste Überzeugung, dass wir die Ressourcen des erzählerischen Wissens in unserer Kultur preisgeben, wenn wir uns ganz der Zeit der Linie anheimgeben, ihren sequenzierten Marken und Zeichen. Denn wir würden uns damit in eine eigentümliche Zeitvergessenheit hinein bewegen.

Wie nahe sind wir alle am Fluss? Man kann diese Frage nicht von derjenigen trennen, die wissen will, von welcher Vorstellung wir uns leiten lassen, wenn wir von der Zeit sprechen: Mäander oder Kanal? Von einer balancierten Landschaft fluider Kräfte oder von hegemonialen Raumformen?

Die kulturellen Schichten, auf denen die Landschaft der Beschleunigung und Beherrschung basiert, reichen tief, bis in die ontologische Information hinein, welche die Zeit darstellt. Man würde den sachlichen Kern aber verfehlen, stellte man zwischen der linearisierten Form von Schrift, Zeit und Landschaft Verbindungen von Ursache und Wirkung her. Trotzdem trifft die Feststellung zu: Das Buch der Natur oder, um genau zu sein: die Natur der Landschaft entziffert sich in der Natur der Schrift und dem Wesen der Zeit.

Die landschaftlichen Formungskräfte erschöpfen sich keineswegs mit Nutzungsplänen, Traktoren, Agrochemie und Biotechnologie. Ohne deren praktische Wirksamkeit in Abrede zu stellen, gilt es doch zu verstehen, wie die landschaftlichen Formungskräfte kategorialen Überzeugungen entspringen, die sich auf Zeit und Raum beziehen. Landschaften besitzen eine kulturelle und semantische Tiefenstruktur. Ihre Verschiedenheit, ihre natural-soziale Gestalt erschließt sich erst, wenn man die Eigenheit und Reichweite dieser Struktur erfasst. Der Fluss als Metapher, Denkfigur und Landschaftsphänomen kann uns beim Versuch einer solchen Dechiffrierung weiterhelfen.

Metaphysik des Fließens

Innerhalb der westlichen Denkgeschichte muss man die Grundlosigkeit der Menge intellektueller Unterschlagungen zurechnen. Spielt der Begriff »Grund« einerseits doppeldeutig mit der menschlichen Daseinsweise von Raum und Rationalität, so verspricht er auf der anderen Seite eine besondere denkerische Festigkeit und in der Konsequenz verlässliche Standpunkte. Weil fluides oder aviatisches Wissen, gebaut auf Grundsätze, unvorstellbar erschien, forschte eine lange Reihe philosophischer Denker, beginnend bereits mit Aristoteles, nach dem Grund. Am besten: dem letzten Grund.

In neuerer Zeit bilden die Höhepunkte dafür Schopenhauers Schrift »Über die vierfache Wurzel des Satzes vom zureichenden Grunde« sowie Heideggers Überlegungen »Vom Wesen des Grundes«. Heideggers Recherche nach der Seinsgrundlage versucht in Erfahrung zu bringen, *»was wir Grund zu nennen pflegen: der Grund des Was-seins, des Daß-seins und des Wahr-seins«*. Da dem Grund somit eine *»wesensmäßige Beziehung«* zur Wahrheit innewohnt, lassen sich Gründungen – etwa von Existenzen – oder Begründungen – etwa von Wahrheitsansprüchen – naturgemäß nur schwer in grundlosen Medien wie Luft oder Wasser bewerkstelligen, wo man leicht im Bodenlosen versinkt. Gründliches Denken, und das allein kann Denken des Seins sein, hat für Heidegger wesentlich mit Bodenständigkeit, mit Feldwegen zu tun.

Das Flüssige steht in epistemologischer Konkurrenz gegen das Feste. Unser modernes Denken bildet darin einen antiken Widerstreit ab. Deshalb lohnt sich ein kurzer Blick auf die westliche intellektuelle Szenografie. Ausgehend vom antiken Griechenland durchzieht ein folgenreicher Antagonismus wie ein roter Faden die europäische Kosmologie: die Frage nämlich, ob die Welt flüssig oder fest sei. In der frühhellenischen Auffassung, wie man sie in Homers *»Ilias«* und in der *»Odyssee«* antrifft, spiegelt sich vermutlich der sumerisch-babylonische Schöpfungsmythos wider, des »Enuma Elisch« mit seiner Gottheit Apsû. Demzufolge existiert eine weltumfassende Grundströmung, der Okeanos. Als Ursprung aller Gestalten und Formen ist er nicht bloß *»in sich zurückfließend«*, er bildet auch die Grenze zum Nichts, zum Chaos. Aus dieser ewig zirkulierenden Flüssigkeit, einer Art mythischen Ursuppe, gehen auch Götter hervor, die Erstgeborenen des Flüssigen.

Homers Mythologem über die Besonderheit der *prima materia* erfährt allerdings bald Widerspruch. Hesiods Theogonie hält ihm eine alternative Ursprungslehre entgegen. An die Stelle eines heimtückischen, schwankenden Ozeans, der den seefahrenden Griechen stets Anlass zur Furcht bot, wurde *Gaia* gesetzt, die Erde. Aus ihr geht laut Hesiod, der als Bauer an ein Leben auf harten böotischen Böden gewöhnt war, alles Seiende hervor. Als Lebensbasis ist sie *»fort und fort sicherer Sitz von allen«*.

Die anhaltende Polemik über Urstoffe hat hier ihren Anfang. Und natürlich ändern sich mit dieser elementaren Umorientierung, die den Menschen festen Boden unter den Füßen verschafft und die fluide Grundlosigkeit des Seins tragfähig macht, die Verhältnisse in der Welt radikal. Entsprechend verschieben sich die kosmologischen Metaphern vom Fließen zum Grund, vom Strom zum Erdboden, vom Wässrigen zur Konsole.

Doch wollen Gegenstimmen, die vom fluiden Anfang nicht abzurücken bereit sind, nicht verstummen. Eine der bedeutendsten darunter ist Thales, der in Milet an jener kleinasiatischen Meeresbucht lebt, in die der Mäander mündet. Thales, den bereits das Altertum als Flussforscher und Fließtechniker rühmt, der die periodischen Nilüberschwemmungen zu erklären und einen Fluss umzuleiten wusste, bleibt bei der Ansicht, dass *»das Wasser der Ursprung aller Dinge«* sei. Anaximandros, sein jüngerer Mitbürger, steigert den Abstraktionsgrad dieses naturphilosophischen Denkens, indem er davon ausgeht, dass alles eine fließende Kraft voraussetzt, mit der *»das Werden nicht aufhört«*. Es scheint damit, als löste sich die von Hesiod konsolidierte Welt wieder auf. So erkennt Aristoteles in der Überzeugung, der Anfang aller Anfänge entspringe aus Liquidität, den Beginn der Philosophie. Und in der Tat setzt das philosophische Denken mit Fluktualisten ein, die sich statt fürs Sein für das Werden aussprechen und die im Anfang die *Arché*, die Ursprungsquelle, zu bedenken versuchen, nicht den Grund.

Wir sind bis in die Gegenwart Erben dieser kosmologischen Kontroverse. Noch immer verbindet sich mit dem Fluiden für uns dasjenige, was wandelbar und vorübergehend ist, mit dem Festen aber Wesenheit, das Ideale und die unveränderliche Substanz. Es ist dieser Gegensatz, der die westliche Auffassung von Wirklichkeit so tief geprägt hat wie nichts anderes. So war es kaum anders denkbar, als das religiöse Fundament des christlichen Abendlands, der Bibel zufolge, auf Fels zu bauen. Dass jeder Fels auf Flüssigem schwamm und jedes Bergmassiv anderen Kontinenten zutrieb, diese erschreckend unsolide Welt konnte man sich bis zu den

Theorien von Alfred Wegener und Harry Hammond Hess schlicht nicht vorstellen.

So zutreffend das Gesagte ist, könnten sich an diesem Punkt doch Zweifel darüber melden, ob man sich nicht in Kosmologie und Mythos verliert, wenn man dem kulturellen Raum von Flusslandschaften bis in die antike Vergangenheit nachgeht? Oder gewinnt man aus derartigen Nachforschungen, die die Typologie erinnernder Landschaften womöglich überbeanspruchen, eine erweiterte Sichtweise auf den ›Grund‹ der Landschaft? Sprich: Auf die bis heute vorherrschende Tendenz, gesellschaftlich bislang nicht erfasste Landschaften von Grund auf absichern, ordnen und der Zivilisation einfügen zu wollen? Anders gefragt: Warum entpuppt es sich als eine abendländische Konstante, die Landschaft natürlichen, selbstorganisierenden Fließsystemen exemplarisch zu entziehen und unter die Kontrolle menschlicher Vernunft zu bringen?

Um unseren Blick für die antifundamentalistische Gegenbewegung, welche sich dem Grund-Denken entzieht, zunächst noch etwas mehr zu schärfen, für eine Bewegung also, die sich in der Moderne erst einmal als Unterströmung ausbildet, ist es hilfreich, nach einer Art transzendentaler Lehre des Wassers Ausschau zu halten. Es gibt sie in der Tat. Sie verbindet sich mit Edmund Husserls Überlegungen zum *»absoluten Fluss«*. Husserl, jener seltene Typus eines Denkers, der die Größe besitzt, wissenschaftliche Disziplin mit dem eigenen Lebensinhalt komplett zur Deckung zu bringen, bleibt zeitlebens ein Optimist darin, menschliches Erkennen könne sich selbst durchdringen. Bei seinen Forschungen zur Selbsterkenntnis des Bewusstseins, aus denen neben zahlreichen Büchern vierzigtausend unveröffentlichte Seiten resultieren, stößt er irgendwann auf eine merkwürdige Tiefenströmung. Er nennt sie *»der absolute Fluss«*.

Der *»absolute Fluss«:* Wo fließt, wo entspringt, wo mündet er? Wie weit muss man sich von der bekannten Welt entfernen, um beim Abenteuer des Denkens auf jenes Territorium vorzudringen, das er durchströmt? Und kann die Husserlsche Kartografie der Zeit, denn darum handelt es sich, den Raum tatsächlich lesbar machen oder zumindest die Dinge, denen man darin begegnet?

Vielleicht ist es am besten, sich angesichts dieser kniffligen Fragen von der Annahme leiten zu lassen, bei Husserls Phänomenologie handele es sich um einen intellektuellen Tourismus, der unter anderem die Reise zum *»absoluten Fluss«* anbietet. Das verlangt auf der ersten Etappe, dass man sich ein paar Reisevoraussetzungen vergegenwärtigt. Dazu gehört die Einsicht, dass die Zeit nichts Eigenständiges ist, das man von den Erscheinungen, wie wir sie um uns herum antreffen, ablösen könnte. Sie lässt sich, obwohl alles von Zeit durchtränkt ist, auch nicht aus der Erscheinungswelt herausdestillieren wie Alkohol aus Wasser. Zu sagen, wir hätten Zeit, wie wir beispielsweise Geld oder Geduld haben, führt nicht weniger in die Fallen der Grammatik und damit letztlich in die Irre.

Es genügt vorab jedoch, sich klar zu machen, dass alles vergeht, um den paradoxen Schluss zu ziehen: Die Zeit ist temporär. Aber trifft das auch für diese Einsicht selbst zu? Oder ist das Wissen, dass alles vergeht, womöglich das einzig Unvergängliche?

Fragen, die wir, den philosophischen Guide Husserl zur Seite, als Wegzeichen benutzen können, die näher an den *»absoluten Fluss«* heranführen. Nämlich an jenen *»Urstrom«*, so nennt ihn Husserl gelegentlich auch, den unser Bewusstsein als innere Bewegung erfährt, die Welt zu verzeitlichen. Denn anders könnte die Welt für uns gar nicht existieren. Zeit ist das mentale Medium, in dem die Erscheinungen uns erst erscheinen können. Darin liegt eine wichtige Eigenheit der evolutionären Genialität des Bewusstseins. Ohne Zeit, ohne diese Arbeitshypothese eines intelligenten Systems wie des menschlichen Gehirns, bliebe alles absolut unscheinbar, für immer. Nichts würde auch nur zum kleinsten Sinneseindruck gerinnen. Infolgedessen wäre kein einziges Ding für uns in der Welt und würde darin die subjektive Kontur einer Erfahrung gewinnen. Das Universum stünde nicht bloß still, es wäre eine endlose, lichtlose Leere, ohne Bewegung, ohne ein Stäubchen Materie.

Die Wirklichkeit badet unaufhörlich im *»absoluten Fluss«*, dem sie, wie eine Göttin der Liebe, stets aufs Neue entsteigt und sie bezaubert uns dabei immer neu, weil in unserem eigenen Bewusstsein strömt, woraus sie jeder Zeit hervorgeht.

Das bedeutet jedoch umgekehrt auch: Weil alles darin treibt, was uns zu Bewusstsein kommt, ist es niemand jemals vergönnt, in den *»absoluten Fluss«* zu steigen. Die Strömung der Zeit, die unser Bewusstsein trägt, bildet die rätselhaft subjektive Seite einer geballten Masse von Neuronen, die auf obskure Weise aus dem Dunkel und Chaos elektrochemischer Ereignisse die luzide Ordnung einer Erscheinungswelt entstehen lässt. Davor kann es nichts geben und danach erlischt alles. In der Zeit sind wir alle in jedem Moment Anfänger des Lichts.

Zwar meinen wir in aller Regel, Beobachter am Ufer der Wirklichkeit sein und von dort, von vermeintlich festem Grund aus, den Blick über unsere Zeit schweifen lassen zu können. Eine Täuschung, denn der Fluss, aus dem sämtliche Dinge auftauchen, die wir wahrnehmen, besitzt kein Ufer. Deshalb, und um die Illusionskraft der Metapher gleich unwirksam zu machen, nennt ihn Husserl absolut. Trotzdem, wenn man genauer hinsieht, erkennt man eine schwerwiegende Aufspaltung des Zeitflusses. Und sie lässt sich durch nichts aus der Welt schaffen.

Sie scheint durch in der Frage, ob Individuen, die sich mit jedem Bewusstseinsakt als Hervorbringer *der Zeit* erweisen, tatsächlich auch dazu imstande sind, die Hervorbringer *ihrer Zeit* zu sein? Sind wir es, wir Menschen, die jenen Fluss der Zeit erzeugen, in dem geträumt, gearbeitet, getötet und geliebt wird, in dem man durch die Welt reist, ein Kind großzieht, sich dann und wann durch die Nacht treiben lässt und all die Dinge tut, die das Leben ausmachen?

Um das zu beantworten, muss man auf die Oberfläche des *»absoluten Flusses«* achten, auf der sich die Bilder der Geschichte spiegeln, als Reflexe jener Taten und Untaten, Erfolge und Niederlagen, wie sie die Zeit Stunde um Stunde hervorbringt. Es gehört zu Husserls intellektueller Tragik, dass er erst in den letzten Jahren seines Lebens dazu bereit war, sich vom *»Urprozess«*, aus dem Zeit entsteht, abzukehren und sich dem Zeitprozess, aus dem Geschichte entsteht, zuzuwenden. Allzu lange meinte er in idealistischer Nachfolge Hegels, die Aufgabe des Menschen in der *»Sinnhaftigkeit seines kulturellen Lebens«* sehen zu müssen, und noch länger hielt er am Glauben an eine *»Vernunftmenschheit«* fest, bei der *»Ideen stärker als alle empirischen Mächte«* seien. Die Zeit selbst ließ diese Überzeugung jedoch auf unheilvolle Weise unzeitgemäß werden.

Die Zeit, das bedeutete, dass Husserl, der konvertierte Jude, zunächst von der unter seinem einstigen Schüler Heidegger nationalsozialistisch getrimmten Universitätsführung beurlaubt wurde, anschließend entzog man ihm die Lehrbefugnis und zuletzt warf man ihn aus seiner Wohnung. Obgleich *die Zeit im Bewusstsein* absolut und jedes Individuum eigenmächtig sein muss, damit Gegenstände überhaupt zu einer Erscheinungsform in der Welt finden, ist *das Bewusstsein in der Zeit*, also der Geschichte, doch relativ. Genau an dieser Differenz, wo der Fluss der Zeit gleichsam über eine Bruchkante stürzt, liegt es, warum Individuen die Zeit, die sie hervorbringen, indem sie leben, nicht beherrschen und nie werden beherrschen können. Und deswegen muss der *»Heroismus der Vernunft«* gerade da seine tiefste Ohnmacht erfahren, wo die Zeitströmung an ihm vorbeiläuft, oder, schlimmer noch, sich gegen ihn wendet.

Obwohl die Wirklichkeit von Zeit durchtränkt ist, steht die Vernunft in der Zeit, sprich: das einzelne Bewusstsein in einem nicht tauschbaren Körper, der Geschichte unabänderlich als das andere Eigene gegenüber. Und es ist exakt diese existenzielle Spannung, woraus eine ungemeine Sehnsucht nach einer Totalität der in Menschen verkörperten Zeit entspringt. Soll heißen, nach einem Äquivalent des *»absoluten Flusses«*, das sich beispielhaft im Fluidum der strömenden geschichtlichen Masse verwirklicht. Erreichbar etwa durch die Gleichschaltung der Gehirne und sozialen Praktiken, die den einzelnen bereits auslöscht, bevor er in den totalen Formationen moderner Mengen, Wolken und Schwärme verschwindet. Der Zeitgeist ist dabei nicht jener Geist, der die Zeit hervorbringt, er ist vielmehr derjenige Geist, welcher aus Zeit Geschichte macht und der dabei keine noch so alberne oder makabre Unternehmung scheut, sich zum angeblichen Souverän der Historie aufzuschwingen. Die absolute

Geschichte muss sich dadurch als Geschichte ohne Individuen entpuppen. Deren Ende ist längst eingetreten, bevor sie die physische Auslöschung erleben.

Mit Husserl verliert die Feststellung ihre notorische Trivialität, alles sei eine Zeiterscheinung. Das seltsame Verhältnis der Zeit, des *»absoluten Flusses«*, zur Geschichte lässt uns dabei verstehen, warum die Wirklichkeit mäandert, und eben nicht von der Vernunft oder einer anderen Größe als Gott linearisiert werden kann. Unser Bewusstseinsstrom, worin eine verwirrende Vielzahl an Einzelheiten auftaucht, kann nicht anders, als die Realität in Heranströmen, Vorbeiströmen und Fortströmen einzuteilen, in Erwartung, Erleben, Erinnerung. Das Zeittier Mensch erweist sich, philosophisch analysiert, als jenes Lebewesen, das die Zeit in die Welt setzt, um darin letztlich nie mehr als ein schlingerndes Treibgut zu sein. Trotzdem bildet der *»absolute Fluss«* unsere einzigartige, geheimnisvolle Verbundenheit mit den Erscheinungen dieser Welt, nicht zuletzt mit ihren beweglichen, unruhigen Landschaften.

In der Literatur findet sich eine überragende Entsprechung zu Husserls Nachsinnen über den Zeit-Sinn, zu seiner philosophischen Fantasie vom absoluten Fluss. Ich meine Marcel Prousts »À la recherche du temps perdu«, die Husserls Phänomenologie des *»absolute Flusses«* in die Landschaft mit seinem konkreten Fluss zurückführt. Über ihre Zeitgenossenschaft in einer europäischen Moderne hinaus, die der Vergangenheit und insgesamt der Zeit eine völlig neue Rolle zuweist, verbindet Husserl und Proust der Umstand, dass sie beide nach einer genuinen Formulierung, nach einer Sprache der fließenden Zeit suchen. Ihre so verschiedenen wie gleichermaßen langen und tatsächlich schier endlosen Wege der Recherche zeichnen eindrucksvolle Karten eines mäandernden Bewusstseins. Dabei vereint sie die Überzeugung, dass es genau das ist, was sie der zunehmend beschleunigten Zeit zu bedenken geben wollen. *Das Bewusstsein in der Zeit* vergegenständlicht sich bei Proust in der Landschaft als natural-sozialem Phänomen, in dessen eigentümlicher Gestalt Zeit als Bewegungsgröße Ausdruck findet.

Swanns Welt führt uns in die Gegend von Guermantes, in eine Landschaft also, deren Anziehungskraft, bekennt der sich in die Kindheit zurückdenkende Erzähler, darin bestanden habe, *»daß man dort fast die ganze Zeit vom Lauf der Vivonne begleitet war«*. Kaum, schreibt er weiter, war die Familie in ihrer Landwohnung angekommen, lief das Kind, das der Erzähler einst gewesen war, hinaus, um *»den Fluß anzuschauen«*. Mit seinem geschlängelten Lauf bewegt sich das Fließen zwischen Wiesenblumen und den Ruinen des Schlosses der Grafen von Combray in einer eigentümlichen, unfesten Zeit. Und plötzlich lösen sich Innen und Außen im Bild von etwas Umfassendem auf. *»Es machte mir Spaß, die Flaschen anzuschauen, die die Dorfbuben in die Vivonne hängten, um kleine Fische zu* *fangen; sie waren gleichzeitig vom Fluss erfüllt und von ihm umgeben, dadurch in ihrem durchsichtigen Rund ein gleichsam fest gewordenes Wasser ›enthaltend‹ und selbst in einem größeren Gefäß aus flüssigem, fließendem Kristall enthalten«.*

Wie Denken immer auch ein Sicherinnern ist, so bewegt sich das Erinnern stets in Formen eines abstrakteren Denkens. Deswegen konnte ich Prousts mit jedem Satz mäandernde Erinnerungen nie auf andere Weise lesen, denn als narrative Suchbilder, worin etwas zu entdecken ist, das über sie weit hinausführt. Ein derartiges Lesen besitzt den Vorzug des anhaltenden Vergnügens, im Erzählstrom der teils erinnernden teils imaginären Landschaft den Augenblick und die Zeit wie eine Flasche im Fluss gleichzeitig betrachten zu können. Jeder der Sätze fordert dann dazu heraus, in einer bestimmten Sache auch eine andere sehen, ihr noch eine weitere Wendung geben oder ein Ding durch ein anderes ersetzen zu können. Beispielsweise *»kleine Fische«* durch »Tatsachen«. Und *»Flaschen«* durch »Gedanken« oder »Sätze«. Vielleicht wird unser Bewusstsein sogar von der Verlockung gereizt, es mit der Vivonne als einem Synonym von Wirklichkeit zu versuchen, einer absolut mäandernden Wirklichkeit?

Fluidalexistenz

Die Kultur der Zeit informiert die Landschaft, überformt sie mit Langsamkeit oder Tempo, Beständigkeit und Veränderung. Da Landschaften ihre eigenständige, selbstorganisierende Beweglichkeit besitzen, deren Realfigur der Flussmäander mit seiner Dynamik von Austausch und Wechselspiel darstellt, läuft jede Anstrengung, diese Dynamik zu beschleunigen, unweigerlich auf Landschaftsbemächtigung hinaus. *Das Bewusstsein in der Zeit* findet heute seinen Ausdruck in utilitaristischen, instrumentalisierten und durchrationalisierten Landschaften, geführt wie gewinnorientierte Unternehmen mit fortwährender Produktivitätssteigerung. Die historische Zeitströmung reflektiert sich im Blick auf Landschaft als einer der Arenen von Konkurrenz und Kompetition. Darin wird die Landschaft zur totalen Ressource. Die solcherart dramatische Landschaft unterliegt der hegemonialen Logik eines Wirtschaftssystems, das sich nach einem forcierten Wirtschafts- und Konsumwachstum ausrichtet.

Seit einigen Jahrzehnten verändert, genauer gesagt: zerstört die effizienzgetrimmte Agrar- und Forstökonomie die lange gewachsene sozialnaturale Abstimmung der Landschaft und damit die Lebensräume vieler in die menschliche Kultur eingewanderter Tier- und Pflanzengesellschaften, die ihrerseits in die Naturräume eingewandert ist. Damit verändert sich, genauer gesagt: zerfällt die Stimmung der Landschaft. Sie wird zum charakteristischen Spiegelbild der Gesamtkultur.

Es hat sich über kulturwissenschaftliche Debatten hinaus herumgesprochen, dass die Festigkeiten heute nicht mehr von der Konsistenz und

Dauer früherer Zeiten sind. Wir verstehen Montaigne als Zeitgenossen, wenn er die Welt in jener *»natürlichen Trunkenheit«* schwanken sieht, mit der *»wir wie alle sterblichen Wesen ohne Unterlass dahinfließen«*. Das vormals Dauerhafte, Solide und Verlässliche verliert an Haltbarkeit. Worauf man einmal bauen konnte, dessen Fundamente sieht man rasch bröckeln. Mit der gleichen Dynamik nehmen die Erwartungen zu, deren Sammelplatz die nächste Zukunft ist. Immer mehr vor kurzem noch Unglaubliches scheint demnächst schon wirklich zu werden. Roboter als Mitmenschen, Marsflüge, ein endloses Leben. Der nächste Mensch formt sich unter dem Projektmanagement der Bioperfektion. Biologisch perfekt erscheint auch eine Nahrungsmittelproduktion, die außerhalb von Landschaften in riesigen, kybernetisch gesteuerten Laborplantagen entwickelt wird. Doch mit den zahllosen Wunschträumen löst sich im Weichbild eines rasenden Fortschritts der Horizont, an dem man sich festzuklammen versucht, gleichzeitig wieder auf.

Es ist der skeptische Kopf von Zygmunt Bauman gewesen, dem die Erkenntnis jenes leerlaufenden, geradezu besessenen Schematismus unserer Zeit aufgegangen ist, das Feste und Beständige in den kulturellen Aggregatzustand von Geschmolzenem und Flüssigem zu überführen. Sein Begriff dafür lautet bekanntlich *»liquid modernity«*.

Zu den Beschleunigungsbestrebungen der klassischen Moderne kommen die schnellen Netzwerke der kapitalindustriellen und digitalen Moderne hinzu. Man muss sich nur einmal klar machen, welche monetäre Kraft es ist, welche die Dinge und fleischlichen Körper aufweicht. Die materielle Wahrheit der harten Münze ist in Zeiten von Plastikgeld und virtuellem Geld obsolet. Beim Hochgeschwindigkeitshandel der Börsen oder den rastlosen globalen Heuschreckenwanderungen von Hedgefondsvermögen wird die extrem bewegliche Form von Geld sichtbar. Mehr als jede sprichwörtliche Erfahrung, dass es uns zwischen den Fingern zerrinnt, zeigt das, die wässrigen Eigenschaften von Geld sind vorherrschend geworden. Flüssig oder nicht flüssig zu sein bestimmt heute weitgehend über unser Vermögen, am gesellschaftlichen Leben teilzunehmen. Geld macht sozial geschmeidig und versetzt uns in die Lage, in den Strömungen unserer Zeit mitzuschwimmen oder sogar deren Richtung zu lenken.

Der Geldstrom, der das wirtschaftliche Wachstum tränkt und die Menschen mit Einkommensquellen versorgt, macht uns auf das semantische Spiel zwischen Fluss und Kapital aufmerksam. Es zieht das Geld in den metaphorischen Bezirk von etwas Landschaftlich-Naturhaftem hinein, was ihm den Anschein verleiht, neutral und gleichsam unschuldig zu sein. Das Sprachspiel, das sich in der gegebenen Wirklichkeit zur totalen Allegorie aufbauscht, setzt das Kapital im Zeitalter einer alles beherrschenden Ökonomie triumphal ins Bild. Das Diktat der Liquidität bildet zusammen mit dem Gesetz des Cash-flow und der grenzenlosen Energie der Kapitalströme derzeit ein weltweites Fluidum, in dem Gesellschaften und Wirtschaftsräume, Landschaften mit einbezogen, ausnahmslos treiben. Alle unternehmen sie höchste Anstrengungen, sich über Wasser zu halten, das für sie immer beides zugleich ist: Nährlösung und toxisches Milieu.

Die Liquidität mit ihrem Einsickern in sämtliche Kulturen, ihrem *trickle-down* in alle Gesellschaftsschichten führt in ihren Auswirkungen zur Aufweichung und Erosion der Lebensformen. Die modernen Kapazitäten der Zerstörung hergebrachter und lange Zeit stabiler Gesellschaften und ihrer Landschaften betreffen deren Kosmologie, Bindungskultur und Wertestruktur. Bis hinein in die Kapillaren von Sehnsüchten und Träumen werden sie von Kapitalisierung durchfeuchtet. So bedenkenswert das noch immer ist, die globalisierte Liquidität spült inzwischen nie dagewesene Mengen an Menschen von hier nach da: Geflüchtete, Migranten, Arbeitskräfte, Exilsuchende, Abenteurer der Ungebundenheit. Im Sinn monetärer Verflüssigung formt sich, wie wir heute erkennen müssen, die menschliche Existenz zur Geldangelegenheit um, für deren Gebaren die beschleunigte Fluktuation von Dingen, Gefühlen, Beziehungen, Hoffnungen oder Begehren charakteristisch ist. Es liegt in ihrer Natur, die Strömungen in Gewinner und Verlierer zu teilen. Je mehr die Kraft dieser Bewegung zunimmt, umso schwerer wird es, sich davon nicht mitreißen zu lassen.

Die ganze Wahrheit der sich verstärkenden Fließdynamik wird allerdings erst sichtbar, wenn wir neben der kapitalistischen Liquidation einer weiteren Kraftquelle unserer Epoche die ihr angemessene Beachtung schenken: digitaler, algorithmischer Information. Dabei spricht manches dafür, dass beide, das Kapital und das Digitale, sich gegenseitig verstärken. In der geschichtlich effektiven Realität vermischt sich der um die Erde kreisende Geldfluss in kaum noch durchschaubarer Weise mit dem Datenstrom. In ihrer gegenseitigen Beeinflussung lassen sie keinen Flecken des Erdballs aus, sie können ein Gebiet, eine Landschaft ebenso schnell austrocknen lassen wie sie diese zum Erblühen bringen können. Wird ein bestimmter Ort plötzlich liquid, wirkt es wie eine zweite Kosmogenese, wo der machtvolle Fluss von Geld und Daten aus toter Wüste gewinnträchtigen Boden und pulsierendes Leben entstehen lässt.

Eine der Lehren, die es aus der neueren Mediengeschichte zu ziehen gilt, ist die, dass mit dem digitalen Streaming am Ende des letzten Jahrhunderts eine neuartige Gegenwart erschaffen wurde, die mit Echtzeit und ortloser Omnipräsenz zu dem technischen Aggregatzustand einer flüssigen Medienwirklichkeit geführt hat. Seitdem fluten Wörter, Bilder und Töne die inneren und äußeren Räume, in denen wir leben, in denen sich unsere Empfindungen und Gedanken aufhalten, die so sehr im Medium sind wie in uns selbst. Alles fließt pausenlos auf uns zu und gibt uns das Gefühl, wir bräuchten einfach nur darin einzutauchen, umgeben von der Energie einer mit starker Strömung uns umspülenden Flüssigwelt.

Diese historisch neue Dynamik geht mit den traditionellen Warenströmen der Industriegesellschaft und den Menschenströmen der Mobilitätsgesellschaft einher. Statt Nachhaltigkeit (*sustainability*) tatsächlich mehr Gewicht zu verleihen als dasjenige einer seuchenartig streuenden politischen Floskel, passen sich Staaten und Gesellschaften etwa mit der Entwicklung einer *liquid democracy* in Wahrheit auf vielfältige Weise an die fluide Realität an. Beharrlichkeit oder gar Stillstand bedeuten nun das neue Böse. Wer am Erreichten festzuhalten strebt, bereitet seinen baldigen Untergang vor.

Das menschliche Experiment, wie es sich gegenwärtig darstellt, heißt Fluidalexistenz. Es folgt Prozessen, die allgemeine Form annehmen und die es notwendig machen, im *livestream* weniger etwas Medientechnisches als vielmehr die Dimension einer weltweiten Kultur zu erkennen. Einzelne Aspekte dieser Gesamtbewegung sind es, wenn vom Workflow, vom Mainstream oder der medialen Immersion die Rede ist, in deren meerartige Strömungen man eintaucht. Dabei hat das Transitorische und Kontingente von Information für uns den Ausdruck flottierender Wahrheiten angenommen, deren hauptsächliches Strömungsgebiet das ist, was einmal Öffentlichkeit ausmachte. Der Eindruck drängt sich auf, Gegenwart im Modus einer Vorläufigkeit zu erleben, in der alles sofort weitergetrieben wird. Das führt häufig zu einer Wahrnehmung, die fälschlicherweise mit Diskontinuität und Sprunghaftigkeit in Verbindung gebracht wird. Tatsächlich ist die Fluidalexistenz vom kontinuierlichen Entgleiten und Davondriften erfasst.

So ähnelt, woran wir Halt zu finden versuchen, dem Treibgut nach einem Schiffbruch. Unfassbarer und fremdartiger als jemals zuvor erscheint inzwischen die Vorstellung von Wirklichkeit als etwas Festem und Substanziellem, Eigenschaften, die eine romantische Ästhetik vorzugsweise der Landschaft zuschrieb. Das ruft, gleichsam als fernes Echo der Romantik, Reaktionen auf den Plan, die sich vehement gegen eine derartige Haltlosigkeitskultur wenden: religiösen Fundamentalismus, neues Nationalitätsbewusstsein, der Glaube an autoritär-paternalistische Herrscherfiguren, ethnisch-identitäre Schutzbündnisse. In einer Welt, die überall Unfestigkeit verströmt, versucht man es mit neuen Verhärtungen.

Gibt es jedoch noch andere und überzeugendere Antworten auf die *global liquidity?* Kann es dafür womöglich helfen, über ein mäanderndes Leben in schleifenförmigen Strömungen besser Bescheid zu wissen? Über fließende Formen einer neuen, einer nichtlinearen und langsameren Ordnung, die wir allzu lange vernachlässigt haben? Und könnten wir uns dadurch in die Lage bringen, von der Gegenwart wieder mehr erwarten zu dürfen, als dass wir uns darin wie Spieler verhalten, die sich über ihre ruinösen Verluste durch eine nächste Partie hinweghelfen?

Inmitten der zielorientierten, zweckrationalen, effizienzorientierten, kurz: der linear übersteuerten Gegenwart liegt uns mit der Flussform, mit dem Mäander ein Hinweis auf den ursprünglich räumlichen Charakter des Utopischen vor. Nach meiner gewachsenen Überzeugung brauchen wir Utopien nicht erfinden und in die Zukunft zu verlagern, wir müssen sie einfach ausfindig machen, ihre Andeutungen aufgreifen und ausweiten. Utopien sind simultane Realitäten. Die Art ihrer geschichtlichen Bestreitung ist jenes Konkrete, in dem sich ein allgemeines Anderes verwirklicht. Mehr als um geschichtliche Überwindung, geht es um Entfaltung, um Explikation und Transformation von Gleichzeitigkeit, wobei gleichwohl nie ein endgültiger Zustand, ein Absolutes zu erreichen sein wird. Anders gesagt, es gibt keine befriedigenden Utopien, die es ganz in die Realität schaffen könnten. So wenig wie es eine befriedigende Realität gibt, die es ohne Utopie mit sich aushalten könnte.

Ich fürchte, die utopischen Anspielungen des Mäanders müssen ohne so beliebte Figuren wie Durchbruch, Umsturz oder Neuanfang auskommen. Und es könnte, im Gegenteil, sein, dass Alexander von Humboldt uns dafür am Beginn des 19. Jahrhunderts mit seiner Beschreibung eines kontinentalen Stroms unbewusst ein politisches Bild geliefert hat, innerhalb eines nach Längen- und Breitengraden linear erfassten Erdraums: *»Der Orinoco gehört zu den sonderbaren Strömen, die nach mannichfaltigen Wendungen gegen Westen und Osten zuletzt dergestalt zurücklaufen, dasz sich ihre Mündung fast in einem Meridian mit ihren Quellen befindet.«* In solchen Momenten offenbart sich der Sinn für das Schauspiel von Exkurs und Rekursion, von Krümmung und Schleife, in der ins Unendliche gehenden Variation des Mäanders und der Flusslandschaft abgebildet auf ein geistiges Abenteuer.

Ein Abenteuer, das sich auf unser Verständnis von Leben insgesamt ausweiten lässt. So hat man in der Paläontologie und Biologie vom Fluss der Gene gesprochen und damit ein Bewegtbild gemeint. Nämlich die Evolution von Leben als Fluss zu interpretieren, als wechselwirkendes Zusammenspiel, mäandernd durch Unvorhersehbarkeit und Berührung, in dem das aktiv-passive Leben verändernd verändert wird. Das eröffnet eine entscheidende Perspektive über den Neodarwinismus hinaus. Die Geschichte des Lebens, heißt das, verläuft ähnlich der Evolution des Raums in Flussgegenden: an jedem Punkt des Strömens bilden sich Fluss und Umwelt jeweils am anderen. Nichts ist da einfach vorhanden, wandert bloß ein oder zieht folgenlos durch. Generell ausgedrückt: Alles macht etwas mit allem. Das darwinistische Bild des Kampfs mit seinen Aspekten von Fressfeind und Beute, Täter und Opfer ist evolutionär weitaus weniger bedeutungsvoll als dasjenige des gegenseitig entworfenen Daseins-Mäanders. In einer Welt als Open Source, wie sie existiert, vereint der

Fluss der Koevolution – wie die Koevolution an Flüssen – Abhängigkeit und Freiheit und er macht sie, gerade mit seinen Turbulenzen, untrennbar. Das ändert unser Bild vom Leben radikal. Einschließlich: die Idiotie des Individualismus.

»Dem Ufer nah / der trunkenen Flut«, so hat Gottfried Benn den Ort eines neuen dionysischen Lebens beschrieben, in dem alles fließt und zusammenfließt. Die poetische Provokation ist unterdessen, und zwar erstmals seit der vorsokratischen Antike, in eine totalisierende Kulturströmung übergegangen, die man mit Hans Blumenberg zu Recht als »Neuen Heraklitismus« bezeichnen kann. Die Frage ist damit aber nicht beantwortet, ob wir es bei der Zerstörungskraft einer reißenden, linientreuen und totalen Liquidität belassen, oder ob wir zu fluiden Formen gelangen wollen, die Langsamkeit zulassen, Kehrtwendungen, Schleifen und den wechselseitigen Austausch mit einer Umgebung, und sei es die natural-soziale Landschaft, die deutlich bedächtiger fließt? Ich spreche von Kulturen des Mäanderns.

»3 Stoppages Etalon«. Als hätte Duchamp vor einem Jahrhundert etwas vorweggenommen, das zwei Weltkriege und ein von Atombombenarsenalen überschattetes Zeitalter später die Hoffnung der Welt tragen sollte: Entspannung. Das verlangt indessen nicht bloß die Preisgabe des spannungsgeladenen Denkens von Trenn- und Grenzlinien. Wir müssen uns Duchamps kleine Aktion vielmehr als Geste aneignen, Entspannung insgesamt zum zivilisatorischen Projekt zu machen. Seine konkrete Metapher: der Mäander. Unverzichtbar dafür sind neue Narrative der Geschichte, der Zeit, der Landschaft. Wir müssen die drängende, gehetzte Zeit durch eine epische Zeit ersetzen, wo sich Wissen, das sich aus Information und Kompetenz zusammensetzt, in Erfahrung verwandeln kann, die etwas mit dem Menschen selbst zu tun hat. Und das kann nicht allein die Aufgabe von Schriftstellern sein.

Wer erzählt, lässt die Linien, etwa eines Buchs, aus einem Meter Höhe auf die Erde fallen. Was dabei entsteht, sind die einzigartigen und sonderbaren Wendungen und Gegenwendungen des Lebens: Volten und Revolten, Umkehr und Renegatentum, Konversion und Kata-Strophe, Reversionen oder Subversionen. Allerdings ist Mäandern – das wurde mir bei der Arbeit an meinem Kindheits-Buch »Das angekreidete Jahr« bewusst – nicht nur der Weg des Erzählens, es ist die Form unseres Erinnerns selbst. Weitergedacht, bedeutet das, unser Gedächtnis ist nicht so sehr ein Phänomen des Gehirns als eine Sache von Syntax. Und vergessen wir auch nicht ganz, als sich das Christentum anschickte, eine neue Epoche einzuleiten, lieferte Augustinus mit dem griechischen Wort *epistrophe* die begriffliche Orientierung. *Epistrophe* schließt eine zweifache Bewegung ein, Abkehr und Hinwendung. Zusammengeführt erst ergibt sich daraus die Dynamik einer Zeitenwende.

So erzählt, wird mit »Wendung« ein Vorgang oder Geschehnis aus Nivellierungen herausgehoben, mit dem sich eine Selbstverständlichkeit auflöst und zugleich ein verändertes Verständnis biografischer oder geschichtlicher Realität entsteht. Es ist diese doppeldeutige Wirklichkeitsumwendung, die auch jener Reihe von »*turns*« zugrundeliegt, von denen in den vergangenen Jahrzehnten die Rede war (*linguistic turn*, *iconic turn*, *spacial turn*, postdramatischer *turn*, kulturalistischer *turn* etc.). Solche Wenden lassen sich bei Verläufen und Ereignissen gleichermaßen nominieren, entsprechend historischer Interpretationsweisen und Wahrnehmungen. Oftmals bestehen dabei komplexe Kurvenüberlagerungen, Ereignisknäuel, simultane Interferenzen. Zwischen Chaotik und Gerichtetheit, irreduzibler Komplexität und Dramaturgie entscheidet dann der reale Austausch, die Intensität des Wechselspiels unter allen Beteiligten: Gesellschaften, Einzelpersonen, Dingen, Techniken, Texten und Materien.

Das wird entscheidend wichtig, wenn wir den Blick auf die ökologischen Krisenszenarien des 21. Jahrhunderts richten, auf die Übernutzung irdischer Ressourcen, den katastrophalen Klimawandel und die Zunahme des damit verbundenen Leids. Dennoch, es gibt seit kurzem Anzeichen für eine geschichtsträchtige Volte von der linearen Rationalität bei Wachstum und Fortschritt hin zu komplexeren Wendefiguren. Die aufkeimenden gesellschaftlichen Diskussionen und möglichen Strategien einer Agrarwende, die unsere Landschaften stark verändern würde, weisen deutlich in diese Richtung. Ernst genommen und wirklich schlüssig sind sie gleichwohl allein im radikalen Zusammenhang einer dringend notwendigen Wirtschaftswende. Deren kulturelle Dimensionen zu denken und umzusetzen – die neuen aktiv-passiven Wechselspiele von Respekt und Veränderung, Umständlichkeit und Dynamik, Zivilisation und Natur – kommt zweifelsohne einer Augustinischen *epistrophe* gleich.

Die Linie ist geschlossene Form, sie diktiert, der Mäander liest und schreibt zugleich. Er wird erschaffen in einem Raumlabor und bringt die territoriale Szenerie zugleich hervor: eine Aporie, die ihre Auflösung durch Übertragung von Logik in Zeit erfährt, durch die Empirie des Veränderbaren. Seine Schwingungskurve gehört zu einer poetischen Geologie, zur topischen Ästhetik des Fragilen und Meta-Morphotischen. Zwischen Grafik und Prosodie können wir Duchamps Faden fallen lassen, umgedeutet als kartografische Spielanleitung, als abstrakter Maßstab und als Einschreibung in die natural-soziale Landschaft. Und noch weiter umgedeutet in die konkrete, materielle Metapher politischer Verspannungen und gesellschaftlicher Verläufe. Fließende Überschreibung der Überschreibung – Palimpsest und Provisorium, das wäre, vorläufig, eine imaginäre Karte zur Handreichung für eine anhaltend mäandernde Praxis.

Landschaft der Kälte

Höhlenbewohner, Tiermenschen und die Entdeckung der Bilder

»Evolution bedeutet nicht Anpassung der Art an ein unbekanntes Milieu, sondern Sieg der Erinnerungen über die Wirklichkeit.« Joseph Brodsky

Städte und Steppen

Stadt und Schrift gehören zusammen. Als Ursache für die Stadtentstehung, die vor ungefähr zehntausend Jahren einsetzte, gelten Wasservorkommen, Verkehrswege, Festungen, Märkte und Heiligtümer. Aber es lässt sich kaum vorstellen, dass die enorme Ansammlung von Menschen und deren Lebensverfestigung in Architektur über amorphe und zeitlich begrenzte Siedlungen hinausgelangt wäre ohne Schrift. Das meint: ohne symbolisches Medium, das Verwaltung, Überlieferung, Unterschiede der Arbeit und des Könnens, vor allem aber wirtschaftliches Handeln vermittelte. Die ältesten uns bekannten Städte, Byblos, Ugarit, Uruk oder Babylon, waren Zentren der Schriftentwicklung, von Schriftverkehr und Schriftsammlungen. Die Stadt erweist sich seit je als Stätte sonderbarer Zeichen, welche Sprache von den sie sprechenden Körpern löste und Zeit und Raum auf eine andere Weise überwindbar machten, als es die menschliche Physis vermochte. Eine Sprache absenter Körper. Zeichen, die den Tod überwanden, indem sie ihn überdauerten.

Eine Errungenschaft von solch kulturbildender Kraft lag darin, dass sie nicht nur niemals mehr aufgegeben wurde, sondern für Zivilisation selbst stehen und sämtliche mediengeschichtlichen Umbrüche und Erfindungen leicht überleben konnte. Verständlich also, wenn das kulturelle Interesse einer Recherche im historischen Material nicht über die einstigen Stadtkulturen hinausreichte, kaum vor sie zurückging. Der urbane Anfang hielt die Verbundenheit mit der heutigen Medien- und Metropolenkultur bereit. Diese Ausrichtung der archäologischen Erinnerungsarbeit blockierte die Aufmerksamkeit für präurbane Existenzformen, die weder Zeichenzeugnisse überlieferten noch sich in Häusern festsetzten und aus solchem Wohnen ihre kulturellen Gewohnheiten entwickelten, dafür flüchtig in Höhlen und aufgespannten Häuten sich aufhielten.

Während sich die großen archäologischen Expeditionen im 19. Jahrhundert von Europa aus auf Städte ausrichteten: Troja, Babylon, Mykene, Naukratis, Theben, Karnak oder die ägyptischen Totenstädte – die weit prachtvoller und größer waren als jene der Lebenden –, während mit jeder Grabung neue Schriften – akkadische, sumerische, ugaritische Keilschrifttexte, das Byblos-Alphabet, monumentale Hieroglyphen ... – auftauchten, blieb der Raum, der ihnen vorauslag, blieben die Landschaften jener Zeit ohne Beachtung, dunkel. Dies begann sich – abseits der aufsehenerregenden Stadtgrabungen und ihrer sich alsbald verbreitenden Schliemannschen Heldenepik – von einigen Sommertagen des Jahrs 1866 an zu verändern. Da nämlich fand an einer Flussquelle in der süddeutschen Provinz unter wissenschaftlicher Anleitung und *»mit 15 Mann Epigonen«* eine Grabung statt, ausgelöst von Knochenfunden, die zuvor dem *Königlichen Naturalienkabinett* in Stuttgart überstellt worden waren. Mit dieser Grabung begann die Tiefe der Jahre unversehens zu wachsen, hinein in eine mit keiner Schrift, keinen Bauwerken sprechende Welt, die bis ins späte 19. Jahrhundert unvorstellbar gewesen war. Die gefundenen Knochen von Elchen, Vielfraßen und Wölfen sprachen für eine offene Sumpf- und Seenlandschaft, vor allem aber zeugten Überreste von Eisfuchs und Rentieren für ein Ökosystem der Kälte. Erwies sich schon das im schön gemäßigten Mitteleuropa als erstaunlich, so war noch weitaus überraschender: auf den Rentiergeweihen befanden sich Ritzungen und Einschneidungen, die so genau gearbeitet waren, dass sie von Werkzeugen stammen mussten. Schnell war klar, es handelte sich um die Entdeckung einer neuen Epoche: der Eiszeit. Zuvor waren sich ein paar Geologen uneins geblieben über einen frühen *»Weltwinter«* und der Botaniker Karl Friedrich Schimper hatte mit seiner Ode »Die Eiszeit« (1837) den Begriff geschaffen. Nun übernahm der Stuttgarter Ausgrabungsleiter, der Geowissenschaftler Oscar Fraas, nicht nur den Epochennamen, sondern stellte aufgrund dieser Kulturspuren (die mit fünfzehntausend Jahren mindestens sechstausend Jahre älter waren als die ersten Städte) fest: *»In dieser Eiszeit lebte schon der Mensch«*.

Wenige Jahre zuvor noch besaß der Kosmos des Denkens – während bereits Lokomotiven durch Europa keuchten, thermodynamische Grundsätze aufgestellt wurden, Städte elektrisch leuchteten, Fotografie und Telegrafie etablierte Medientechnologien waren und man sich anschickte, am Grund des Ozeans ein Transkontinentalkabel nach Amerika zu verlegen – eine Form, welche archäologische Funde noch stets und streng in die biblische Ordnung einzupassen versuchte, sie allenfalls als Zeugnisse einer vernichtenden Sintflut deutete. Weiterhin besaß ein entsprechender – heute in die Zukunft verlagerter – Katastrophismus hohes Ansehen, und Georges Cuvier konnte seine wissenschaftliche Autorität noch darauf gründen, der Mensch sei erst nach dem diluvialen Untergang vor sechstausend Jahren erschaffen worden – ein geistiges Erbe, das in der Gegenwart der Kreationismus für sich beansprucht. Darwins »Origin of Species« (1859) hatte zwar eine These zur Verzeitlichung der Natur inklusive der Menschenwerdung vorgelegt. Mit den Knochen von der süddeutschen Schussenquelle existierte jetzt aber ein Beleg, der für internationales Aufsehen sorgte, bald allgemein anerkannt und in Museen vieler Länder vorgeführt wurde. 1867 bereits präsentierte ihn die *Pariser Weltausstellung* einer breiten Öffentlichkeit. Trotzdem wird man sagen müssen: Über die wissenschaftliche Sensation und einen auch dadurch allmählich popularisierten Darwinismus hinaus blieb das Interesse an der Eiszeit, an jenem prähistorischen Dunkel, das durch eine anwachsende Fundmenge das Licht einer Dämmerung streifte, vergleichsweise gering. Faszination strahlten die aus dem Sand auftauchenden Städte aus. Fremd blieben Menschen, die sich in unfassbaren Schweifgebieten verloren, in Landschaften der Kälte.

Die Entdeckung der Eiszeit fiel in eine Zeit, die Begriff und Technik der Energie zu ihrem Wahrzeichen gemacht hatte. Das Energiezeitalter sah sich in Elektrizität, hauptsächlich aber in Wärmerzeugung und Verbrennung zur Verwirklichung gebracht. Thermische Energie schuf neue Lebensformen und wurde zum Movens der technischen Bewegung einer Gesellschaft bis heute ungebrochener Mobilität und Geschwindigkeitszunahme. Inmitten der allgemeinen Begeisterung für eine Zukunft der Erhitzung, die inzwischen den gesamten Raum der Erdkugel einbegreift, zeigte sich nun unverhofft die Spur einer menschlichen Vergangenheit der Kälte. Die Auffassung, der Mensch erscheine im Holozän, war durchdrungen vom Temperaturgefühl einer seit etwas mehr als zehntausend Jahre anhaltenden Warmzeit. Damals begannen die Kulturtechniken der Sesshaftigkeit, Vorläufer frühester Stadtentwicklungen. Nicht lange dauerte es, dann wurden die Forschungen nach einem Dasein in tiefen Temperaturen wieder eingestellt.

Es scheint folglich etwas zu besagen, wenn seit wenigen Jahrzehnten die Faszinationslage sich verändert und sich das kollektive Imaginäre der Massenkultur mit Eiszeitvorstellungen anreichert. Die ersten, die hier Fantasie als Popularisierungsverfahren nutzten, kamen aus den Reihen der archäologischen Zunft selbst. Gustav Riek, dem es 1931 als jungem Wissenschaftler gelang, die ersten, damals ältesten eiszeitlichen Figuren der Menschheitsgeschichte auszugraben, schrieb 1937 den Roman »Die Mammutjäger vom Lonetal«, der mit simpler Spannungsdramaturgie das NS-Thema ›Volk ohne Raum‹ in völkischer Vorstellungswelt platzierte. Der Nationalsozialismus hatte – und immer wieder erstaunt, wie umfassend und effizient er die Kapillaren der Gesellschaft binnen kurzem zu durchdringen vermochte – die Altsteinzeit bereits zum schulischen Geschichtsschwerpunkt gemacht. Man glaubte, dort die Wurzeln eines prächristlichen, präjüdischen ›Großgermaniens‹ zu finden. Die von Heinrich Himmler gegründete Forschungsabteilung »Ahnenerbe« übernahm auch die Hoheit über die urgeschichtlichen Grabungen, die, unter anderem von Riek – der während des Kriegs zunächst als Kompaniechef im KZ Hinzert, anschließend als SS-Wehrgeologe fungierte – geleitet, nunmehr offizielle »SS-Grabungen« waren.

Der Nationalsozialismus verwandelt die erinnernde Landschaft in eine imaginäre Landschaft, mit dem Ziel, sie als Quelle eines germanischen Mythos und völkischer Identität zu nutzen. Seit Rieks Roman verrät die Paläofiction verlässlich mehr über ihre eigene denn über die paläolithische Zeit. Die Landschaft wird dabei zur Projektionsfläche des Überlebenskampfs unterschiedlicher Kulturformen. Das gilt für William Goldings Buch »Die Erben«, das aus der räumlichen Parallelität zweier Menschenlinien während der Eiszeit, der Neandertaler-Population und der nach Europa einwandernden *Homo-sapiens*-Menschen, ein Szenario des Zusammenpralls der Kulturen entwickelt. Und es gilt ebenso für die Kinoanimation »Ice Age«, in der dem Menschen lediglich eine Nebenrolle im animalischen Lebenskampf zufällt und Vorgeschichte als eine Art Katastrophenvorlauf für die Zukunft erzählt wird.

Gebiete der Härte

Wer sich aus jenem kollektiven Projektionsraum hinaus- und auf einen dingfesten evolutionären Kulturmoment zu bewegen möchte, der Unglaubliches in sich birgt, wird sich am besten in eine Landschaft begeben, die eine karge, nüchterne Ausstrahlung nicht verbergen kann, in der ein Zug von Härte liegt: das Urstromtal der Donau, das sich durch die Landschaft der Schwäbische Alb zieht. Grau verwitterte Steinkegel ragen aus den Buchenwäldern hervor; Kalkkämme richten sich zwischen Baumkronen auf; Felsnadeln, deren abgestumpfte Spitzen in einen mit Wolkenbildern gefüllten Himmel stechen. Zumeist ist dieser Himmel schmutzblau oder matt-farblos, von Schleier- und Haufenwolken gemasert und bisweilen am Abend gelbgrün oxidierend, auf der Hochfläche jedoch von meerhafter Weite. Entstanden als Meeresgrund ist der Jura – eingeführt hatte die Bezeichnung Alexander von Humboldt 1795 – der Schwäbischen Alb Teil eines großen europäischen Gebirgszugs zwischen Genf und dem Norden Bayerns.

Immer war es Stein, der diese Landschaft prägte. Die Äcker und Felder steinreich, wuchsen in einem der kältesten Landstriche Deutschlands über Jahrhunderte Armut und Hunger zur beharrlichen Lebenserfahrung, gewissermaßen zum Ortssinn von Menschen heran, deren viele sich bis weit ins neunzehnte Jahrhundert allein als herumziehende Händler durchzubringen vermochten. Der jurassische Stein ist es noch jetzt, der jene Landschaft kennzeichnet: Kalksteinbrüche, deren freigesprengte Wände zahngelb und senkrecht hochragen oder in riesigen Stufen aus Tälern emporführen. In unmittelbarer Nähe der Kalkbrüche befinden sich jene Zementwerke, von denen das Material für die Architekturepoche des Betons stammt und deren graue Staubvorhänge ich als Heranwachsender aus der Ferne über den Türmen und Hallen dieser Industriekathedralen erblickte.

Hier liegen einige der bedeutsamsten Fundorte der Eiszeit, Karsthöhlen oder Felsüberhänge, die sich den Neusiedlern der *sapiens*-Spezies, als sie aus Nordafrika, aus der Levante vielleicht, herkommend, bei ihrem entlang der Donau sich abspielenden jungpaläolithischen *Go-West* als vorteilhafte Unterkunftsstätten anboten. Während einer klimatischen Kaltphase, die zwar nicht frühere Eiszeitextreme erreichte, doch für Umweltbedingungen sorgte, in denen tiefkalte, lange Winter herrschten, auf die kurz erwärmte Sommer folgten. Wir können uns ein offenes, versepptes Grasland vorstellen, ähnlich der sibirischen Taiga, in dem es etwas Nadelgehölz, doch nur wenige Niederschläge gibt und das meist von einem scharfen, Erdstaub jagenden Westwind überzogen wird. Samen und Sedimente vermitteln in Dünnschliff- und Mikroanalysen darüber inzwischen ein ziemlich genaues Bild. Längst nämlich ist die Paläontologie von ihren Ausflügen ins fiktionale Genre zur Daten- und Forschungsempirie zurückgekehrt, und die Methodenvielfalt und analytische Genauigkeit ihrer Ergebnisse belegen, dass sehr wenige *sapiens*-Menschen in europäischen Kältesteppenlandschaften wie der Schwäbischen Alb lebten. Raum war wohl das wenigste, dessen sie bedurften.

Wer sich nun aber einem Moment anzunähern versucht, da etwas von einem Zauber erschaffen wurde, der die Menschheit nie mehr loslassen sollte, weil sich damit ihr Verständnis von Wirklichkeit verbindet, wird in die Höhlen gehen müssen. Er wird jenen knochenweißen Kalkweg abzuschreiten haben, der sich rippenkrumm zum sogenannten »Hohle Fels« hinbiegt, einer der großen Karsthöhlen, in der Topografie und Tempografie sich auf schwindelerregende Weise aufspreizen. Das Sich-Einschreiben der menschheitsevolutionären Zeit im Landschaftsraum, die Erreichbarkeit der prähistorischen Horizonte – kaum anderswo ist dies so verdichtet. Die Zeit entpuppt sich als eine an Schutt und Stein gemessene Schichtzugehörigkeit, aus der sich die evolutionären Geschichten entfalten. In kaum vier Metern Grabungstiefe erreicht die Stratigrafie eine Zeit, die vor vierzigtausend Jahren, am Beginn einer als Aurignacien bezeichneten Periode, ihre Spuren ansammelte. Dazu gehören zwei bei einer Grabung 2008 entdeckte menschliche Hinterlassenschaften: eine Frauenstatue und eine Flöte. Nachdem ihr Alter bestimmt war, stand fest, es handelte sich da um das weltweit älteste menschenbildliche Artefakt und gleichermaßen um das älteste Musikinstrument der Menschheit.

Spätestens mit diesen Sensationsfunden bildete sich eine Frage von erhöhtem paläo-kulturanthropologischem Nachdruck: Aus welchem hominiden Impuls, aus welcher evolutionären Spannung oder Sprunghaftigkeit heraus entstand etwas, das es nie zuvor gegeben hatte, das unvorstellbar gewesen sein muss? Welche Erfahrungslage setzte jene Hervorbringungen in die Welt, die zehntausend Jahre früher als die zeitnächsten figürlichen Darstellungen aus der Apollo-11-Höhle in Namibia geschaffen wurden und die sehr viel später als Weltkunst gelten würden? Nach Fundlage unvermittelt da, von einer Kunstfertigkeit, die unmöglich unvorbereitet entstanden sein kann, in einer Plastizität, die sich mühelos künstlerischen Formgebungen der Moderne zuordnen ließe, drängen sich Überlegungen auf, *»wann, wo und wie diese kulturelle Modernität entstanden ist«* (Nicholas J. Conard). Rechtfertigen es jene Figuren von wenigen Zentimetern bis einer Ellenlänge Größe: Löwe, Mammut, Pferd, Vogel und andere, die sich zusammen mit den neuen Ausgrabungen zu einem Fundkomplex verdichten, über die Tatsache neuer instrumenteller Techniken und artifizieller Geschicklichkeit hinaus, von einer *›human revolution‹* zu sprechen? Und könnte diese in etwas anderem zu suchen sein, als der Sprengkraft jenes Moments, in dem sich der anatomische *sapiens*-Typ in den kulturellen *sapiens*-Typ verwandelt, und damit Natur-Evolution auf Kultur-Evolution im eigentlichen Sinn –auch Tiere benutzen natürlicherweise Werkzeuge – umstellt, eine Kraft erzeugend, die seitdem und bis zur Gegenwart nicht mehr versiegt ist?

Höhlen bewohnen

Eine Antwort darauf ist nicht zu finden, indem man die Höhle auf dem Fußweg wieder verlässt, um die ersten Dinge einer jäh aufgekommenen Ausdrucksform im Licht des Tages sowie wissenschaftlich-analytischer Verfahren zu betrachten. Objekte, Objektivationen eines Bewusstseins, die der Vermutung Raum lassen, mit ihnen setze sich die Ablösung von naturgegebenen Verhältnissen ins Werk und die damit einhergehende Entfesselung der Wahrnehmung und Kognition – der Materialwechsel bahnt es an: von Tierfleisch zu nicht essbaren Tieren aus Elfenbein, Horn oder Stein – initiiere eine nie gekannte, grundstürzende Unverhältnismäßigkeit.

Tatsächlich kann man den gefundenen Dingen ein Stück näherkommen, wenn man in der Nähe der Höhle bleibt, zumindest ihrer denkerischen Topoi. Die Archäologie benutzt manchmal ein Verfahren der *remontage*, bei dem der Versuch unternommen wird, etwa Steinklingen, die vormals von einer einzigen Silexsteinknolle abgeschlagen worden sind, aufzufinden und aneinander zu fügen, um auf diese Weise Verbindungen zwischen verschiedenen menschlichen Aufenthaltsorten zu erfassen. Die Sache ist aufwendig, doch ertragreich. Es lohnt sich, diese topografische durch eine kulturell-topologische *remontage* zu ergänzen und behutsam etwas von jenen Bestandteilen zusammenzusetzen, die zur Rekonstruktion eines erstmaligen kunstvoll-schöpferischen Bewusstseins- und Handlungsverlaufs verhelfen können. Es geht um nichts Geringeres als eine Remontage prähistorischer, vorschriftlicher Ästhetik, also von menschlichen Akten, die sich zwischen Sinnlichkeit, Intelligenz und Tun bewegen, um dabei etwas entstehen zu lassen, dessen kulturell evolutionäre Dynamik unabsehbare Folgen zeitigen sollte. Kurz gefragt: Wie verlief, in der Nähe der Höhle, der Weg in eine grundlegend veränderte menschliche Realität?

Es ist davon auszugehen, dass die archaische natural-soziale Landschaftserfahrung der Grund dafür ist, warum Menschen seit langem über Höhlen erzählen und über Höhlenbewohner nachdenken. Während die ersten Überlieferungen der Religionen stets über die Annäherung und wachsende Bekanntschaft mit Gott informieren, besagt eine der ältesten Geschichten, von denen die Philosophie erzählt, dass der Weg zur (höchsten) Wirklichkeit ein Weg aus der Höhle sei. *»Sieh nämlich Menschen wie in einer unterirdischen, höhlenartigen Wohnung.«* Was mit diesem an troglodytische Wohnformen sich erinnernden Satz beginnt, entpuppt sich in Platons philosophischer Erzählung bald als eine der finstersten und schonungslosesten Kerker- und Fesselungsfantasien, welche die europäische Tradition kennt. Denn wie sich zeigt, ist die Höhle (*spélaion*) ein Gefängnis (*desmotérion*), und die sich darin aufhalten, sind Gefangene. Seit früh gefesselt an Hals und Schenkeln sieht man sie verdammt, sich nicht rühren, den Kopf nicht wenden zu können, dorthin, wo in ihrem Rücken ein langgestreckter Höhlengang nach draußen führt. Gefesselt sind sie zudem von jenen Schatten, die von zwei Feuern und den für sie unsichtbar vorbeigetragenen Dingen an die Höhlenwände geworfen werden, so sehr, dass ihnen die Schatten als die eigentlichen Dinge und die Höhle als der einzige Weltraum gilt.

Alles käme in dieser Situation auf die Drehung (*periagogé*) des Kopfs an, auf die Wendung des Blicks, mit der sich jene Richtung kundgibt, aus der ein Schimmer von außerhalb herein fällt. Dass Platon diese Revolte der Wahrnehmung keinem der Gefangenen aus eigenen Kräften zutraut, dass sie vielmehr entfesselt und, da das zeitlebens an Höhlen- und Schattenverhältnisse gewöhnte Auge Tageslichtverhältnisse nur unter Schmerzen erträgt, unter Zwang nach draußen geführt werden müssen, mag ein Echo von Platons wenig glücklichen politischen Erfahrungen sein. Einmal hinausgeführt und von der unbekannten Helligkeit erfasst, geht das neue Sehen und Erkennen unterm harten Licht der Sonne verwirrt und nicht ohne Schmerzen vonstatten. Der Schattenweltverlust des Befreiten wird so wenig von Euphorie begleitet wie die Gewöhnung an ein Leben unter der Sonne. Hier waltet die reinste und radikalste Form der Pädagogik:

einer *paideía* als Erkenntnis- und Bildungsgewalt im Gegensatz zur naturgegebenen Rohheit der *apaideusía*. Vollzogen aufgrund der Bildung durch Bildverlust, der Desillusionierung einer Welt der Schattenbilder.

Angenommen, so findet Platons Gleichnis seinen Schluss, es käme jener Befreite aus dem offenen Raum des Sonnenlichts, in dem sich die wahren Verhältnisse der Dinge darbieten, nun *»die Augen voller Strahlen«* in jene Kerkerhöhle mit ihren *phantásmata* zurück – er würde sich beim Anblick der Schattengefesselten zum ersten Mal glücklich fühlen. Diesem Glück indessen liegt ein Umsturz – *metabolé* – zugrunde, der von keiner geringeren existenziellen Diskrepanz gezeichnet ist, wie sie jene von Leben und Tod charakterisiert. Platon mag die Skiagrafie vor Augen gestanden haben, die zu seiner Zeit aufkommende illusionistische Schattenmalerei; unbestreitbar aber ist: Wo die Schatten wohnen, liegt seit Homer für alle Griechen der Todesort. Und in Hades und kimmerischen Feldern sammeln sich die sinn- und besinnungslosen, dunklen Umrisse der Sterblichen. Groß ist der Unterschied zwischen homerischem Mythos und Platonischer Höhle nicht. Wer allerdings aus dem Licht zurückkehrt, zeigt sich im unterirdischen Daseinsraum so blind, wie ihn ehedem die Helligkeit blendete. Eine Unbeholfenheit, die ihn allen in Unbeweglichkeit und Schattenglauben Gefangenen gegenüber der Lächerlichkeit so sehr preisgibt, dass jeder Gefangenenbefreiungsversuch des schlecht Adaptierten – die Augen plötzlich »voll von Dunkel« – unweigerlich dazu führte, dass jene ihn hinmetzeln würden, *»wenn sie ihn zu fassen bekämen und zu Tode bringen könnten«*.

Keine optimistische Perspektive für die Licht ins Dunkel der Menschenexistenz bringende Philosophie schon an deren Beginn. Die individuelle Revolte, die Richtung der Wahrnehmung und des Lebens prinzipiell und schmerzlich zu verändern, zu entfesseln, scheint keinesfalls die Chance zu einem um sich greifenden metabolischen Akt, zur kollektiven Befreiung zu eröffnen. Derart chancenlos stellt sich die Lage später nur noch einmal dar, in Kafkas »Kleiner Fabel«. Die andere Welt, die Offenlandschaft, sie bleibt das Unvorstellbare, Unmögliche. Eine verschattete Welt, die ausweglos ist, weil Auswege undenkbar bleiben, indem sie beansprucht, die einzige Welt sein zu können. Die Gefangenen – darin liegt die quälende Pointe – mögen zwar Opfer sein, sind sie jedoch bis zur Tötungsbereitschaft diktatorisch, da sie sich nicht in die Lage versetzen, eine andere Weltmöglichkeit zuzulassen. Es war das zwanzigste Jahrhundert, das zeigte, wie sich die Diktatur in die Diktatur, wie sich die Totenwelt – der Kriegsnation – in die Totenwelt – der Vernichtungslager – , die Gewalt in die Gewalt hineinkopiert, wo jegliche Vorstellung einer anderen Welt vernichtet ist.

Möglicherweise muss man die troglodytische Einschließung, das vernichtende platonische Gefangenendilemma, nicht unbedingt durch die viel später darauf reagierende Fortschrittsdialektik einer Negation der Negation (er-)lösen. Vielleicht genügt es, das Höhlendenkbild – Platon spricht trotz seiner Bild- und Dichtungsfeindlichkeit in einem Bild – durch die höhlengeprägte landschaftliche Empirie einer Zeit zu ersetzen, in der sich alle wichtigen Bestandteile des Gleichnisses zusammenfinden: die Höhle, das Verlassen ihrer und Zurückkehren in dieselbe, Feuer, Schatten und Bildwerke – und die dennoch eine vollkommen andere Geschichte der Höhle, der Bilder und der Wirklichkeit eröffnet.

Die paläolithische Situation kann uns in die Lage versetzen, eine Gegenbewegung zu jener düsteren antiken Erzählung einzuleiten, die sich nie mehr aus dem kulturellen Gedächtnis des Abendlands verlor und dessen Aufklärungs- und Bildungsprojekte als notwendige Befreiungszwänge für Menschen in Ketten inspirierte. Eine Denkgegenläufigkeit, die Platons Gleichnis vom, wie er selbst merkte, *»ungewöhnlichen und widersinnigen* (*atopos* = unverortbaren) *Bild«*, das es abgibt, lossprechen könnte, indem sie zunächst an den konkreten örtlichen Umständen ihre Orientierung gewinnt.

Die erforderliche Umkehrung geht nicht von Bildern – Schatten – unsichtbarer Dinge aus, die blick- und lebensfixierte Individuen wahrzunehmen gezwungen sind. Sie setzt vielmehr wahrnehmbare Dinge – Tiere, Menschen – voraus. Zu ihnen gesellen sich von einem bestimmten Moment an Bildwerke, erzeugt von Individuen, die frei in Höhlen hinein- und herausgehen können. Es stellt sich also nicht die Frage nach einer Befreiung von der Schattenwelt und nachfolgender Lichtanpassung, sondern die nach Erschaffung derjenigen Bilder, die niemand zuvor gesehen hatte und die Jahrtausende später erst wieder aus der Höhle auftauchen und ans Tageslicht gebracht werden sollten.

Was geschah in diesem Erzeugungsakt? Allem anderen vorausgehend wendet sich mit den selbsterschaffenen Bildwerken der menschliche Blick, der einigermaßen gut durch die Welt kam, vom tierischen Blick, der ebenfalls einigermaßen gut durch die Welt kam, abrupt und unumkehrbar ab und einer neuartigen Weltlage zu, die sich in eine unwirkliche – bildhafte – und eine reale Realität aufspaltet und komplexer neu zusammensetzt. Was durch das Bild, die Skulptur im menschlichen Blick sich findet, koppelt sich nicht allein ab von der Wahrnehmung und der Bedürfnisökonomie einer geschlossenen Überlebenswelt. Es wird an allererster Stelle eines ins Weltspiel eingeführt: Wirklichkeit.

Nichts können die Bilder einem prähistorischen Überlebenshaushalt geben. Nichts Essbares, nichts Wärmendes. Ihr Lebensbeitrag liegt darin, eine Spaltung herbeiführen zu können: zwischen – platonisch gesagt – Schatten und Dingen, zwischen Schein und Seiendem. Die Revolte der Sinne, die sich von den Dingen ab- und den erstaunlich losgelösten Bildern zukehren, begründet die eigentliche Revolution der Höhlengänger, indem die Bildermacherei den ontologischen Basisakt vollzieht. Die Situation der Prähistorie erschafft – sonderbar ähnlich jener des *posthistoire* – die Wirklichkeit als solche, nicht dadurch, dass sie Schattenbilder desillusioniert, sondern indem sie Bilder zauberhaft hervorbringt und so einen markanten Unterschied in die Welt bringt, der Realität als dasjenige entstehen lässt, das in der Verhältnismäßigkeit von Bild und Ding seine Voraussetzung findet. Ohne Bilder keine *wirklichen* Dinge. Durch Erfindung der Realität – und Irrealität – erzeugt die Welt des Menschen eine bisher ungekannte Offenheit. Diese Offenheit wird zur größten Ressource menschlicher Zukunft als einer veränderten Gegenwart.

Damit will nicht gesagt sein, es hätte für diesen Vorgang – dessen Ungeheuerlichkeit nachzuvollziehen Bildermassenkonsumenten fast unmöglich geworden ist – von Anfang an oder bald eine klare Vorstellung, eine sprachliche Erfassung geben müssen. Wie so oft in evolutionären Entstehungen resultierte die neue Realität aus einem Verhalten, jenem einer ganz und gar neu konstruierten Verhältnismäßigkeit: Gegenstand und Bild. Mit dem ersterzeugten Icon eröffnet sich ein Feld der Statusdifferenzen der Wirklichkeit. Eine unausdenkliche Verhältnismäßigkeit tritt in Kraft, die sich danach durch sämtliche symbolischen Erfindungen weiterträgt: Kunst, Schrift, Mathematik ... So sind jene ältesten Tier- und Menschenfiguren vor allem anderen: Ikonen der Wirklichkeit.

In dieser ästhetischen Wirklichkeitsgewinnung liegt eine praktische Freiheitsbewegung. Der paläolithische Antiplatonismus muss nicht Fesseln lösen, er entkoppelt vielmehr Dinge von ihrer festen überlebensfunktionalen Angemessenheit und setzt sie als Artefakte in ein eigensinniges Verhältnis. Diese Doppelbewegung einer Freiheit von lebensweltlicher Inanspruchnahme und einer Freiheit zu offener artifizieller Bestimmung bringt eine ästhetische Grundbedingung hervor: dass Sehen vor allem im Absehenkönnen besteht. Wer stets sieht, was zu sehen ist, wird nie in den Blick bekommen, was zu sehen sein könnte. Der primäre, radikale Realismus der ersten Bildwerke geht über den trivialen Realitätssinn weit hinaus. Im Kern spielt sich mit den Bildern das Drama vom Auftauchen der Möglichkeit von Realität ab, das heiß aber: der Möglichkeiten. Es ist nicht die eine Welt, es sind die vielen Welten, die mit der Entfaltung der Wirklichkeit aus der Spaltung von Dingen und Bildern entstehen. Wirklichkeit wäre, so betrachtet, von ihrem eiszeitlichen Beginn an der Spielraum ihrer beständigen Erschaffung.

Wenn es vielleicht denkbar ist, das Aurignacien als frostige Entstehungsbedingung von ästhetischen Artefakten in *»der harten Schule der zwischen den Eisrändern sich behauptenden Intelligenzler«* (Hans Blumenberg) aufzufassen, so erlaubt das keineswegs den Schluss, dass in dieser Zeit *»der Mensch zum Naturwesen* gegen *die Natur«* wird. Das wirkliche ökologische Rätsel liegt vielmehr in der zäh behaupteten Bedeutung der

Kunstprodukte im verschärften Selbsterhaltungskampf, zu dem sie nichts beitragen konnten. Der Raum der Symbole organisierte nicht eine Anti-Natur, er erlaubte es jedoch, eine Alternativnatur im Sinn von eigenständiger Wirklichkeit in die Welt zu setzen. Eine exorbitante Setzung, mit deren Langzeitfolgen wir es heute angesichts einer beispiellosen Herausforderung zu tun haben, wo Zivilisation eklatant als Anti-Natur auftritt. Ökologie ist die Anstrengung, in dieser antinatürlichen, hegemonialen Tendenz den ursprünglichen Keim der ästhetischen Alternativnatur wiederzufinden, worin der Stein nicht dazu verurteilt ist, Stein zu sein statt Skulptur, worin der Knochen nicht dazu verurteilt ist, Knochen zu sein statt Flöte und worin das Fleisch nicht dazu verurteilt ist, Fleisch zu sein statt Mensch und Tier. Mit einem Wort: Wo Symbole nicht Herrschaft sondern Freiheit bedeuten.

Nicht die Landschaft als Ganzes wurde im Paläolithikum Gegenstand der Imagination, doch wesentliche Elemente davon, Tiere und Menschen und vielleicht anderes, wovon wir nichts wissen. Sie ist insofern eine dramatische Landschaft, als es innerhalb der Ökologie des Geistes um die Schaffung und Bestätigung einer grundlegend neuen Weltordnung geht. Der platonische Weg zur Wirklichkeit führte unter Gewaltanwendung weg von den (Schatten-)Bildern hinaus aus der Höhle und ins Areal realer Dinge, beschienen vom Licht der Ideen. Lange bevor damit das europäische Schatten- und Ideen-Denken, bevor das Einrichten von Unter- und Überwelten – höchsten Ideen – startet, weist ein ganz anderer Vorgang die kulturevolutionäre Richtung: Die paläolithische Bewegung führte aus dem Freiland in die Höhle und ließ dort plastische Bilder entstehen, mit denen sich eine Wirklichkeit eröffnete, an die man nicht gefesselt war, weder von Schatten noch von ewigen Ideen. Nicht Bildervernichtung, sondern Bilderzeugung, nicht ikonoklastisch sondern ikonoplastisch vorzugehen, verspricht der Menschheitskultur ein Verfahren, aus dem sie ihre Realität gewinnt, indem sie sich damit zugleich ihren Möglichkeitsraum auftut. Wirklichkeit ist ein bildgebendes Verfahren.

Zum Statuettenhorizont

Gemäß der aus den Schichten ans Licht getretenen Gegebenheiten ist präzisierend zu sagen: Am Anfang war die Frau. Wie sieht sie aus? Entlang eines anatomischen Schemas betrachtet, stülpen sich die Brüste auf Schulterhöhe waagrecht heraus, und ihre vorragende Größe, die den Blick zuerst trifft, bildet eine Richtung, einen Vektor des Körpers auf etwas zu, ein Gegenüber, dem ihre Umfänglichkeit sich entgegenhält. Von den vorn abgeflachten Brüsten fällt der Körper in drei festen Stufen über den Bauch zur Vulva hinab. Die Stufungen dieses Körpers sind klar. Über Ausstülpungen und Einschnitte profilieren sie den Leibraum: Schultern, Arme, Brüste, Hüften, Bauch, Unterleib. Ins Feingliedrige skaliert sind Finger,

Bauchnabel, Gesäßspalte und Schamlippen. In dieser ausgewählten Körperskala finden weder Hals und Kopf noch Beine und Füße ihren Platz, sie fehlen. Statt in Extremitäten auszugreifen, werden die Körperteile zu einer Kompaktheit zentriert, der die Arme – unter die Brüste gelegt und dem Rumpf eingefügt – unablösbar angehören. Auf diese Weise erhöht der reduzierte Corpus seine plastische Kapazität zur voluminösen Opulenz.

Trotz ihrer nur sechs Zentimeter Größe ruft diese aus dem ältesten Aurignacien-Horizont geborgene primäre Frauenfigur den Eindruck raumgreifender Fleischlichkeit hervor. Als was darf sie damit gelten? Als Fruchtbarkeits-, Vitalitäts-, Sexualsymbol? Schützende Urmutter, helfende Göttin? Die Bedeutungszuschreibungen, die die Statuette erfuhr, sind einem fest formierten anthropologischen Katalog entnommen. Trotzdem ist nicht absehbar, dass es diese Interpretationen zur Gewissheit werden könnten. Plausibler wird eine andere Überlegung, wenn man jenes singuläre Bildwerk in ein Verhältnis mit dem lebendigen Auge setzt, dem es dargeboten wurde. In dieser Verhältnismäßigkeit taucht plötzlich eine Realität auf, die von einer unmenschlichen Dauer zeugt, fixiert im Material eines Mammutstoßzahns. Das anthropomorphe Bild führt jeden, der es sieht, der Beobachtung einer Unvergänglichkeit zu, die in krassem Missverhältnis zur menschlichen Sterblichkeit und Flüchtigkeit steht.

Nie ohne reduzierte Flüchtigkeit ist, was sich der Vergänglichkeit zu entziehen vermag. Dem Menschenbild kann es gelingen – und in dieser frühen Zeit nur ihm allein –, die Wirklichkeit in eine Verhältnismäßigkeit zum Menschen selbst zu setzen, in der eine Dauer, die über den biologischen Lebenzeitraum hinaus geht, fassbar wird, sich materiell abzeichnet. Ohne ein derartiges plastisches Artefakt ist der Lebensraum der flüchtigen Schatten, Spiegelbilder und rasch verblassenden Erinnerungen nicht zu überschreiten und kein Anhalt einer Dauerhaftigkeit zu gewinnen, die so erstaunlich ist, dass sie in ein bleibendes Kulturmerkmal überführt wird. Kann sein, dass es sich tatsächlich um eine kultische Ahnenfigur handelt, kann sein, worauf die Öse auf dem Rumpf der Frauenfigur vom »Hohle Fels« hindeutet, es war ein Anhänger, der in unmittelbarer Körpernähe getragen und mitgenommen wurde, der mithin Entfernung und Fehlen im Bild überwinden konnte, entscheidend ist der Möglichkeitsraum von Zeit und Tod, der eröffnet wird, wenn Denken zum Andenken wird. Und Erinnerung zum kulturellen Gedächtnis.

Dies führt zu einem zunächst vielleicht riskant erscheinenden Übergriff von der ersten Menschenplastik und ihrer stratigrafischen Position in Kalk und Asche auf die skulpturale Gegenwart. Nicht ohne ein inneres Zucken wird nämlich jene »Femme« von Louise Bourgeois aus dem Jahr 2005 betrachten, wem die erste sichtbar gewordene Frauengestalt im Gedächtnis ist. Wie nahe sich ihre Formen kommen, über Jahrtausende und ihre jeweiligen symbolischen Bestände hinweg, ist frappierend. »Femme«:

ein Frauenkörper im gedunkelten Glanz einer Silberpatina zwar, dem aber Kopf, Hals und Beine fehlen, um sich allein durch an den Schultern ansetzende, gerade herausragende Brüste, Bauch und Hüften plastisch zu füllen und seine Feingliedrigkeit durch Bauchnabel, Gesäßspalte und, wie bei der ersten Frauenikone, offene Vagina zu erhalten. Um die unglaubliche Übereinstimmung zu verstehen, daraus ein Verständnis für die ältere Form zu gewinnen, läge es nahe, einen beide möglicherweise verbindenden Begriff wie *›archaisch‹* heranzuziehen. Tatsächlich aber besagt er nichts. Sowenig wie es weiterführt, auf psychologische Erklärungen, etwa Archetypen, zurückzugreifen. Gleichwohl haben der prähistorische und der postmoderne Frauenbildkörper etwas Grundlegendes gemeinsam.

Beide erschaffen neue Verhältnisse von Bedeutung, ob man dasjenige vor vierzigtausend Jahren Kunst nennt oder nicht. In ihren plastischen Torsoformen entsteht ein Raum von Sinnmöglichkeiten, in dem Vorstellungen und Erfahrungen anwachsen, die wiederum auf das Erleben realer Körper zurückwirken. Über einen psychischen Biografismus hinaus, dem Louise Bourgeois oft selbst Vorschub leistete, lässt sich ihr Satz: *»sculpture allows me to re-experience the past«* auf diese Weise besser verstehen. Die ganze plastische Welt der Informierung, Deformierung und Transformierung taucht mit dem Bildwerk schlagartig auf und damit die Möglichkeit, sich und die Wirklichkeit zu begreifen.

Elfenbein: Jagdrückstand, zum Feuern herangezogen, zum Bau der Jurten, Werkzeugrohstoff. Dann: eine Figur herausgeschält, ein weiblicher Körper, der neue Verhältnisse entstehen lässt, an deren historisch anderem Ende Künstler wie Bourgeois, Hans Bellmer und andere stehen, in deren Skulpturen sich die Körper in ihre Teile, primär ihre sexuellen, zergliedern und auflösen, um sich in sonderbaren Verschiebungen und Verzerrungen, fleischlichen Doppelungen und geschlechtlichen Umlagerungen zurückzugliedern. Am prägnantesten beschriebe diese *re-experience* das englische *re-membering.* »Und was ist das Fleisch anderes als Mond? Und was der Mond anderes als Nacht?« (Henry Miller)

Die unglaublichsten Metamorphosen und erstaunlichsten Metaphern können beginnen, über jeden Surrealismus hinweg, wo noch der getreueste Körper-Naturalismus sein eigensinniges Bildverhältnis erschafft, gerade weil er sich an metrischen Proportionen und abstrakten mathematischen Maßstäben entwirft. Der Körper wird zur Landschaft oder zur vegetabilen Frucht, zum technischen Mechanismus, idealen Metrum oder geometrischen Konstrukt. Seine Bedeutungen entsprechen seinen Verwandlungen und in seinem spektralen Schillern kann er begehrt, verabscheut, angebetet, verteufelt, geheiligt, brutalisiert, entblößt oder idealisiert kurz: zu einem Raum widersprüchlichster Verhältnisse und Gefühle werden.

Kaum überraschend jetzt, dass dies keinen Prozess ausschließlich der letzten Jahrzehnte darstellt. Tatsächlich lässt sich jener Vorgang der *Wirk-*

lichkeit des Körpers bereits mit den allerersten femininen Figuren absehen. Überblickt man die Reihe von Frauengestalten, die sich bis zur Sesshaftigkeit, zu den ersten urbanen Experimenten anreichert, Figuren von teils berückender Fülle, teils betörender Abstraktion, wird man nicht verkennen können, in welch faszinierende Verwandlungen der Körper sich versetzt findet. Und welchen Raum an symbolischer Beweglichkeit – soll man sagen: Freiheit? – er dadurch gewinnt. Wird es wichtig zu fragen, ob Frauen oder Männer sie herstellten? Abenteuerlicher könnte sein zu denken, sie wurden von weiblichen wie männlichen Händen geformt. Beunruhigender noch dürfte die Erkenntnis sein, dass in den Grabungshorizonten vom Aurignacien bis zum Magdalénien, über drei Jahrzehntausende hinweg, plastische Männerbilder äußerst spärlich, ja fast nicht vorhanden sind.

Tiermenschliche Intimität

Die Tiere sah ich erstmals vor mehr als drei Jahrzehnten während des Studiums beim Verlassen der Tübinger Universitätsbibliothek, wo sie in einer unscheinbaren Vitrine standen. Es handelte sich um jene ersten Funde, die man anfangs der dreißiger Jahre des 20. Jahrhunderts gemacht hatte, ergänzt um solche, die wenige Jahre zuvor durch die Tübinger Forschung dazu gekommen waren: Pferd, Mammut, Löwe, Wisent. Die meisten trugen Ritzungen auf ihrer Oberfläche, Striche, Punkte, x-förmige Muster. Uralte Zeichen? Numerische Notationen? Erste Textogramme, lange bevor sie im syrischen Zweistromland in Benutzung kamen? Ich weiß nicht, warum man sie gerade hier aufgestellt hatte – vielleicht, um sie einer Laufkundschaft des Wissens, wie sie Studenten darstellen, in den Weg zu rücken, sie mit etwas zu konfrontieren, das dem stolzen europäischen Wissen urbaner Tradition fern liegen musste.

Nachdem es damals mit Südfrankreich und Süddeutschland lediglich zwei paläolithische Fundorte gab, hat sich inzwischen der geografische Fundbereich erheblich erweitert, doch deutet nach wie vor alles darauf hin, dass das Entstehen der plastischen Darstellungskunst eine Besonderheit europäischer Entwicklung ist. Tiere, in Elfenbein gearbeitet, überwiegen bei weitem, ein paar Menschenfiguren, sonst nichts. Animalische Skulpturen, von denen aus den Höhlen der Schwäbischen Alb bis heute annähernd fünfzig aufgetaucht sind, belegen, dass keinem einmaligen, spontanen Impuls entstammte, was sich als Zeugnisse aus der Erstzeit menschlichen Sichbildermachens allmählich verdichtete. Vielmehr muss man inzwischen erkennen: Sie verdanken sich einer kollektiv geteilten Tradition, deren uranfängliche Formen zwar ungreifbar bleiben – möglicherweise, weil sie in anderem Material, etwa Holz, verfertigt wurden –, die jedoch eine in Kulturverhalten überführte Motivation zur Voraussetzung haben müssen. Was war es, das als so spektakulär, so augenöffnend erfahren worden ist, dass es in eine generelle Sozialform, in eine verbreitete

Expressivität übernommen wurde, an der man über Jahrtausende hinweg festhielt und die man nie wieder aufgab? (Wobei Motivationen veränderbar sind, selbst wenn die Tradition konstant bleibt.) Erstaunlich, wenn man sich vor Augen hält, dass es kein Zentrum, keine übergeordnete Organisation gab. Was existierte, waren gewisse Verdichtungen, Cluster von Einzelnen in Gruppenstärke, über riesige Gebiete verstreut.

Die natural-soziale Landschaft der Aurignacien-Menschen bildet sich durch Schweifgebiete aus Höhlen, Lagerplätzen, Wasserläufen, Sammel- und Jagdarealen. Uns ist es lange entfallen, welchen Eindruck es auf die eigene Stellung in der Welt macht, wenn feststeht: Der Mensch, überblickt man nur die größeren Tiere, befindet sich in der Landschaft bei weitem in der Unterzahl. Eine zoologische Positionsbeschreibung, die Europäern als Welterfahrung eine unausdenkliche Zeitspanne nicht mehr zur Verfügung steht – und die man wohl als eine Quelle der Zoo-Begeisterung seit dem neunzehnten Jahrhundert ansehen darf. Bis zur Fraglosigkeit sind es die Zeitgenossen der letzten Tierreservate und Biosphärenlandschaften gewohnt, als Gattung numerisch zu überwiegen, in einem Maß, dass sie sich inzwischen selbst zur letzten Bedrohung geworden sind. Die natürliche Proportion hingegen bestand in humaner Unterzahl. In diesem Verhältnis begegnete man Tieren im offenen, tundrischen Gelände. Denn über ältere Irrtümer hinaus ist der Forschung heute bekannt, die Aurignacien-Leute waren keine Höhlenbewohner. Der schwer auszuhaltende Eiszeitwinter war es, der sie festsetzte und zur Höhleneinkehr zwang. Ansonsten waren die saisonalen Troglodyten Umherziehende, wobei die Schweifgebiete – nach den verfügbaren Spuren – auf wenige Tagesdistanzen beschränkt blieben. Naturgemäß verbieten sich Exzesse des Körpers, wo sich der Energiehaushalt eisern an die Bedingungen des Überlebens gekoppelt sieht. Mobilität bindet sich da an das Zugverhalten der Nahrungstiere.

Kaum vorstellbar, dass in dieser dürftigen Geschütztheit eine Tierwelt mit Löwen, Hyänen, Mammuts, Bären, Wölfen oder Wisenten, wie sie in den Juragebieten existierte, keine Furcht hervorrief. Es gibt Indizien, gibt in den Malereien der französischen Höhlen Darstellungen, die auf durch Tiere Getötete hinweisen. Desto größeres Verwundern ruft es hervor, wenn man bemerkt, keines der in den Skulpturen geformten Tiere bringt Feindliches, Zerstörungsmächtiges, Vernichtendes zum Ausdruck. Im Gegenteil, von einer Größe, die es erlaubt, sie leicht in die Hand einzuschließen, erscheinen sie ohne beängstigenden Ausdruck, sind dazu filigran gearbeitet, mit einer das Detail – Augen, Nüstern, Ohren, Mähne – achtsam aufnehmenden Genauigkeit. Offenkundig sind sie nicht Teil einer anderen, sondern der gleichen Welt, wie sie der Mensch bewohnt. Diese menschengeschaffenen Tiere geben zu erkennen: Bedrohung und Tod durch Naturwesen stellen nichts Befremdendes, Schockierendes dar, da der Mensch selbst Teil der Natur, da er in der Natur ist wie ein Tropfen Wasser im Wasser, um ein schönes Bild George Batailles heranzuziehen. Beide gehören sie demselben In-der-Welt-sein an.

Ja: Noch spürt man die Nähe – aber schon zeichnet sich etwas anders ab. Unbekanntes, Fremdes. Durch das aus der Natur heraus sich reißende Bild nämlich erfolgt eine Sprengung und Dissoziation der Naturgleichheit. Die Homogenität wird zu einer Heterogenität, durch die weder Tiere noch Menschen auf eine Weise in der Welt sind, wie sie es zuvor waren. Jedes Bildwerk bedeutet – vor dem Film – eine Stillstellung der Zeit. In jene unnatürliche, unsterbliche Form müssen die Tiere, sollen sie ikonische Gestalt annehmen, überführt werden. Diese antinatürliche Revolution des Bildwerks führt zu gebrochenen Verhältnissen, einer Diskrepanz, aus deren Abstand erneut Wirklichkeit als Verhältnismäßigkeit – von Bedeutungs- und Weltmöglichkeiten – hervorgeht. Fesselnd und von ferner Fremdheit umspielt die ältesten Tierfiguren jene irritierende Ambivalenz, mit der sich der ungeheure Moment abzeichnet, da Menschen sich von der Natur abzuspalten beginnen.

Und in diesem Moment wird die Frage sinnvoll, ob es in der Landschaft symbolische Orte gibt, die sie zur erinnernden Landschaft machen? Beim Blick auf die animalischen Artefakte entsteht zumindest eine Ahnung davon. Der Transfer von Naturdingen ins symbolische Bild setzt Abstand – Abstraktion – ebenso voraus wie Bezugnahme – Referenz. Die Bildwerke sind ihren natürlichen Bezugsgrößen ähnlich – welche Beunruhigung spricht aus dieser Analogie? Der Impuls, ein Bezug, ein Verhältnis herstellen zu müssen, zeigt sich nur, wenn etwas aus der Nähe der Selbst-Verständlichkeit in die Ferne einer Fremdheit entschwindet. Ob Frauenfigur, ob Tierartefakt: Es geht nicht mehr um eine natürliche, lebensfunktionale Angemessenheit – bei Tieren als Nahrung oder Rohstoffquelle – sondern um die eigensinnige Maßgabe eines Artefakts, mit dem eine Ausdrucksform Platz greift, die zwar ein beachtlichen Wissen um Maß und Proportion als Ähnlichkeitsweise braucht, jedoch vor allem erweist, dass der Geist der Analogie zugleich der Geist des Unterschieds ist, der im Bildwerk zur Eigenwertigkeit sich verfestigt. An dieser Brechung kommt man nicht vorbei, will man in einer evolutionären Remontage zurückverfolgen, wo sich etwas aus einem biologischen Lebensverhalten löste, das als andauernde kulturelle Lösung in Erscheinung treten konnte.

Was war, was wurde Fremdkörper? Und warum geschah das? Barg der Riss durch die paläolithische Biosphäre, Mensch und Tier bis dahin homogen einbegreifend, die Chance magischer Macht, Schönheit oder animistischer Beseelung? Noch verstörender und weitgreifender werden die Fragestellungen angesichts einer Skulptur, die, in völliger Zersplitterung geborgen, dreißig Jahre in archäologischen Archiven lagerte, bevor sie als Bildwerk erkannt, zusammengesetzt und zu einer Art Initiale der Kunstgeschichte wurde: der »Löwenmensch«. Weit größer als alle anderen Figuren, in Gestalt aufrecht menschlich, trägt er Kopf und andere Körperteile eines Löwen. Ein Therianthrop, in dem das Humane und Animalische verschmelzen. Wie nahe liegt dafür der ganze westliche Mythos-Bestand von Göttern, die sich in Tiere verwandeln, das reiche Erzählmotiv der Metamorphose und der Fabel, das noch spät, obzwar in literarischer Spielform von der Anverwandlung des Menschlichen und Tierischen spricht.

Im 20. Jahrhundert erreichte das europäische Bewusstsein ein irisierender Schimmer davon im mittelamerikanischen Erzählen, insonderheit jenem von Miguel Asturias, inspiriert von einer lebendigen Erzählwelt der Maya-*indígenas*. Sein Buch »Die Maismenschen« kennt die Geschichte eines Schamanen, der, so sieht es aus, gleichzeitig ein Tier ist, jener *»Hirsch der Sieben Brachen«*: *»Der Heiler und der Hirsch: wie du und dein Schatten, wie du und deine Seele, wie du und dein Atem«*. Eine einzige Kugel ist es darum, die den gejagten Hirsch tötet und den Menschen. Ein einziger Schuss schlägt zwei Wunden und ruft das Wunder für einen magischen Moment zurück, dass das Schicksal von Tier und Mensch ineins geht. Dass Mensch und Tier – was das *Alte Testament* schon nicht mehr ahnt – sich in dem Verhältnis einer tiefen, vorsozialen Gleichheit befinden, die an die Wurzeln der Ökologie rührt. Asturias lässt auch erkennen, wie der Augenblick mit der gewaltsamen Zerstörung des tiermenschlichen Mischwesens zerbricht und fortan dem Menschen *»die Dinge so erscheinen wie jemandem, der seinen Spiegel zerbrochen hat und nun das Bild, das ihm der Spiegel zurückwarf, in jedem der vielen Stückchen erblickt«*.

Bereits in der Auftrennung des Therianthropismus, scheint das fraktale Subjekt vorweggenommen, als das Baudrillard das postmoderne Individuum beschrieben hat, in seiner *»Zersplitterung ins Identische, ins Gespenst des Identischen«*. So weit jedoch geht kein Schamanismus, wie er heute und zur Deutung des »Löwenmenschen« herangezogen worden ist, welcher als Bestandteil von Beschwörungszeremonien ein Instrument der Besänftigung einer bedrohlichen Wildnis und der Bemächtigung über Tiere abgegeben haben soll. Gleichwohl setzt die Schamanismusvorstellung das frappierende Interesse am Totemismus fort, das ethnografische Berichte über Totemtiere, im 19. Jahrhundert hervorriefen. Auch Sigmund Freud, dessen Begeisterung für Archäologie und Vorgeschichte zeitlebens nie nachließ, konnte sich deren Faszination nicht entziehen. Seine wirkungsmächtige Theorie *»endopsychischer Mythen«* führte ihn schließlich zu der Ansicht, *»dass das Totemtier wirklich der Ersatz des Vaters ist«*. Und so erscheinen animalische Totems als *»neue Vaterersatzbildungen«*, die Vorläufer religiöser Gottheiten und irdischer Herrscher darstellen.

Was Ethnoarchäologie zusammentrug, was die Psychologie als *»psychischen Apparat«* arrangierte – nur schwer lässt es sich auf einen eiszeitlichen Erzählraum zurückblenden, über dessen Mythopoiese oder Ritualhandeln wir nichts wissen. Eben so wenig werden sich *animal* und *animus*, Tier und menschliche Psyche in ihrem Zusammenhang mittels Vorstellungen des Infantilen, Primitiven und Archaischen erschließen lassen. Wo das Tier endet, wo das Menschliche beginnt und unter welchen euphorischen oder eher gedämpften Vorzeichen eine Verbindung von beidem wahrzunehmen ist, dies folgt einer anderen Fragerichtung. In ihr zeigt sich, was man »magisches Denken« genannt hat, als eine Verhältnismäßigkeit, die in der anthropoanimalischen Gleichheit ihr Extrem findet: untrennbar verschmolzen in einer einzigen Gestalt. Fast nicht auszumessen ist von diesem Punkt die Spanne bis zu jenem kulturgeschichtlichen Datum, wo Friedrich Schiller für die Neuzeit vom *»Tiermenschen«* spricht.

In seiner medizinischen Dissertation »Über den Zusammenhang der tierischen Natur des Menschen mit seiner geistigen«, eingereicht an der Stuttgarter Karlsschule ein Jahr vor dem Erscheinen des Schauspiels »Die Räuber«, wo vom Menschen als dem *»Meister im Morden«* die Rede ist, stößt man auf das moderne anthropologische Subjekt als das alte Kompositum: den *»Tiermenschen«*. Als Visavis seiner anthropologischen Selbstanschauung tritt dem Individuum *»das unselige Mittelding von Vieh und Engel«* entgegen. Und mit diesem Wissen einer Wissenschaft vom Menschen, die einen merkwürdigen Schnittpunkt von Medizin, Biologie, Literatur, Psychologie und Geschichte abgibt, scheinen Aufklärung und humanistische Projekte einer Bedrohung ausgeliefert und ein Maß von Bestialität auf den menschheitsgeschichtlichen Plan gerufen, das in Wahrheit längst vom Animalischen abgesetzt ist, das spezifisch menschlich sich verausgabt und welthistorisch desaströs zum Ausdruck bringt.

Dieses moderne therianthrope Szenario scheint mit jenen Spielen nur wenig zu tun zu haben, die eine postmoderne *furry*-Fangemeinde begeistern, indem sie sich in Pelze kleiden und durch *fursuits* in Tiere verwandeln, deren anthropomorphe Züge jedoch nicht über die infantile Ikonografie von Maskottchen und Comicfiguren hinwegtäuschen können. Was man als Zähmungsstrategie des neuzeitlichen Tiermenschen durch niedliches Fellkleid und unterhaltsame Communities betrachten könnte, zeigt in den sadomasochistischen *petplays* mit ihrer zivilisationstypischen Zurichtung von *top* (Menschrolle) und *bottom* (Tierrolle) noch seinen realen Gewaltcharakter. Sehr viel näher am triebanimalischen Menschenwesen Schillers operiert das sexuelle Rollenspiel, das Menschen in Tiere verwandelt, sie mit den Requisiten von Dressur und Drangsal versieht und Lust mit Herrschermacht, Eros mit Todestrieb kombiniert. Der verabredeten Kontrolle sexueller Praktiken zugehörig, wird man in den Akten von Bemächtigung und Unterwerfung, Erniedrigung und sexueller Stimulation des Menschen nicht als eines Tiers, sondern Untiers innerhalb eines historischen Pandämoniums erhitzter Todestriebe und brennender Machtgelüste ansichtig.

Der ferne Raum des »Löwenmenschen« dagegen, in dem Menschsein eine neue Bedeutung annimmt, ist kalt. Individuen, denen die Kälte zusetzte, wuchs ein Fell zu, das sie umschloss, wie eine zweite Haut um den Körper lag. In der Haut von Tieren zu stecken, nur in ihrer Haut überleben zu können, sich Tiere als Hauptnahrung, in den Winterzeiten sogar als einzig erreichbare Speise einzuverleiben, verkörperte eine fast abstandslose tiermenschliche Intimität. Der »Löwenmensch« steht ihr faszinierend nahe. Es beginnt mit ihm aber auch eine Natur des Menschen greifbar zu werden, die den Imaginationsraum der Nähe verlässt und sich, im Bild gebrochen, vom Tierischen freisetzt. (Seither gehört es zu den befangensten Restriktionen, Tiere als Fleisch zu benutzen). Die letzte Konsequenz der Gleichheit des therianthropen Vergleichs, jener Analogie des Bildwerks, liegt in der Bewegung der Metapher und der Übertragung selbst: Mit ihr tritt die Differenz ins Bewusstsein und in den Vordergrund, aus der sich, wie aus Elfenbein, die Bedeutung einer vorher unbekannten kulturevolutionären Trinität herausbildet: Animalität, Humanität, Bestialität. Mit der neuartigen Bildwelt, in der Mensch und Tier sich reflektieren und perspektivisch brechen, wird ein weiter Raum der Diversität als menschliche Wirklichkeit erschlossen. Auch einer der Perversität.

Gestimmte Körper

Es gehört zu den Obsessionen europäischen Denkens, nach Bedeutung und Sinn zu suchen, anstatt nach jener Bewegung zu fragen, derer es bedarf, um jenen entfesselnden Vorgang der Abspaltung ins Werk zu setzen, aus dem die Chance zu Bedeutung und Sinn erst resultiert. Die primäre Bewegung des Künstlichen, der Kunst, zu der auch ein gewisser Umgang mit Sprache – Sprachspiele – gehören. Eine prähistorische Welt jenseits der Schrift kann, im präzisen Sinn, nichts beschreiben, die Dinge nicht schreibend ordnen. Ohne dass sie darum sprachlos wäre. In ihrer Sprache bleibt sie für uns aber unerreichbar, nicht zuletzt weil unsere eigene Sprache dabei zu erkennen gibt, wie stark sie mit metaphorischen Vorstellungen aufgeladen ist. Da die Vernunft ständig Sprachbildern aufzusitzen droht, macht sie sich anheischig, über eine Welt zu sprechen, in der es keine Mondsichel, keine gläserne Ferne, keinen eisernen Durchhaltewillen, keine Unbehaustheit gibt. Nur Mond, Ferne, Durchhalten, Unterkommen.

Die primäre Bewegung des Künstlichen, der Kunst. Vermutlich passiert es nicht allzu oft, dass man in diese Bewegung direkt einbegriffen wird. An einen Nachmittag im April 2002 saß ich im spätgotischen Schiff der Kirche des Benediktinerklosters Blaubeuren. Dort wurde erstmals auf der getreuen Replik einer kleinen Flöte gespielt, die nicht lange zuvor in einer der nahen Höhlen ergraben worden war. Wie aus dem Nichts waren da jene klaren, fein gefassten Töne zu hören, von drei Grifflöchern erzeugt, die mit der Anblastechnik einer Schrägflöte – wie bei der traditionellen ägyptischen Nay – einen Tonraum von sieben Tönen zu erzeugen vermögen, die mit einer anhaltenden Festigkeit den Raum durchziehen. Das Ausgraben des Flüchtigsten: der Töne, Klänge. Diese Rekonstruktion der Flüchtigkeit, diese Sonografie paläolithischer Sounds gehört zum Erregendsten, Einprägsamsten. Die unverhoffte Sekunde einer berührenden Unmittelbarkeit, in der eine Ahnung aufzutauchen scheint, was das undenkbare Wort ›zeitlos‹ meinen könnte.

Wenige Jahre später tauchte eine weitere Flöte aus noch größerer Zeittiefe auf, kaum eine Armlänge von der ersten Frauenfigur entfernt, womöglich von denselben Leuten dort abgelegt. Vielleicht aber liegt auch ein längerer Zeitraum – ein Jahrtausend? mehrere? – dazwischen. Wenn es nicht lediglich Erhaltungsbedingungen geschuldet sein sollte, dann liegen die Fundorte dieser Instrumente im Raum einer akustischen Plausibilität. Die »Geißenklösterle« genannte Felsformation – Fundort der ersten Flöte – schließt einen Raum fast kreisrund zu drei Vierteln ein, in den man durch ein Felstor gelangt, ähnlich einem gotischen Spitzbogen. Gegenüber, im Hintergrund, schafft ein Felsüberhang einen Abri, der an eine Kirchenapsis erinnert, wie man sich an diesem Ort überhaupt kaum gegen den Eindruck wehren kann, man befinde sich in einer sakralen Ruine. Nicht zufällig ist auch die Bezeichnung »Dom« für die größte Höhlung im »Hohle Fels«, worin schon nach einer kurzen Zeitspanne spürbar wird, wie die Außenzeit sich einstülpt und ein intrinsisches Maß bekommt: Tropfen, Tropfenhall, auf Fels, in Wasserpfützen. Das wird bald zum Rhythmus der Höhle. Und beide Orte eröffnen ein stupendes Erlebnis: wie sich die Luftschwingungen im Röhrenraum der kleinen Flöten in einen immensen, bei schwachem Licht schwer absehbaren Raum natürlicher Akustik erweitern. Die Höhle wird zum klingenden Hohlraum eines ausgehöhlten Knochens, also Körperstücks, das eine Ausdehnungserfahrung vermittelt, welche uns heute ein Gefühl abverlangt, das sakral oder sublim formatiert ist.

In welche Formen fasste sich zur Zeit der Flötenherstellung Sehen: und Ersehen, Fassen: und Erfassen, Hören: und Erhören? Wenn jenes Stück ausgehöhlten Singschwan- oder Mönchsgeierknochens zum Mund geführt wurde, nicht um Fleisch davon zu nagen, vielmehr um den eigenen Atem hinein zu blasen und damit etwas Hörbares zu erzeugen, das kein naturhaftes Geräusch, sondern ein artifizieller Ton war, und wenn dies in einer kollektiven Übernahme an verschiedenen Plätzen, in verschiedenen Situationen und in Hörweite anderer getan wurde, dann stellt sich die Frage: Was klingt für Menschen in diesem Hörbaren an? Mimetische Laute? Signale zur Wiedererkennung, akustische Zeichen? Lockrufe innerhalb von Jagdstrategien? Das Gehör der Jägerkulturen muss ein anders geschärfter Sinn gewesen sein als es unserer ist. Wir müssen davon ausgehen, dass es für uns Unhörbares hörte. Nicht nur in dem Sinn, dass es – im Dunkel von Nacht und Höhle zumal – hellhöriger war. Es hörte zudem mehr: mehr Anklang.

Im Gegensatz zur Ästhetik des Sehens eröffnet sich Weiträumigkeit für das Hören im geschlossenen Klangraum. Wo sich Töne im Offenen verlieren und darum vermehrte Lautstärke erfordern, erweitern und verdichten sie sich in der Resonanz der steinernen Höhle. Tatsächlich schwingen sie, ausgehend vom menschlichen Körper, auf die Körperoberfläche zurück, der selbst zum Resonanzkörper, also zum Teil des Klangs wird. Für Menschen ist dies stets so unerhört gewesen, dass es in der bautechnischen Akustik der Kathedralen des Mittelalters zu ebensolchen architektonischen Exzessen geführt hat wie in Konzerthausbauwerken der Gegenwart. Erstmals jedoch geschah es in Höhlen, dass etwas in resonierendem Verhältnis zum Hörenden stand und sich zugleich davon abspaltete, weiträumig eigensinnig wurde. Wie sonderbar, dass durch Tonfolgen und klangliche Abstimmungen Zugang zu einer Erfahrungswelt gewonnen wurde, in welcher der Atem über die Stimme und Stimmbandoptionen hinaus erweitert wurde, um jenseits der Stimme, der Sprache etwas anderes, davon Abgetrenntes zu erkunden, einen erstaunlichen Wahrnehmungsraum des eigenen Körpers, im eigentlichen Sinn: Stimmungen.

Die Stille ist hörbar, insbesondere in der Höhle. Stille besteht nicht in absoluter Abwesenheit von Schall und Hörfrequenzen. Sie tritt dann ein, wenn Geräusche ihren Deutungsimpuls verlieren – nicht mehr das Zuschlagen einer Autotür, das Singen eines Vogels sind –, wenn sie zurücktreten und der Raum des Hörens selbst den Hörsinn erreicht. Stille tritt in Erscheinung, wenn von dem Hörbaren nichts mehr ausgeht, wenn es nicht länger eine gedeutete Umwelt erzeugt, wenn es keinen ontologischen Alarm: »Hier ist etwas!« mehr aussendet. Stille ist nicht geräuschlos sondern bedeutungslos. Nichts klingt in ihr an als dieser unverhältnismäßige Raum des Hörens selbst. Aus diesem Grund kann Stille so beruhigend wie beunruhigend, einlullend wie beängstigend sein. In diesem Raum findet erstmals eine bestimmte Art von künstlichen, abgestimmten Geräuschen die Wahrnehmung: Klänge. Ihr unmaterielles Volumen, ihre Höhe und Weite. Ihr Zurückkommen, von den Wänden Hin- und Hergeworfenwerden. Was klingt hier an, was wird hörbar, wenn nicht eine Verhältnismäßigkeit, in der die menschliche Kultur in neuartiger Weise sich stimmt und stimmig wird.

So trifft erste Musik den menschlichen Körper. Dieser Körper ist: ein Körper der Jagd und der Landschaft, ein Körper des Suchens und Fassens, einer der Berührung, ein Körper der Ruhe, ein Körper der Bilderschaffung und der Resonanz. Und vor allem: Er ist das alles auf gleicher Ebene, nichts Erhabenes, nichts Tiefes. Die primären Bildwerke wie die ersten

Klanginstrumente – ausgenommen möglicherweise der »Löwenmensch« – finden sich alle mitten im Kontext der Überbleibsel des alltäglichen Lebens, nahe dem Abfall. Nie aber in der Nähe des Todes, von Grabstätten oder sepulchralen Opfern, mit denen sich ein meta-physischer Grundzug abzeichnen würde. Dies ist das eine, das uns seltsam anmuten könnte; das andere ist: Die Menschen fehlen an der Seite ihrer Erzeugnisse, als gebe es dafür einen bedeutenden Grund. Kaum Knochenfunde und sterbliche Überreste der Menschen des Aurignacien. Von Menschen, die eine Wirklichkeit entdeckten, indem sie Klanginstrumente und Bildwerke schufen, durch die sie eine Zukunft auftaten, worin wir noch immer leben. Eine Kunst, mit der eine spezifisch menschliche Verhältnismäßigkeit der vielen Bedeutungen und Weltmöglichkeiten real wurde. Ihr geht keine höchste Idee, kein oberstes Gutes, kein Gott voraus. Platons Höhlengleichnis mit seiner Ideenwelt muss ebenso gründlich umgeschrieben werden wie die jüdische Erkenntnisparabel der »Genesis«. Weder der Weg aus der Höhle noch jener aus dem Paradies führt zum Wissen und Erkennen der eigentlich menschlichen Wirklichkeit. Dazu bedarf es der die Verhältnisse sprengenden Bilder und Klänge der Aurignacien-Leute, die diese Realität zum allerersten Mal fassbar machten. Doch wie bei jenen Kunstwerken des Mittelalters, die ihre Schöpfer unverzeichnet lassen, bleiben sie selbst ungreifbar.

Landscape Writing

Landschaften sind in dem genau zweifachen Sinn Speichermedien, als sie neben einem retrograden Gedächtnis eine progressive Erinnerung besitzen. Sie halten fest, was sie zu einem bestimmten geschichtlichen Zeitpunkt waren, was sich mit und in ihnen abspielte. Und sie halten vor, was sie in einem ungewissen Moment der Zukunft sein werden, was sie mit sich tragen und mit welchem Erbe sie belastet sind. Diese doppelten territorialen Einlagerungen, in denen sich die kulturelle Spreizung der Zeit wiederspiegelt, können materieller Art sein, Bauwerke, Straßen, chemische Stoffe oder vernichtete Pflanzenarten. Sie können jedoch auch nichtmateriellen Ordnungen angehören, mathematischen, statistischen, geodätischen oder semantischen. Von nicht zu unterschätzender Bedeutung für die semantischen Ordnungen von Landschaft ist im europäischen Traditionsstrom, seit Theokrits »Idyllen« und Vergils »Bucolica«, die Dichtung. Landschaftsdichtung ist sprachliches Reagens menschlicher Begegnung mit dem nichtmenschlichen Bios. Sie zeichnet die Rätsel auf, die Texturen des Uneindeutigen und die komplizierte Geschichte des Verfehlens und der Trauer des Fremdseins, das sich in dieser Begegnung ereignet.

Und wie alles, was Landschaften in sich einlagern, ob als stoffliche Sedimentpartikel oder immaterielle Informationen, einer jeweils besonderen historischen Zeit entstammt, die sie auf jeweils besondere Weise zum Ausdruck bringen, ist auch die Landschaftsdichtung als jeweils besondere sprachliche Wahrnehmung in Landschaften eingespeichert. Ein Sachverhalt, den am wenigsten jene übersehen können, denen sich das Thema Landschaft als Kernfrage derzeitiger Zivilisation literarisch aufdrängt, deren Verstädterungszonen gerade mal drei Prozent der Erdoberfläche bedecken, obschon sich die Hälfte der Weltbevölkerung in diesen Städten zusammenballt und man davon ausgehen muss, in wenigen Jahrzehnten werden es bereits dreiviertel aller Menschen sein.

Im Umkehrschluss lässt sich daraus ableiten, dass sich die Geschichte menschlichen Lebens nach wie vor zur Hälfte in ländlichen Ansiedlungen abspielt, sprich: in Landschaften. In weitaus höherem Grad, nämlich fast zur Gänze, hängt allerdings die urbane Ernährung von Erzeugnissen ab, die in Landschaften gepflanzt und geerntet werden. Und nicht allein die Ernährung, auch die naturgetragene Qualität des Lebens überhaupt: Wasser, Luft,

Klima oder der Fortbestand einer reichen Tier- und Pflanzenwelt. Mit einem Wort: unser evolutionäres Erbe. Das bis in die feinsten Lebenskapillaren hinein vernetzte Land-Stadt-Gefüge, das so leicht übergangen wird, umreißt den ökologischen Horizont, worin literarisches Schreiben über Landschaften in diesem geschichtlichen Augenblick stattfindet. Poetische Landschaften werden, vor dem Hintergrund einer sich in ihren Lebensgrundlagen selbst beschädigenden Menschheit, zur Schnittstelle von Ästhetik und Ökologie. Einer Schnittstelle, die beides ist: Verbindung und Wunde.

Es fällt auf, wie stark sich in Debatten die Hinweise häufen, die darauf aufmerksam machen, dem Zeitalter des Ökozids fehle es an einer Sprache für die nichtmenschliche Mitwelt, die Landschaft oder die destabilisierten Klimazonen. Und nicht wenige machen das epochale Sprachdefizit dafür verantwortlich, weshalb es nicht zu den erforderlichen Änderungen des Verhaltens und politischen Handelns kommt, die geeignet wären, die zivilisatorische Destruktivität zu beheben. Welche Sprache haben wir für die Landschaft? Begriffe wie Polkappenabschmelzung, Extremwetter, Keeling-Kurve markieren beispielhaft die wissenschaftsgeprägten Diskurse, mit denen gesellschaftliche Öffentlichkeiten weltweit über Entwicklungen in Kenntnis gesetzt werden, welche die Grundlagen ihrer Existenz betreffen. In administrativer und technologischer Extension gesellen sich dazu Planungssprache, Konstruktionssprache, Projektsprache. Sämtlich Sprachweisen, die besagen, was wir als Menschen mit der Landschaft machen. Doch verschweigen und verdecken sie hartnäckig, was die Landschaft mit den Menschen macht. Es ist also richtig, uns fehlt eine Sprache für die Landschaft, die Zeichen und das Bezeichnete miteinander in einer Korrespondenz verbindet, und die denotative Einseitigkeit und semiotische Hegemonie unterbindet.

Für einen Schriftsteller, dessen Schreiben während der Jahrzehnte einer beispiellos optimierten und politisch liberalisierten kapitalistischen Ökonomie stattfand, ist es vermutlich so selbstverständlich, die täglich voranschreitende Zerstörung der Erde mit zu verfolgen, wie vorhergehende Generationen den Wechsel der Jahreszeiten betrachteten. Es kennzeichnet schlicht die Absurdität der Lage, in die sich unsere Zivilisation gebracht hat. Zu dem dadurch geformten Bewusstsein, das zuvor keine geschichtliche Generation wird für sich reklamieren können, gehört das labile Wissen um Ort und Zeit, das sich aus dem überwältigenden Korpus an Beobachtungen ergibt, einstige Substanzen verflüssigt, Wesenheiten verflüchtigt und das Dauernde fortwährend weiter beschleunigt zu erleben. Die Haltbarkeit jeder Wahrheit steht unter dem Vorbehalt, zusehends kurzfristiger auszufallen. Der Wert von Ontologien verzeichnete in kürzester Zeit galoppierende Kursverluste.

Früher genügte es, der Natur als fester und geradezu übermächtiger Größe von Landschaften Ewigkeit beizulegen. Man durfte in der Natur – bei allem Wandel und Werden – das Bleibende und Wesenhafte sehen, worin sich jede noch so flatterhafte und vorübergehende Existenz aufgehoben fühlen konnte. Aus Staub entstanden, zu Staub geworden, verkörpert und wieder verweht: der vergängliche Körper reorganisiert in immer neuen, auf unabsehbare Zeit bestehenden Lebensformen. Doch die Spielarten des Pantheismus, wie sie bis lange nach der Mitte des 20. Jahrhunderts in der Lyrik anzutreffen waren, büßten ihren innersten Kern magischer Kraft ein, nachdem eine wissenschaftliche Epoche datenbasierter, analytisch-synthetischer Erkenntnisse diese Natur bis in den subatomaren und molekularbiologischen Raum zerlegt und neu zusammengesetzt hat. In der Folge betrachten wir heute eine andere Natur. Eine Natur, die sich nicht nur in eine geschichtliche Angelegenheit verwandelt hat sondern auch in ein Artefakt. Als etwas Künstliches, künstlich Hergestelltes und Vorgestelltes, ist sie nicht länger imstande, Landschaften einen metaphysischen Halt zu verleihen. Je mehr die Natur machbar und manipulierbar wird, umso weniger kann sie sich aus der Vergänglichkeit und Bestimmbarkeit heraushalten. Natur wird zum sozioökonomischen und wissenschaftlich-technischen Effekt. Was nichts anderes bedeutet, als dass sie verschwindet.

Aber das heißt auch: Die Sprachordnung verschiebt sich. Fortan lässt sich Natur nur noch im Rahmen von Landschaft, sprich: einer naturalsozialen und geschichtlichen Ordnung, in Benennungen und Beschreibungen einbeziehen. Jeder an Zeichen gebundene Verweis auf eine außerhalb davon vorkommende Natur, geht schlechterdings ins Leere. Die unruhigen, beunruhigenden Landschaften, wie sie aus der eigentümlichen Durchmischung typologisch verschiedener Landschaften hervorgehen, sind in einem Sinne, der so zwingend und grundsätzlich ist wie vermutlich nie zuvor, zeitlich markiert. Nachdem jeder Sinneseindruck in der Moderne einem gewissen Moment angehört und insofern datiert ist, halte ich es für intellektuell adäquat anzuerkennen, dass jede unserer Wahrnehmungen in der Landschaft wie digitale Fotos mit Zeitangaben und Jahreszahl zu versehen ist. Das bringt es mit sich, dass Phasen neuer Wahrnehmungslagen – beispielhaft im Realismus oder Expressionismus – gerade deswegen besonders auffällig sind, weil sie eine neue Stilistik der Sinne auslösen. Wie bei Detlev von Liliencron oder Georg Heym konnte zuvor nicht vernommen oder gesehen werden.

Liliencron ist der erste, der den hohen Ton der Naturlyrik, schwingend in den Regungen des langwährenden metaphysischen Anhauchs, kühl runter regelt zum realistischen Landschaftsgedicht. In einer von armseligen Arbeiterhäusern und Rangierbahnhöfen durchsetzten industriellen Ländlichkeit flachen romantische oder idealistische Stimmungskurven vom unberührten, naturverbundenen Leben jäh ab und der lässige Beobachterton des Offizierskasinos – den Liliencron aus langen Jahren als preußischer Offizier bestens kennt – nüchtert die grüne Erlebnislyrik gehörig aus. *»Märchenhaft ragt / Über weite Stoppelfelder weg / Ein langer Fabrikschornstein, / Scharf abgehoben / Gegen einen ockergelben Himmelsstreifen. / Ein Rauch zieht daraus nach Süden, / In durchaus waagerechter Linie, / Sehr langsam, ohne jede Formverschiebung: / In der grenzenlosen Morgenstille, / In der toten Landschaft«.*

In dieser Dichtung einer raumdurchmischten Moderne, an deren Horizont die tote Landschaft auftaucht, verfließen die Sprachebenen wie von selbst zum Stilmix aus Alltagsjargon, Soziolekt und Hochkultur. Die Versmaße stolpern, die Reime werden unrein. Was aus dem sprachlichen Modus der Sinne folgt – man erinnere sich an Cézannes Formulierung: *»was unsere Augen denken«* – ist hybride, ungefilterte Wahrnehmung von Landschaften, die zum dichterischen Topos antisymbolistischer Realitätseinspielung werden. Statt Naturüberhöhung geht es um landschaftliche Registratur. Nach einem Jahrhundert naturalistischer Pathoszersetzung und Emotionsabkühlung bleibt rein gar nichts mehr von Goethes klassisch erhabenem Naturerleben übrig. Ins Grüne fahren, bedeutet Landpartie von Städtern, die sich in der wachsenden Freizeit ästhetisierten Naturkonsum und ländliche Folklore zuführen, weil es ihnen eben gerade Spaß macht. Wenn auch das Ganze gelegentlich unterbrochen wird von den Aktionen nationaler Machtpolitik. Gerade noch *»ruhige, bescheidene, / Schornsteinrauchfriedliche Landschaft«*, sieht man im nächsten Moment von militärischen Truppen zerstampfte *»Wüste«*.

Der solcherart vorbereitete Expressionismus entsteht als Dichtung der Städte. In ihnen werden Eisenwerke und Massenquartiere hochgezogen, Unterhaltungsindustrien ebenso wie Körper billig verkauft. Wie in einem elektrostatischen Experiment, wo sich Psychen und Materie, Fleisch und Stahlbeton, moderne Individuen und Großstadtmilieus aneinander reiben, nimmt die gesellschaftliche Energie beständig zu. *»Da liegt die große Stadt: schwer, grau und weiß. / Ein Rauchen, Greifen, Atmen, daß es stinkt. / Eh sie dem heil'gen Tag das Dunkle wild entringt, / Erwachen Nerventräume, blaß und heiß.«* (Ernst Blass) Erfasst von der konzentrierten Ladung aus Geschwindigkeit, Aufstiegsversprechen und Kapital wird jedes einzelne Wort unter Strom gesetzt, in Gedichten – oder Kriegen – entladen wie bei der Knallfunkentelegrafie: *»Klatschen Flattern Knacken Schwirren / Zerrt ins Fahle bleiche Fetzen! / Blaublaß glasen Ströme zu Kristall! / Klirrig / Grellt der Himmel auf!«* (August Stramm)

Zusammen mit der Soziovoltaik ungestüm wachsender Städte, in denen erschreckend faszinierende Magien sich entfesseln und Wörter sich wie Batterien aufladen, wächst die Spannung auch in der Landschaft, denn die elektrifizierte weltstädtische *»Orgie des Bunten«* strahlt ja kräftig aus:

»Alle Landschaften haben / sich mit Blau gefüllt.« Als fänden die Lichtreklamen ihren Widerschein ganz besonders in ländlichen Landschaftsprofilen, glänzen dort die Dinge in der Malerei eines Nolde, Schmidt-Rottluff oder Heckel genau wie in der Lyrik jetzt in Leuchtfarben: *»Korn. Saaten. Und des Mittags roter Schweiß. / Der Felder gelbe Winde schlafen still.«* (Georg Heym) Fiebrig, verletzt und von einer überwachen Wahrnehmung erfasst, treiben Landschaften in Korridore zwischen Grünzone und Albtraum, greller Semantik und grausig flackerndem Aufmarschgebiet hinein.

Die postromantische romantische Schule

Die bewahrende Landschaft, wie sie sich eine literarische Antimoderne zum Anliegen macht, positioniert sich entschlossen als der zeitkritische Gegenraum zu den *›roaring cities‹*, oftmals aber auch zu den parallel sich verschärfenden Nationalismen. Man kann den Wunsch nachvollziehen, dass die Zerstörungswucht des urbanisierten, in politischen Massen organisierten Lebens aus Landschaften herausgehalten wird, zumindest solange die Hochform von Literatursprache für sie ihre Gültigkeit behalten soll. Der konservative Zug dieser Lyrik, begründet in dem Verlangen, sich den rabiaten, profitgetriebenen Fortschritt vom Leib zu halten, outet sich vorsatzlich in einem ältlichen Vokabular – *»Vogelbräutigam«*, *»gemach«*, *»rüstig«*, *»Nebelflor«*. Diese Anhänglichkeit an etwas Vormaliges, Vorindustrielles will man gegen anderslautende Aktualitäten durchhalten. Die menschliche Wahrheit einer supramodernen Bedeutung von Landschaften soll unbedingt andauern, will der Mensch seine kosmische Einbettung nicht verlieren. Tatsächlich jedoch ist es kein wirkliches Abseits, in das man sich damit begibt, denn das zeitgeistige Umfeld bildet eine einigermaßen diffuse, gleichwohl wirkungsvolle Bewegung, in der höchst unterschiedliche Kräfte – von völkisch-antisemitischen bis zu anarchistisch-kommunistischen – mit- und gegeneinander spielen: Lebensreform, Ausdruckstanz, Freikörperkultur, agrarische Landkommunen, Vegetarismus, naturnahe Landwirtschaft, spirituelle Techniken. Ihr gemeinsamer perspektivischer Fluchtpunkt ist eine heilsame Natur, ihr praktisches Gegenwartsanliegen das natürliche Leben.

In dieser quirligen, von Zusammenschlüssen und Gruppen reichen Zeitströmung schreibt, ziemlich abgelegen nun doch, ein Solitär, der erste ökologische Dichter der deutschen Literatur, Christian Wagner. Nach mehreren Büchern mit Gedichten veröffentlicht er 1894 ein Buch, dessen Titel »Neuer Glaube« dazu verleiten könnte, es unter die zahllosen ideologischen Erweckungsschriften seiner Epoche einzureihen. Tatsächlich formuliert Wagner, ein schwäbischer Kleinbauer, der keines seiner Tiere an Schlachter verkauft, in seiner Schrift ein ökologisches Denken, das in seiner Zeit beispiellos querköpfig, weitsichtig und radikal ist.

Christian Wagners naturethische Programmatik, welche am Ende des neunzehnten Jahrhunderts Gedanken aufgreift, die an dessen Beginn in Karl Christian Friedrich Krauses *»wunderbar verschlungenem Netz«* natural-sozialer Lebensräume erstmals eine bestechende Formulierung finden, übertrifft sämtliche damals gerade aufkeimenden Ideen von Naturschutz um einiges. Sie entspringt seiner ganz eigenen Erfahrung der Erreichbarkeit des natural Anderen. Die Natur ›spricht‹, die nichtmenschlichen Lebensformen ›erzählen‹. Und das meint kein naturfühlig-irrationales, kein religiös-mythisches Einstimmen. Dieser Austausch ruft, ganz naiv und unmittelbar, einen nicht ersetzbaren, nicht übersetzbaren Moment von korreliertem Sinnbewusstsein im menschlichen Dasein auf. Mit einem anderen Ausdruck: ein heiliges Ereignis. Und in dieser einzigartigen menschlich-naturalen Beziehung, die ein dermaßen bipolares Ereignis auslöst, wird zugleich der allgemeine biosphärische Zusammenhang transparent: *»Nicht abgegrenzt auf unserer Erde alleine ist das Werden und Vergehen all ihres Lebendigen.«*

Die Folgen dieser Einsicht in die ursprüngliche Verbundenheit sämtlicher globaler Lebensformen, von der größten bis zur kleinsten Erscheinung, sind von enormer Reichweite. Sie verlangen nichts weniger als die *»Rechtsanerkennung und, daraus hervorgehend, Achtung und Schonung des Lebendigen«*. Anschreibend gegen *»jede herzlose Ichlehre«*, die Individualismus und Egoismus zum modernen Menschenbild einschmilzt, fordert der Lyriker Wagner, Jahrzehnte bevor Walter Benjamin die Epochenformel vom *»Kapitalismus als Religion«* prägt, dass *»Religion nicht in Zahlungsfähigkeit bestehe«*. Und sogar ein ganzes Jahrhundert noch sollte es dauern, bis Michel Serres das Konzept eines Naturvertrags ausarbeitet, das die parasitäre, anthropozentrische Naturbenutzung in ein Verhältnis achtvoller Gegenseitigkeit umwandelt, womit natürliche Lebewesen und Lebensräume als Rechtssubjekte anerkannt werden.

Wagners ökologische Vorstellungen richten sich eindeutig auf die Landschaft. In ihr entfaltet sich, das weiß er aus bäuerlichem Wissen, jener Beziehungsraum wechselseitiger, koevolutionärer Kontexte, von denen das Leben insgesamt getragen wird. In Wagners Vokabular: *»Auch die Tierwelt wartet auf ihren Erlöser, ja selbst die Pflanzenwelt und die ganze Natur. (...) Und jeder volle Mensch ist hiezu berufen«*. Natural-soziale Raumgefüge von menschlicher Dominanz und Selbstsucht freizumachen, steht zwar in der Verantwortung jedes Einzelnen, aber das ist bei weitem nicht alles. Denn ein ökologischer Liberalismus dieser Denkart führt fast automatisch zu einem humanen Umkehreffekt: zur ökologischen Zivilisierung der *»Erdverwüster«* und *»Blutmenschen«*. So etwa wird der Wald – vor dem Hintergrund großflächiger Aufforstungen zerstörter Wälder im 19. Jahrhundert – zur *»Werkstatt des Vergebens«*. Die Brutalisierung unseres Umgangs mit Pflanzen, Tieren und Naturräumen kehrt unweigerlich als Dämon der Gewalt im menschlichen Zusammenleben wieder, als Daseinskampf aller gegen alle statt der koproduktiven Symbiose *»einer gewaltigen Menge interagierender Ökosysteme«* (Lynn Margulis).

Nicht zufällig ist Christian Wagner ein bis heute fast vergessener, erstaunlicher Einzelgänger ökologischer Literatur geblieben. Gleichwohl wirkt der dichterische Landschaftsimpuls seiner Zeit in einer breiteren Strömung, im Spannungsfeld subjektiver Empfänglichkeit. Wo das noch nicht völlig von der innovativen Beton- und Stahlwelt abgehärtete, in anonymisierenden Ballungszentren sich verkapselnde Individuum, das man in wachsenden Massen konzentriert sieht, seine landschaftliche Empfindsamkeit nämlich wiederentdeckt, erkennt es plötzlich, dass es in der Welt nicht isoliert ist, sondern von der Natur ausgesagt wird. *»Sprich mich wie den hagern Baum, / Singe du mich, Starenschwarm. / Blattleicht schweben Fuß und Arm, / Mitgeträumt vom Vogeltraum.«* (Wilhelm Lehmann) Enthalten in der Natur, der sich eine technik- und maschinenverfallene Gegenwart zunehmend entfremdet zeigt, vollzieht die Dichtung eine extravagante, auffallend unzeitgemäße human-naturale Fusion. Die lyrische Konstellation bringt das natürliche Sein, wenn nicht hervor, so doch zu sich: *»Ich spreche Mond. Da schwebt er – «*. Es ist das alte, jetzt zwischen Autostraßen, Eisenbahntrassen und Fluggeräuschen wieder erweckte romantische Zauberwort, denn die naturbestimmte Landschaft *»dauert nur im Gesang«*. Der euphonische Sound, der ohne klangstarke Reime schwerlich gelingen kann, arrangiert naturschwelgerische Euphorien, in denen sich die aufmerkende Kommunikation zwischen menschlichen und nichtmenschlichen Lebewesen ereignet.

Die postromantische romantische Schule, als die man sie bezeichnen kann und die sich neben Wilhelm Lehmann mit Namen wie Oscar Loerke, Elisabeth Langgässer, Oda Schaefer oder Martha Saalfeld verbindet, dringt selten zur Heineschen Ironie durch, jener schmerzlichen, ungehaltenen, manchmal bitteren Selbst- und Weltironisierung. Kaum zu vermeiden, dass ihre poetischen Landschaften daher etwas Nostalgisches überzieht, das oft sentimental wirkt, gelegentlich aber widerständig, äußerst beobachtungsgenau und originär ist. Orpheus, Faun, Merlin oder Oberon treten zwischen Gesträuch und Feldrändern als jene mythischen Gläubiger auf, denen das nachromantische romantische Gedicht seinen lyrischen Tribut entrichtet. Die dichterische Abgabe soll sich, so die hartnäckige Hoffnung, in einer quer durch die Epochen weitergetragenen esoterischen Heimlichkeit anreichern. Ohne Zweifel ein Vorhaben, woraus sich angesichts industriegesellschaftlicher Heimatvertreibungen und der metaphysischen Verstoßung moderner Seelen einiger Trost gewinnen lässt.

Trotzdem, es ist schon erstaunlich, wie lange dieser Impuls durchhält. Bis weit über die Mitte des 20. Jahrhunderts hinaus bleibt er in der Landschaftsdichtung wirksam. *»Das schöne Erdenhaus«* beherbergt mit dem naturverbundenen Landschaftsdichter selbst noch angesichts von explosiv aufgewühlten Todeslandschaften, wie sie der 1. Weltkrieg hinterlässt, und der nicht viel später in Landschaften eingelagerten Topografien des nationalsozialistischen und kommunistischen Genozids nach wie vor einen autorisierten Sprecher für jenes umgreifende grüne Sein, das außerhalb der Geschichte einen heteronomen Raum durchwächst. Die Sakralisierung von Chlorophyll unter einem ›Grünen Gott‹, wie die pantheistische Schöpfungskraft lange nach Hölderlin geradezu biowissenschaftlich umbenannt wird, agiert außerhalb von Geschwindigkeitssteigerung, Fortschritt und Zukunftserwartungen. Denn: *»Es herrscht keine Zeit, / Jede Zeit ist nah«*. Im Erleben roter Ampferblätter, nebelgefüllter Gräben oder von Vögeln, die durch Telegrafendrähte fliegen. Das ist nicht Realität in medialer Echtzeit, sondern unmittelbare Realpräsenz in der ökologisch geteilten Welt inmitten anderer Lebewesen. *»Sei nicht ängstlich, du bist nicht allein: über dir hörst du / den Wind die welken Weidenblätter brechen, / Unter dir im Erdendunkel mit sich selbst die Spitzmaus / sprechen.«*

Das Reservoir an Lebensenergie und unbezwingbarer Dauer kreist im Zyklus von Werden und Vergehen. In jenem vitalen Rausch, der seine Schleifen aus Wintern und Sommern, Erstarrung und organischen Spielen, Tod und Neugeburt durch die Jahrhunderte zieht. In diese biologisch-kosmische Ewigkeit, in diesen großen dionysischen Austausch sah man das eigene begrenzte Leben eingelagert. Mit magischer Kraft zog es die lyrischen Bilder an, klanglich-rhythmische Textformen und Wortvibrationen, in denen sich ein universeller mit einem individuellen Sinn verwob. Unerachtet des atonalen Klangs der Metropolen lässt sich, fernab, nach wie vor dem Lied einer harmonischen Welt nachhorchen. Voraussetzung: eine aufnahmebereite Nähe zur Landschaft und die sprachfähige Vernehmbarkeit von Landschaft. Besteht ein derart intimes Verhältnis, das verständlicherweise leicht dazu neigt, die Dinge und Wesen der Natur zu erotisieren, sieht sich das Leben in einem einzigartigen künstlerischen Akt aus dem Raum von Geschichte herauskatapultiert. Diese Erfahrung ist so abrupt wie authentisch. Mit ihr, mit ihrem extremen kosmischen Sinn, gewonnen aus der Kraft lyrischer Disruption, sehen sich historische Notwendigkeiten und gesellschaftliche Zwänge gemeinsam in ihre enge existenzielle Bemessungsgrenze zurückgestuft.

Um es zusammenzufassen: Wenn Landschaft in der lyrischen Organisation von Sprache sprechend wird, überragt sie mit ihrem unersetzbaren Augenblicksgefühl, verschränkt ins tragisch-dionysische Immerso allen Lebens, die politischen Systeme, praktischen Belange und philosophischen Konstruktionen. Aus diesem Wissen bezieht der nicht selten ein bisschen naive Klang, das Kinderliedhafte jener Landschaftsdichtung, sowohl seine literarische Rechtmäßigkeit wie individuelle Beglaubigung. Das Überzeitliche weiß sich der Anforderung ja fraglos enthoben, sich auf den grauen Alltag der mühseligen historischen Menschwerdung einzulassen. Ausgespannt in eine Zeitlosigkeit jenseits des Menschen, kann es nicht ausbleiben, dass Landschaft mal zum psychopolitischen Entlastungsraum, mal zur zivilisationskritischen Folie wird. Ein Impuls zur Überschreitung ist sie allemal. In einem Zeitalter, das die Nachricht vom Tod Gottes bereits erhalten hat, spielt in ihr eine nachmetaphysische Orthodoxie unerschöpflicher organischer Kräfte und Formbildungen. Der terrestrische Bios verhilft der Moderne dazu, nicht in ihren selbst fabrizierten mörderischen Ideologien und Verbrechen zu ersaufen. Lyrik, und dafür weiß sie sich vor allem zuständig, hebt sich unbeirrt ab von der Zeit der Geschichtsschreibung und den irrläufigen Träumen, Geschichte machen zu können.

Verschwiegene Landschaften

»Die Wälder im Handschuhfach«, lakonischer lässt sich die Absetzbewegung zu den poetischen Landschaften der Innigkeit nicht ausdrücken. Dort, wo man bei den Autofahrten meiner Kindheit den Straßenatlas verstaute, war die Welt der Mobilität aufgezeichnet. Dort fand sich auch Günter Eichs »Gemischte Route« durch Städte, Waldgebiete, Karstlandschaften und billige Unterkünfte. Will man die Zeit, in der die Landschaft in diesem Moment sichtbar wird, aus Kants transzendentaler Anschauung erklären, bleibt sie für uns unbegreiflich. Denn sie ist technisch geworden, eine Form geraffter, gestauchter Zeit. *»Die Donaubrücke von Ingolstadt, / Das Altmühltal, Schiefer bei Solnhofen, / in Treuchtlingen Anschlusszüge – «*.

Mit den technisch mobilisierten, beschleunigten Körpern, ob in Autos oder Hochgeschwindigkeitszügen, welche die Bedingung der Möglichkeit darstellen, in der gegebenen Welt zu existieren, zersplittern die Landschaften. Die Zeit, in der das geschieht, löst die einst kompakten Landschaften in rasende Bildfolgen auf, deren einzelne Ansichten nicht mehr deutlich und fassbar werden. Unterwegs in einer rasend durchquerten Umgebung werden die Zusammenhänge zerbrechlich, sie zersetzen sich in tausend Perspektiven, Episoden, Fragmente und vorbeihuschende Einzelbilder, die zu keiner Einheit finden. Landschaft wird periphere Erscheinung, der kurze Klang einer *Étude fugitive*. Diese flirrenden, zusammenhanglosen Landschaften erscheinen fremd und entrückt.

Derart flüchtig und flüssig geworden, entzieht sich die Landschaft dem eindringlichen ästhetischen Modus malerischer Anschauung. Die leistungsstarken Bewegungsmaschinen der Mobilitätsgesellschaft liquidieren die vorherige Praxis der Betrachtung. Eine Dissoziation, die ohne großen Zeitverzug durch schnelle Schnitte und fragmentierte Bildfolgen auf die Sehgewohnheiten vor Bewegtbildmedien überspielt wird. Wo sich die Ortsauslöschung und Landschaftsverflüchtigung in den menschlichen Begegnungen mit der Umgebung festsetzt, verschwindet mit der Nahzeit auch die individuelle Realpräsenz aus der Landschaft. Was die Frage nicht bloß literarisch existenziell macht: Wie kann Sprache die Landschaft dann noch erreichen? Auf welchem Weg ertastet das lyrische Zeichen eine Realität, die jede Bezeichnung aufgrund ihrer Geschwindigkeit und den sich davor schiebenden medialen Formatierungen fortwährend abstößt?

Seit den Tagen am Beginn des 20. Jahrhunderts, als man, wie Günter Eichs Eltern im ländlichen Brandenburg, aus bäuerlichem Anbau die eigene Lebensversorgung bezog, ist aus der Landschaft ein wachstumsgetriebenes, gewinnmaximierendes Produktionssystem geworden. Nicht nur zerfällt sie innerhalb der Wahrnehmungsformen der Mobilitätsgesellschaft, sie unterliegt auch dem kategorischen Imperativ der Neuzeit, von Descartes formuliert, demzufolge die Menschen *»Herren und Besitzer der Natur«* sind. Wo sich die harte Objektivität modernisierter Landschaften allen Textverfahren der Innigkeit entzieht, hat die Stimmung als Bindfaden zwischen Subjektivität und Wirklichkeit ein für allemal ausgespielt. Von Argwohn gegenüber einer benutzerfreundlichen und restlos hegemonialen Landschaft erfüllt, muss die dichterische Sprache karg werden. Pathosdistanz ist gefordert, Paradox, Sarkasmus, die hart geschnittene Metapher. Ein kurzer, spröder Satz, dem jeder Klang ausgetrieben wurde, wird zur zeitgemäßen »Ode an die Natur«: *»Wir haben unsern Verdacht / gegen Forelle, Winter / und Fallgeschwindigkeit.«*

Erfasst und verfügbar geworden durch alpha-numerische Codes häufen sich nicht allein in Wäldern, fern davon *»Werkstätten des Vergebens«* zu sein, mit ausgedehnten Monokulturen und verheerenden Kahlschlägen immense ökologische Schulden an, von denen zweifelhaft bleibt, ob sie in der Zukunft jemals abgetragen werden können. Nicht erstaunlich daher, wenn die Skepsis gegenüber einem Gesellschaftsmodell, das alles aus Landschaften und Menschen herausholt, ohne Rücksicht darauf zu nehmen, ob das Recht des miteinander vernetzten Lebens Beachtung findet, auf die Sprache überspringt. Jeder Satz über etwas, das der Fall ist, führt innerhalb der Logik von Kapitalakkumulation letztlich zu dessen Verfall, zum Gefälltwerden. Wälder liegen nicht bloß kartographisch vermessen im Handschuhfach, sie sind auch zu Nutzholz, nachwachsenden Rohstoffen, wirtschaftlichen Ressourcen und Klimafaktoren transformiert. Wie jede Landschaft dieser Welt haben sie wissenschaftlichen Ordnungen und wirtschaftlichen Nutzungsinteressen zu gehorchen. Die Codes, denen sie damit unterliegen, scheinen lückenlos.

Gibt es für die Dichtung aus dieser Totalität einen Ausweg? Wo wäre, jenseits der hegemonialen Ordnungen und Absichten, die andere Landschaft, die Landschaft des Anderen zu finden? Was ist *»der Wald hinter den Gedanken«*? Und kann es etwas anderes sein als ein Ort, den Sprache in Schweigen hüllen muss? Eine *›sheltered area‹*, geborgen im Intervall der Wörter, wo Lebewesen und Dinge unangetastet vom Begreifen und Benutzen sind, wo die Reichweite von Sprachen und Zahlen aufhört und sich Zwischenräume des Unsagbaren, Synkopen unnennbarer Beziehungen auftun?

»Auf meiner Landkartenzunge / behalt ich die Länder für mich.« Namen, Orte, landschaftliche Kennzeichnungen werden zu Chiffren, die nichts preisgeben, oder nur preisgeben, dass sie nicht preisgeben dürfen, was an verletzlichem Leben unter den Schutz der Nichtaussage gestellt werden muss. Das gilt für den Bios im Allgemeinen wie es für jene Landschaften gilt, die mit den Zeichen unserer eigenen Biografien durchsetzt sind, märkische Ziegeleien um 1910, Kranichzüge am Lübbe-See, ein Wald bei Vancouver. Oder die Frösche von Ornbau.

Ich kenne Ornbau nicht, bin nie da gewesen. Aber das stimmt nicht. Immer wenn ich, wie mittlerweile mein halbes Leben, zwischen meiner süddeutschen Herkunftslandschaft und den über die Jahre wechselnden Berliner Standorten hin und her pendle, eine Art biografischer Loop, wiederholen sich nicht bloß Landschaften und Städte, berührt an stets unterschiedlichen Punkten des Lebens. Auf dem blauen Schild über der Autobahn begegne ich auch dem Namen eines Ortes, der für mich die Passage in einen anderen Raum öffnet: *»der sommerlich gewesene Gesang / der Frösche von Ornbau«*. Warum werden in diesem Moment die beiden Verszeilen aus Eichs Gedicht »D-Zug München – Frankfurt« in mir laut, warum vergisst sie etwas in mir nie? Weil sie mich aus der Festlegung auf das Jetztgerade auskoppeln? Weil sie eine imaginäre Landschaft in meine Vorstellung einspielen, einen Möglichkeitsraum, der in die Kindheit verweist oder auf eine leere Stelle, an der sich eine apokalyptische Szene auszubreiten beginnt?

München – Frankfurt. Nürnberg – Berlin. Zwei Linien, Ost – West, Süd – Nord, die sich in irgendeiner Mitte aus Zeit und Raum schneiden, ein Fadenkreuz aus Sprache und Fleisch. Die erinnernde Landschaft ist nicht abschließbar, sie kreuzt sich beständig mit anderen Erinnerungen, manchmal sogar mit unseren eigenen. Und dieses merkwürdige Gewebe, das weltweite Netz der Mnemotope, bildet einen unverzichtbaren Teil einer gemeinsamen Welt. Ich sehe da das stark durchblutete Haupt des Lateinlehrers vor mir, wie er skandiert *»quamvis sint sub aqua, sub aqua maledicere temptant«*, und ich sehe, wie seine mit rötlichen Haaren besetzten Fingerknöchel Ovids Hexameter aufs Pult klopfen, als wollten sie jede Silbe und mit ihr die lästerlichen, hilfeverweigernden Zungen der in der lykischen Landschaft in Frösche verwandelten Bauern zertrümmern. Die alte, tote Sprache in die neue, lebendige Sprache hinübersetzen, über zweitausend Jahre hinweg das sommerlich quakende *»sub aqua«*. Mythische Landschaften, synthetisiert aus realen und imaginären Stoffen, Autobahnen, Schuljahren, Lektüren.

Der große Bogen europäischer Geschichte, die in Versen erinnerten Landschaften, trifft allerdings auch sie das Verdikt: *»Zuviel Abendland, / verdächtig«*? Gewissheiten und Absicherungen sind nicht Angelegenheit von Gedichten. Ihre Zuständigkeit erstreckt sich vornehmlich auf das, was zerbrechlich, unsicher und schwer fassbar ist. Ihre Domäne sind nicht Aussagesätze sondern Fragen, nicht Klartext sondern Vieldeutigkeit. Erklärungsnot ist der Zustand, den es mit Literatur zu erreichen gilt. Keine poetische Wiederverzauberung der Welt, kein geheimnisvoller Link zu einem raunenden Sein. Angesichts der hemmungslos geplünderten Erde mit ihren versehrten Landschaften geht es der Lyrik um die innerste Fragwürdigkeit der westlichen Zivilisationsform und ihrer Sprache. Das erhöht den literarischen Schwierigkeitsgrad und zwar umso mehr, als es in einer mit sich selbst und ihren selbstgefälligen Erregungen beschäftigten Gesellschaft zunehmend schwerer wird, zu den richtigen, den grundsätzlichen Fragen vorzudringen, zumal mit viel Getöse jeden Tag neue Antworten und Zukunftshoffnungen in Umlauf kommen. *»Wer möchte leben, ohne den Trost der Bäume«*; *»Eines Tages kommt sie wieder, die ausgerottete Pest … / Was tun wir, da niemand mehr lebt von denen, / die mit ihr umzugehen wußten?«*; *»Wie verläßt man das Haus ungesehen? / Wie verläßt man sich / im Fall der Nüsse, im Wegwehn der Interpunktionen, / ohne Schatten / gemischt unter alle Wörter?«*

Sich unter die Wörter zu mischen, um nicht gesehen zu werden. Nicht nur, was zu sagen gewesen wäre – die Nähe, Menschlichkeit und fragilen Landschaften –, sollte der Verfügungsgewalt öffentlicher Sprache und ihrer literarischen Verwertung entzogen bleiben. Auch das Ich selbst mit seinen Inszenierungen, wie sie insbesondere der Kulturbetrieb verlangt und honoriert, hat da rausgehalten zu werden. Er wolle, teilt Eich 1955 in einem Brief mit, *»aus dem Gespräch kommen und so uninteressant wie möglich sein«*. Ein schriftstellerisches Gesamtprogramm. Doch sollte das niemand zu dem Missverständnis verleiten, hier würde einem Rückzug ins Private das Wort geredet. Im Gegenteil, *»das bedeutet vor allem, dass die Möglichkeit der Isolation schwindet. Die Verkapselung in die private Sphäre wird undicht. Durch die Breschen pfeift der schneidend kalte Wind der unentrinnbaren Wirklichkeit«*. In einem Zeitalter, wo kein planetarischer Ort sich dieser Wirklichkeit entziehen kann, lässt sich in Eichs Gedichten entziffern, wie in der Landschaft der dramatische und für viele Lebensformen tödliche Konflikt unseres Zeitalters ausgetragen wird. Landschaftslyrik wird zum gesellschaftlichen Unruheherd, der Vers zum Störfaktor komfortabler Verabredungen.

»Wir haben den Tod nicht erfunden, / aber er ist brauchbar«, ein Sarkasmus, der vor allem demjenigen tief ins Fleisch schneidet, der sich gezwungen sieht, ihn auszusprechen. In Wahrheit versucht der Schmerz des lyrischen Ritzens, die so weltverbundene Feinfühligkeit abzuschirmen.

Die Passion des Lebens, abgekühlt von Brechtschem Lakonismus, verurteilt jedoch dazu, ohne geschichtliches Programm, ohne ideologische Perspektive auszukommen. Verdacht und Zivilisationseinwände gehören den Verhältnissen und Urteilen an. Für Eich waren sie unumgänglich und dringend. Doch das Geheimnis seiner Gedichte, wenn man will, ihre Schönheit, liegt nicht darin.

Die verschwiegenen Landschaften hinter dem geschichtlichen Einspruch und ökologischen Vorbehalt werden zugänglich, wenn der Sinn in das sprachliche Ereignis zurückkehrt, in den semantischen Moment, die logische Verwerfung, in ›und‹ anstatt ›weil‹ und ›wozu‹. In dieser Sekunde schwingt das nicht begrenzbare Wechselspiel aller Organismen und Lebensformen in den Anarchismus der Erleichterung, der sich irgendwo zwischen Dada und Dao, Sprachspiel und Wittgensteinschem Schweigen entfaltet, dort, wo sich, was bedeutungsschwer und lebenslastig daherkommt, aufhebt in ein Wort, ein Zeichen, in dem diese unfassbar wundersame, phantastisch lebendige Welt unversehens spürbar wird. *»Figuren angesiedelt / in den stillgelegten Schächten von Zinnwald / hinter der Dämonie / von Mittelgebirge und Jahreszeit«*. Oder: *»Kraniche, Vogelzüge, (...) / hier fiel es mich an, / vor der dunklen Wand des hügeligen Gegenufers«*. Oder einfach: *»dir Beeren ins Ohr flüstern«*.

Die Grasschrift verfilzt

Über Schriftsteller als Pastorenkinder, Ärzte oder Juristen wurde oft geschrieben. Weitaus weniger bedeutungsvoll für eine von bürgerlichen Bildungsschichten geprägte Literaturvermittlung schien dagegen ein bäuerlicher Lebenshintergrund, eher schon ein biografischer Makel. Günter Eich hat seine bäuerlich geprägten Kindheitsjahre, abgesehen von ein paar lyrischen Chiffren, konsequent verschwiegen. Bei Peter Huchel, mit biografischen Auskünften ähnlich zurückhaltend, macht ein Bericht der Staatssicherheit vom 27. August 1968 Angaben zur Person. *»Geboren am: 3.4.1903 in Berlin; Tätigkeit: Lyriker, freischaffend; soz. Herkunft: Bauer«*. Fünfzehn Jahre zuvor, am 20. April 1953, hatte der Deutsche Schriftsteller-Verband der DDR bescheinigt, Huchel sei *»ein hervorragender Lyriker, der die Probleme des Aufbaues unserer Landwirtschaft wirklich beherrscht«*. Man wird verstehen, wenn ein Land, das sich selbst den Untertitel ›Arbeiter-und Bauernstaat‹ verliehen hat, es für erforderlich erachtet, dass ein Schriftsteller die materielle Welt der Erzeugung seiner gesellschaftlichen Lebensgrundlagen aus eigenen körperlichen Erfahrungen kennt.

Huchel, aufwachsend im stattlichen Gutshaus des Großvaters im südlichen Berliner Umland, gehört sozial nicht auf die Seite des Landproletariats, der Tagelöhner, Fischer, Ziegelstreicher, Büdner und polnischen Saisonarbeiter. Für ihn sind sie jedoch alle gleichermaßen Teil der Landschaft, nicht eines Klassengegensatzes. Und sie verschwinden darum auch nie aus seinen Gedichten. Entschieden wie kein anderer deutscher Dichter des 20. Jahrhunderts wendet er sich in der Zeit der bebenden Boom-Städte, zu denen auch Berlin gehört, also in der Epoche des industriellen Taylorismus, der wachsenden Elendsbevölkerung, der neuen Medienwelt von Telefon, Radio und Filmindustrie, der crashenden internationalen Börsen- und Finanzwelt ... dem *»sanften Sein«* der Landschaft zu. Landschaft als Milieu, und das meint, wörtlich, eine ortsverbundene menschliche Lebensform inmitten anderer Lebensformen, mit denen ein lange praktizierter Austausch besteht. Alles in dieser Landschaft ist kenntlich und ansprechbar, die Stoppelfelder und Gräben, der Heuweg und Apfelgeruch. *»Wir riefen sie alle damals mit Namen"*, denn *„es ist die Landschaft, in der man damals herumlief«*.

Sicher hat, gedanklich zwischen Bachofens »Mutterrecht« und Jakob Böhmes Theosophie, Landschaft für Huchel damals etwas Mütterliches und Mystisches. Wichtiger aber ist: Das von Ludwig Feuerbach optimistisch formulierte Moderneprojekt ökologischer, natural-sozialer Wechselbeziehungen gilt für Huchel uneingeschränkt. Der Mensch soll *»die Züge der Natur tragen und die Natur nimmt die Gestalt des Menschen an«*. Das ist, untermauert von gelebter Zeit, alles andere als eine abstrakte dialektische Formel. Huchel erfährt die integrale, die ausgewogene Landschaft körperlich, sinnlich, sprachlich. Eine Landschaft mit der übereinstimmen kann, wer darin lebt und arbeitet. Sie trägt, gerade in ihrer Verschränkung von Natur und Mensch, die Signatur einer zyklischen Energie. Wie könnte es darin etwas geben, das extern wäre, das außerhalb liegen könnte und, statt verlässlich wiederzukehren, ›Ewigkeitskosten‹ der Zerstörung anhäufte?

Wo sich Landschaft in ihrer eigentümlichen Zeitform bewegt, lässt sie sich nicht auf die gerade Linie abbilden. In einer abstrakten Figur beschrieben, nähert sie sich dem Kreis oder einem Mäander mit eng gezogenen Schleifen. Darin dreht sich schließlich die Sprache des Mythos, der Kreis wiederholter Erzählungen, oder genauer: die Mäanderschleifen ähnlich fortlaufender Erzählungen innerhalb ausgedehnter narrativer Strömungsgebiete. Das gilt solange, wie Landschaften dem integralen Typus entsprechen, der den zyklischen Abläufen natürlicher Prozesse Raum gibt. Und das Gedicht ist der Hörraum, das spezialisierte Akustikstudio, worin der Klang dieser ästhetisch-ökologischen Ordnung vernehmbar gemacht werden kann, die magische Assonanz zwischen Landschaft und Vokabular, Kosmos und Kultur.

Dem Zivilisationsbruch des Nationalsozialismus hält, wie so viele andere, jedoch auch diese abendländische Ordnung nicht stand. Nachdem sich die Geschichte mit der braunen Gau- und Markkultur aus der Landschaft nicht heraushalten lässt, wird bei Huchel etwas anderes als der organisch-schöpferische Urgrund in die landschaftlich-lyrische Matrix eingelesen: *»Totenkronen«* und *»Dämonen«*, *»geisterhafte Asche«* und *»Erde feucht vom Blut«*. Und die Geschichte verschwindet daraus auch später nicht mehr, wenn mit der demokratischen Bodenreform in der DDR, Huchel begrüßt sie in seinem Gedicht »Das Gesetz« ausdrücklich, noch einmal die Hoffnung aufkeimt, der Typus integraler Landschaften könnte staatliche Geltung erlangen. Schnell aber verschwindet, mit der Kollektivierung der Landwirtschaft und dem Aufgehen von Bauernhöfen in Produktionsgenossenschaften, aus den bäuerlichen Normallandschaften die zyklische Figur von Raum-Zeit. Das über Jahrhunderte austarierte natural-soziale Ökosystem wird durch Nutzenintensivierung, technisch-agrochemischen Fortschritt und wirtschaftliche Effizienz demoliert. Als Zeichen hegemonialer Landschaft zieht man den ursprünglichen Mäander auf der Streckbank moderner Beschleunigung und zielführender Linearität gerade. Völlig gleichgültig, ob dies nun unter sozialistischen oder kapitalistischen Vorzeichen, ob in Ost oder West passiert.

Die systemübergreifende Internationale aus maximalen Wachstumsaussichten, gewinnsteigernden Innovationen und gesellschaftsverändernden Technologien wirkt sich auf Landschaften als aggressiver Veränderungsdruck aus. Landschaftsgedichte, wollen sie nicht in der seichten Strömung von Klischees dahintreiben, müssen bereit und in der Lage sein, die Spannungen, Unvereinbarkeiten und Paradoxien in ihrer Sprache abzubilden. Bei der Hybridisierung ambivalenter oder gegensätzlicher Realitäten, und Huchel ist ein Meister darin, spielt die Metapher im poetischen Instrumentarium eine herausgehobene Rolle. *»Die Metapher untersteht dem Anspruch der Formulierung, die in gewisser Weise anders unmöglich wäre«* (Jacques Rancière). Unmöglich deswegen, weil die Metapher – nicht das Sinnbild – eine inkommensurable Spannung zwischen semantischen Polen anlegt, die sich durch Deutungen nicht abbaut und auflöst. Durch Konstellationen der Übertragung, wo ›metapherein‹ übertragen bedeutet, entstehen Bewegungen von semantischer Deplazierung, Rekombination und ein Transfer von Eindeutigkeit in Offenheit. Kurz: imaginäre Landschaften.

Eingenommen vom Agrobusiness, heimgesucht von Landschaftsmarketing und Regionalentwicklung, geformt von nach Konsumentenwünschen gefächerten Tourismusangeboten und den geschmeidigen Theorien des Funktionswandels, wird den Landschaften im Zuge der nicht auf Nationen oder politische Systeme begrenzten atemlosen Entwicklung des nichturbanen Raums kein Anrecht auf Nichtfunktionalität und Selbstorganisation eingeräumt. Genau das aber beansprucht Landschaftslyrik: die Würde des Eigenständigen. Und gerade indem sie ihre Unbrauchbarkeit, ihren Eigen-Sinn und die von ihr getroffenen Schutzmaßnahmen vor missbräuchlicher Verwendung formal betont, weiß sich die Dichtung in einer subversiven Verbindung mit nichtmenschlichen Lebensformen und Lebensräumen. Sie spricht für das Andere.

Sofern das Projekt der Moderne ein struktureller Hegemon ist, der sich jedes Winkels und Atoms dieser Erde bemächtigt, nimmt sich das Landschaftsgedicht die komplizierte Freiheit, sich dieser Verfügungsgewalt zu entziehen, und sei es auf die Gefahr hin, von den Vermarktungsprozessen inklusive Aufmerksamkeitsökonomie ausgeschlossen zu werden. Poesie ist keine Agentur im Dienst eines offiziellen geschichtlichen Auftrags, weder eines sozialistischen (Huchel) noch eines wirtschaftsliberalen (Eich). Umgekehrt muss, wo eine politische Macht existiert, die für sich reklamiert, die historische Vernunft zu vertreten, der Anspruch ästhetischer Autonomie verständlicherweise Argwohn und Missachtung hervorrufen. Die Nennung von Brennnesseln, Schneezungen oder von ausgebrannten Wespennestern wirkt verdächtig, das Unpolitische hochpolitisch. Die teuflische Dialektik der Unschuld lässt die Landschaft nie wieder los.

Ich kenne keinen anderen Lyriker, in dessen Dichtung sich der Prozess einer historischen Landschaftstransformation so drastisch und eindringlich abbildet, wie er das bei Huchel tut. Gedicht um Gedicht zeigt sich der Verfall jenes ökologisch abgestimmten natural-sozialen Beziehungsgefüges, das zur sentimentalischen Vergangenheit wird. Strophe für Strophe beinahe lässt sich verfolgen, wie das einstmals feste Gewebe kosmischer Ordnung von Natur und Mensch, ausgedrückt in der Landschaft, porös und brüchig wird. Bis es irgendwann zerreißt. Eine Ruptur, die auf die Wirklichkeit insgesamt durchschlägt. Was sie ist, noch ist, sein soll, nie wieder sein kann. Ein Gefühl bodenloser Existenz, von zivilisatorischer Haltlosigkeit, die ihren so empörten wie trostlosen Ausdruck nun auch in Veranstaltungen, nicht zuletzt schriftstellerischen, findet, wo über das Verhältnis von Wirklichkeit und Sprache debattiert wird. Schwer vorstellbar heute, in Zeiten eines konstruktivistischen oder relativistischen Konsenses, dass ich in Oxford selbst noch in den achtziger Jahren philosophische Veranstaltungen besuchen konnte, die von der ›Suche nach der Realität‹ (*The Quest for Reality*) umgetrieben waren. Und dennoch will uns gerade jetzt das Gefühl nicht verlassen, dass es irgendwie irreal ist, einer Menschheit und Epoche anzugehören, in der apokalyptische Verse statistische Genauigkeit erlangen: *»Die Öde wird Geschichte. / Termiten schreiben sie / Mit ihren Zangen / In den Sand. // Und nicht erforscht wird werden / Ein Geschlecht, / Eifrig bemüht, / Sich zu vernichten.«*

Die Wirklichkeitskrise, ausgelöst nicht von der angeblich vorwärtsschreitenden Zeit sondern von einer im Raum exekutierten geschichtlichen Welt samt ihrer Topografie des Unheils, kann sich auf die sprachlichen Zeichenprozesse nicht anders denn als Funktionsstörung auswirken. Die lyrische Sprache, so lange Resonanzraum eines nichtmenschlichen, naturalen Lebens, wird von verödenden Landschaften abgeschnitten und dadurch unerbittlich zerschnitten, zerfetzt. Denn Landschaft ist nicht Bezeichnetes, Taxonomie, Signifikat oder System von Daten. Landschaft ist selbst Schrift. Die für Landschaft bezeichnende Ko-Relation von Natur und Kultur fordert zwingend die Ko-Respondenz zweier Schriften, der naturalen und der kulturellen. Verfehlt Dichtung diese Korrespondenz aus dem einen oder anderen Grund, bricht die Korrelation auseinander. Und die Landschaft wird unerreichbar, fremd, undurchdringlich, verwehrt. *»Unter der Wurzel der Distel / Wohnt nun die Sprache.«*

Nach den Erfahrungen zweier Diktaturen, nach den global anhaltenden Faustischen Kolonisierungsvorhaben, Landschaften restlos in Kapital zu verwandeln, verfällt die Landschaft für Sprache der Verschlossenheit. Die Zeichen werden undurchlässig für Sinn, die Dinge verweigern ihre Anrufung. Die Wörter bleiben auf halber Strecke zwischen Realem und Symbolischem, Signifikat und Signifikant stecken. Das poetische Reden, und damit jedes denkbare Sprechen, trifft auf nichts mehr, das noch in Form eines Du angesprochen werden könnte. Alles ist Sache, Objekt, Ziffer. Die Metapher kommt von sich nicht mehr los, wird dunkel, wirft ein Licht nur auf sich selbst. Die späten Gedichte Huchels sind Protokolle dieses abnehmenden Lichts in der Landschaft, ihres Erlöschens.

Das Gedicht, das bei Eich zur Verschlussache erklärt wird, um die Landschaft ebenso wie ihre eigentliche Sprechinstanz, den Dichter, Verwertungsinteressen zu entziehen, scheitert bei Huchel am Ende daran, diese Landschaft mit dem einzig dafür verfügbaren Mittel, mit Sprache, noch zu erreichen. Wenn jedes Staubkorn Grammatik ist, so steckt in jedem Sauergrashalm politische Zeit. Der ökologische Universalismus, dessen Konsequenzen uns erst heute vollständig bewusst werden, ist durch und durch politisch – und er ist ästhetisch. Brechts Zweifel, ob ein Gespräch über Bäume noch möglich ist, wo es das Schweigen über so viele Verbrechen einschließt, verschärft Eich mit der Zeile: *»Akazien sind keine Akazien«*. Huchel aber verliert sogar die Gewissheit der Verneinung, damit der geschichtlichen Dialektik und, ästhetischer Abgrund von grausamer Schönheit, der Möglichkeit von Wahrheit. *»In Todtmoss / sah ich in weißer Schneeluft / schneepflückende Wesen fliegen. // Ich griff in den Flockenfall / und fing nur Kälte. // Schneenarben an den Felsen, / Wegzeichen wohin? Schriftzeichen, / nicht zu entziffern.«*

Sprache der Landschaft

Obgleich, wie sich zeigt, die intellektuelle Emanzipation von der Erniedrigung und Instrumentalisierung des Anderen, der Landschaften, untrennbar mit der Emanzipation der Sprache verbunden ist, stellt das Landschaftsgedicht in der Entwicklung, welche die jüngere Geschichte von Gesellschaften genommen hat, eine Randerscheinung innerhalb der kulturellen Randerscheinung von Literatur innerhalb der sozialen Randerscheinung von Kultur dar. Ich rede hier also über etwas höchst Marginales, das im Alltag allenfalls in verschwindend winzigen Partikeln auftritt und in der Gesellschaft, ob in Massenmedien oder Uni-Seminaren, äußerst selten zum Gegenstand der Debatte und des Nachdenkens wird. Seine Repräsentanten, ein von außen fast verloren wirkendes Häufchen von Lyrikern, gelangt kaum in die Lage institutioneller Repräsentation und sie treten, vergleichbar botanischen Raritäten, nur in Einzelfällen öffentlich in Erscheinung. Ihre Zone ist das Off, der opake Kreis, der Platz neben der grell ausgeleuchteten theatralischen Szene – das Obszöne. Die soziologische Tatsache, dass sie in eine binnenexotische Nische ausgelagert werden, zeugt in meinen Augen allerdings weniger von der begründeten Abneigung gegen eine außergewöhnliche Form von Sprache, wie sie ernsthafte Lyrik immer ausgezeichnet hat, als weitaus mehr von der Verdrängung einer Angst, sich unkonventionellen und womöglich verstörend augenöffnenden Wahrnehmungen auszusetzen – der transformierenden Kraft imaginärer Landschaften.

Erinnern wir uns an dieser Stelle für einen Moment an die stoische Kunst zu leben, denn für den natural-sozialen Handlungsraum von Landschaft kann unsere Aufmerksamkeit dadurch an Schärfe gewinnen. Entgegen ihrem asketischen Ruf konnte man bereits in der Antike wissen, dass die stoische Haltung weit entfernt davon war, Verachtung oder Verzicht gegenüber dem Leben zu verlangen. Nimmt man es philosophisch genauer, so hat sie viel mit integralen Landschaften zu tun. Epiktet formuliert ihren Grundgedanken, demzufolge alles das, was dem Handlungsraum angehört, dem ›*oíkos*‹, den man selbst gestaltet und versorgt, als das Eigene gelten darf, das ›*oikeíon*‹. Unser ökologisch Eigenstes aber liegt in der ›*dynamis logikê*‹, in der Kraft der Sprache, von der abhängt, wie sinnvoll und vernünftig wir mit den Dingen in unserem Handlungsbereich umgehen und ob wir, als Teil des Zusammenhangs allen Lebens, der Natur gemäß leben. Wie aber entsteht sprachliche Dynamik, mit der Erkenntnis und Praxis zusammengebunden werden? Anders gefragt: Auf welche Weise wird dasjenige real, was uns nahe geht?

Ganz ohne Zweifel hat sich unser Handlungsbereich, in geschichtlichen Zeiträumen betrachtet, noch nicht lange durch die Technosphäre ungeheuer ausgeweitet, so weit, dass wir die Konsequenzen unseres Handelns durch räumliche Fernwirkungen oder zeitliche Skaleneffekte unmöglich zu erfassen und uns vorzustellen imstande sind. Damit beginnt, unter dem Blickwinkel stoischer Ethik, unsere Unfreiheit. Tatsächlich machen wir jetzt Dinge, von denen wir sinnvollerweise nicht wollen können, dass wir sie tun: Wir verhalten uns gegenüber dem Leben auf der Erde hochgradig zerstörerisch. Und da es kein Außerhalb gibt in einem vernetzten, fließenden Ökosystem, werden wir Menschen ernten, was wir unter nichtmenschlichem Leben gesät haben. Rebound-Effekt ruinöser Hegemonie.

Menschliche Wahrnehmung, unser ästhetisch-sinnlicher Weltbezug, lässt sich von der Sprache in keiner Sekunde abtrennen, es sei denn, wir operieren in stumpfen Routinen der Ignoranz. Die menschlichen Sinne funktionieren im Modus der Sprache, einfach deswegen, weil jede Form von Sinnlichkeit für den Homo sapiens zugleich ein intelligenter Akt ist. Vereinfacht ausgedrückt: Es gibt für Menschen keine nichtsprachliche Wahrnehmung, keine Welt, deren Anfang nicht das Wort wäre. Jeder noch so kleine Brösel Wirklichkeit wird von Sprache durchtränkt. Jedes Staubkorn oder Atom ist, wie gesagt, Teil der Grammatik. Das ist der Grund, weshalb, was nicht mit einer neuen Sprache beginnt, unausweichlich in abgenutzten, wehrlosen Wahrnehmungen endet. Man verharrt, sprachbefangen, in der alten, ausgelieferten Welt. Ehrlich gesagt, halte ich es daher für mehr als wahrscheinlich, dass Landschaftgedichte das Gefahrenpotenzial einer Kontinuitätsrésistance in sich bergen, die sich auf bestehende Zustände destabilisierend auswirken kann. Deswegen sollte, wer an jener Welt, wie sie ist, Interesse hat oder Gefallen findet, Sprachkunstwerke dieser Art auch lieber nicht an die breite Öffentlichkeit gelangen lassen und nicht in Schulen oder Seminaren ausbreiten.

Ich kann nicht leugnen, ihrer literarischen Eigenart entsprechend erschließen sich Gedichte dem Verständnis oftmals nicht auf eine Weise, wie man das von Zeitungslektüre, Twitternachrichten oder Alltagsgesprächen gewohnt ist. Lyriker und Lyrikerinnen unterlaufen eine konventionelle Kommunikationserwartung nicht, um einem linguistischen Tick zu frönen. Sie sind Sprachabweichler, weil sie Informanten sind. Informativ aber ist nur dasjenige, was zumindest einen Teil von etwas in sich trägt, das unbekannt, dunkel oder bislang unbeachtet blieb. Darum ist es auch schlicht unlyrisch, standardisiertes Wissen, Reprisen der Wahrnehmung oder die Formeln einer starrsinnigen Lebensklugheit nicht zu überschreiten. Sich der eingeschliffenen Welt-Sprache zu versagen, treibt eine Landschaftslyrik an, die am Kreuzungspunkt von Körper, Sprache, Ökosphäre und Gesellschaft entsteht. Es wäre unsinnig, ihre sprachliche Dissidenz von einer politischen Gegenbewegung trennen zu wollen.

Lange galt es als vornehmste Tätigkeit von Poeten, im Buch der Natur zu lesen und ihr daraus gewonnenes Wissen in dichterischen Werken weiterzureichen. Seit Anbruch der naturalistischen Epoche werden Naturphänomene jedoch vorrangig wissenschaftlicher Methodik unterzogen und in empirischen Verfahren objektiviert. Je heller das künstliche Licht der Labore die neuen Erkenntnisse beleuchtet, desto unsichtbarer wird, gleich Sternen am Taghimmel, das *›lumen supranaturale‹*. Und der *›élan vital‹*, jene rätselhafte ökosphärische Lebensenergie, der das poetische Subjekt zu allen Zeiten nachzuspüren suchte, in Europa bis etwa vor einem

Menschenalter, leitet sich nach der mittlerweile verbreiteten Auffassung nicht länger von einer ›*natura naturans*‹ her. Als experimentell nachweisbar wird, dass der biologische Elan – hymnisch gefeiert in den Formen des Dionysischen – aus Mitochondrien und Chlorophyll (plus weiteren photosythetischen Reaktionen) entsteht, entzieht das nicht bloß pantheistischen Fantasien die Grundlage. Es eröffnet vor allem Wege, die Schöpferrolle Wissenschaftlern zuzuweisen und in der Folge den Code der Natur nach sozioökonomischen und biopolitischen Maßgaben zu manipulieren. Die Schrift der Natur wechselt das Alphabet. Und die Verfertigung neuer Texte, bei denen das Symbolische und das Reale eins werden, wird zur Angelegenheit technologischer Genetik.

Ist das Rätsel um das, was Leben ist, jenes Klandestine, das von jeher im Mittelpunkt von Landschaftslyrik stand, damit aber wirklich gelöst? Oder gerät man nicht unvermeidlich auf einen Irrweg, wenn die naturale Seite von Landschaften in eine methodische, einseitig interessengeleitete Vergegenständlichung gepresst wird? Folgt nicht gerade jene existenzielle Nähe und Subjektivität der lyrischen Landschaft unabweisbar aus der Einsicht, einer ausgesprochen folgenschweren Einsicht, wonach eine Landschaft, die objektiviert wird, sich bereits in etwas verwandelt hat, das man wie einen beliebigen Gegenstand behandeln und benutzen kann? Und ist nicht genau dort die Ursache dafür zu suchen, weshalb es dem wissenschaftlichen Zugang zur Natur so ungemein schwerfällt, sich einen angemessenen Begriff vom Leben zu machen? Bleibt die Frage: Was wäre, unter den genannten sozialen und wissenschaftlichen Vorzeichen, eine alternative und hilfreichere Sprache? Und könnten Landschaftsgedichte, vorausgesetzt, ihnen gelänge diese Sprache, zu Störfaktoren funktionaler Rhetorik und gleichzeitig zu dissidenten Zeichenräumen eines biosphärisch anderen Lebens werden?

And what is poetry to do now?

»Ein kleines Stück Landschaft drang in den Hof / begleitet von / Schriftzeichen / der achtlos erhobene Kopf / wird von Eisendraht überwuchert // Immer nur dasitzen / Zeichen lesen / der Wind weht und Zweige kratzen überall / auf Gesichtern auf Schuhen / Geschichtsbücher überall // Die Tochter geht vom Erdgeschoss aufs Dach« (Gu Cheng)

»Ein Hagel aus Feuerschwanz-(mi)-Finken ins Saatgras hinein / blitzt fütternd auf (mi) in Grautönen und roten, reimenden Prisen. / (...) Leben ohne Tod, nur Furcht, keine Ergebnisse, nur Achtsamkeit – / alle wieder hochgesaugt, auf tiefe Äste, von einem Wechsel im Licht, / Gegenwart und mehr Gegenwart bringt den Schritt, der Grillenzirpen bricht.«
(Les Murray)

»Sein Mandat der Luft, es enthielt / das Kreisen der Krähen, es war / sein Trauring, der ihn seiner Insel verband. / (...) Sein irdisches: / die ausgebluteten Hügel, rostig vor Bauxit; / (...) Ein Granatapfelbaum war jetzt sein Sternapfelreich, / über brachen Weiden flogen seine Krähen Patrouille, / er fühlte seine Faust sich unwillkürlich versteifen / zu einer Kralle, die fünf Tauben erwürgte, / bleiern ragten die Berge unter dem Kriegsrecht, / weiß in Vorstadtgärten blühte die Paranoia.« (Derek Walcott)

»Schwarzer Winter, / ein kahler Feigenbaum / im metallischen Himmel; / doch unter der Rinde, / tief in der Kühle der Erde / färbt sich ein Sommer, / verlängern sich die Tage, / schwillt die Sonne, und ans Astende / klopft ein Mond. // Ernte und Frauen.« (Fuad Rifka)

»hier haben sich die zimente und uruben vereint / das dorf sammelt sich wo der kamm gefeiert wird / der wind zerstreut die gestrige bohne vom hiesigen feigenbaum / / der tag wird kommen, der tag wird kommen«. (Édouard Glissant)

»Überrest singt also eine weise, die / erzählt die geschichte der brücke. / Stück von Schlichtem, hartes schilf, singt allein, / wegen eines hauchs, / eines ländlichen. / Moralisches stück. / durch ländlichkeit. / Wahrheit ist aufgedeckt. / Bruder des Abends gesteht es.« (Philippe Beck)

»Unter den schwindelerregenden Parabeln der Eisenbahnbrücke, wo immer das Stampfen / der Schlegel vom Waschhaus widerhallte, ist die rasch dahinziehende / Strömung wie grünes Schlagobers, wie Flanell, der nicht zum Walken taugt. (...) Was wir deshalb brauchen, / sind Gärtnereien, die ein Gespür für die Zeit mitbringen, / für diese Zeit, die zu Rasiermesserschärfe geschliffen ist.« (John Ashbery)

»So weit ist es nun gekommen, dass ich unterm Baum sitze / am Ufer des Flusses / im sonnigen Morgen / (...) der Fluss heißt Raba und fließt nicht erst seit heute / (...) Bei solch einem Anblick verläßt mich stets die Gewißheit, / dass das Wichtige wichtiger ist / als das, was für unwichtig gilt.« (Wisława Szymborska)

»fließband das flußband. die untergegangenen / namen der flußgottheiten. treibendes leiber- / führendes licht. die sonn der sonne gebogen / auf dies vlies gebettet; schnell zitterndes / schnellzitternd hingegebnes fließen, fast bodenloses terrain. / (...) doppelbelichtungen, / innenaufnahmen. folgen sie denen und deren folgen.« (Thomas Kling)

»Geradezu Standardlandschaft, vom Hochwasser aufgebessert. / Sichtbar nur Baumkronen, Kirchtürme, Kuppeln ganz kahl. / Man möchte was sagen verschluckt sich an lauter Wasser / vor Erregung und vom Wörterwust bleibt einzig ›war einmal‹. // (...) Überall bloß verschwommene mündlich-schriftliche Faxen, / du stehst im Wasser und die zerfetzte Wolke hängt oben.« (Joseph Brodsky)

»Doch die Natur ist ungerührt, beugt sich der Menschenhände / grimmiger Tüchtigkeit beim Verschwenden. // Nur scheinbar sind diese Schakale gestellt oder fliehen. / Eine neue Meute sammelt sich im Unterholz, / das Geschnatter ist vertraut und ohne Reue. Sie kennen / die Bäume, an denen sie ihr Hinterbein / das letzte Mal hoben – / (...) Die Landschaft ändert sich, die Landschufte bleiben. Entlang / ihrer Urinspur weichen die Bäume Straßenlaternen.« (Wole Soyinka)

»Sie gingen die steile kalkige Straße entlang / die diesen grünen Hügel bis unten hin stört / während die Spätnachmittagssonne ihre Schatten auslegte, scharf und lang, // (...) Vorher Regen. Dann plötzlich Sonne. / Flügel an jeder Knospe, jedem verkrallten Sauger. // (...) Und was soll die Dichtung jetzt tun? / was wird sie am Leben erhalten das das Leben / abzuschütteln bereit ist«. (Jorie Graham)

Stimmen, Fragmente aus Gedichten, die uns, richtig gelesen, ein fast definitorisches Wissen über den Status des Verses, Stand heute, vermitteln, wobei absolut klar ist, dass es sich um keine niederschwelligen Sprachprodukte handelt. Sie alle haben ihren Ausgangspunkt auf einem Teil der Erde. Das Landschaftsgedicht ist, wie kann es anders sein, ein Lokalismus. Relevant kann jeder Lokalismus aber nur als Univeralismus sein, als jenes Verbundenheitsethos, mit dem örtliche, landschaftliche Erfahrungen mit der Vielzahl anderer örtlicher, landschaftlicher Erfahrungen verschränkt wird.

Der herausgehobene Wert dieser Dichtungen liegt für unsere Zeit darin, mit vielen anderen lyrischen Stimmen eine globale Poetik devianter Erfahrungen entstehen zu lassen, eine einzigartige Welt-Sprache. Begegnungen mit einer Wirklichkeit, die als Landschaft unserer individuellen und allgemeinen Wahrnehmung dadurch erst zugänglich wird. Jede unserer Wahrnehmungen geht durch das Tor der Sprache in jenen Bezirk, der als Realität gilt. Mit semiotisch gut begründetem Vorsatz lösen sich die Landschaften der Welt in der Sprache der Dichtung aus den Formalisierungen unserer kollektiven Sichtweisen und Vorverständnisse heraus, um an ihrer Stelle in die offene, schöpferische Korrespondenz zwischen Schreiben und Lesen eingerückt zu werden. Eine derartige ästhetische Volte räumt Platz auf dem Arbeitsspeicher von Psychen und Gesellschaften frei, um dort ungekannte ökologische Konfigurationen zu schaffen, nicht zuletzt in der Ökologie des Geistes. Ich halte es daher für eine ausnehmend produktive Idee, Lyrik als jene Lingua Franca zu nehmen, die uns zu überraschenden und ansonsten wohl unzugänglichen Betrachtungsweisen von Landschaften führt. Und das deshalb, weil es der Natur lyrischer Sprache entspricht, semantische Abweichungen zu produzieren und mit dieser Bewegung prosodische Erwiderungen auf längst vereinheitlichte, mächtige Überzeugungen in Umlauf zu setzen.

Ist Alexander von Humboldt nicht gerade in seiner Erkenntnis brisant, es bedürfe der ästhetischen Vermittlung von Wissenschaft und individuellem Erleben, weil allein auf diesem Weg die Differenz von Objektivität und Subjektivität in eine umfassende, wechselseitig definierte Wahrnehmung integriert werden kann? In einen Begriff von Wirklichkeit also, der kein einseitiges, hegemoniales Erkenntnismodell protegiert, sondern in Betracht zieht, dass *»an die Stelle der einen, monologischen Schrift die Polyphonie der Stimmen«* (Heinrich Detering) tritt, da nur in dieser Gesamtheit aus wissenschaftssprachlichen Daten und gegenpoligen subjektiven, dichterischen Erfahrungen davon, was die nichtmenschliche Umgebung, was Landschaften in Individuen auslösen und was sie mit Gemeinschaften machen, kurz: wie wir mit ihnen interagieren, weil nur in diesem Erfahrungsvolumen eine angemessene, reichhaltige Wirklichkeit von Landschaften entstehen kann.

Noch ist, während täglich weitere ›Ewigkeitskosten‹ auflaufen, zwar nicht endgültig besiegelt, wie massiv und unheilvoll die ökologischen Krisen sich in ihrer Summe auf das menschliche und nichtmenschliche Leben auswirken werden. Doch darf man sicher davon ausgehen, ohne die für ein Umdenken notwendigen sprachlichen Revolten wird sich die Zuversicht, die Gefährdung des artenübergreifenden Lebens ließe sich in ihrer globalen Zerstörungskraft abwenden, als Illusion herausstellen. Wie verletzlich Landschaften und wie eng die darin existierenden Lebensgemeinschaften miteinander verbunden sind, haben uns zwei Jahrhunderte Industrialisierung und nur wenige Jahrzehnte Globalisierung drastisch vor Augen geführt. Wo die Gesellschaften der Moderne dafür sprachliche Evidenzen und Legitimationen bereitstellten, wird Literatur dazu herausgefordert, ihre ästhetische Qualität an der nichtästhetischen Wirklichkeit zu messen, will sie nicht Gefahr laufen, ähnlich wie eine postromantische Romantik ahistorisch zu werden und sich in subtilen *›vibrations‹* zu ergehen.

Ästhetizismus, das sei hier nicht verschwiegen, lauert aber noch an anderer Stelle. Nämlich dort, wo sich aus einer poststrukturalistischen Linguistik poetische Textverfahren ableiten, deren Spiel unendlicher Semiosen, Selbstreferenzen und Autordekonstruktionen kaum anders aufzufassen ist denn als zeichentheoretisch regulierte Distanzierungsübungen zu Wut, Trauer und Schmerz über eine sich selbst verlierende Welt – und die eigene Ohnmacht darin. Besonders augenfällig an jenen zahllosen Stellen ironischer Signale, mit denen sich eine vorgebliche Souveränität inszeniert. Und wo die künstlerische Freiheit mittels metaästhetischer Botschaften von etwas kündet, das sich zu den zivilisatorischen Vernichtungsprozessen weitgehend autonom verhält. Das intrinsische Gebot dieser Texte scheint Abstandswahrung in einer toxischen und viralen Zivilisation, wo Sprache ausschließlich mit Sprache ins Bett steigt und dabei penibel auf geschützten Verkehr achtet. Letztlich eine zirkuläre, sich selbst bestätigende Autonomie.

Unbenommen, die Texttheorien können sich an Zeichen und Strukturen selbstbezogen rauf und runter hangeln. Was über Selbstbezogenheit hinaus bedeutender Literatur indessen nie fehlen darf, ist intellektuelle und psychische, objektive und subjektive Dringlichkeit, die Offenheit des Schmerzes und der Lust. Ich rede hier von dem Gefühl, dass jene Spannungen, denen sich das Landschaftsgedicht aussetzt, vermutlich nie so extrem waren wie gerade heute. Und ich rede auch von der Anstrengung, jene der Dichtung implizierte Ethik zu suchen, mit der etwas – etwas Widerständiges, Umwälzendes – in Bewegung gesetzt wird. Nur wenn jeder Vers, jede Silbe und jedes Satzzeichen die akute Problematik des Anthropozän in sich trägt, werden Landschaftsgedichte in der Lage sein, nicht bloß zu einer erhellenden Archäologie der Gegenwart beizutragen, sondern darüber hinaus zu imaginären Landschaften vorzudringen, in deren Licht die Dinge – Überlandstraßen und Entwässerungsgräben, Stadtsilhouetten und Dorfränder, Bodenorganismen oder Mauergesellschaften – ein verändertes, veränderndes Aussehen annehmen. Es kann, auch wenn vier Jahrzehnte zwischen unserer eigenen Gegenwart und der Niederschrift des folgenden Satzes liegen, nicht unrichtiger werden, *»dass es großzügiger ist und von stärkerer Vorstellungskraft zeugt, einem Ort den Status lyrischer Realität zu geben, als etwas zu entdecken oder auszubeuten, das längst geschaffen war«* (Joseph Brodsky).

Lyrische Verfahren landschaftlicher Neuordnung

Seit dem Paläolithikum arrangieren Menschen jenes Verhältnis, das sie zu ihrer Umwelt einnehmen, mittels Symbolen. Es führt für sie kein anderer Weg zur Wirklichkeit als durch Zeichen. Doch ist es mehr als jemals zuvor in der menschlichen Geschichte in unserer Gegenwart unerlässlich, nach einer Sprache für die Landschaft zu suchen, die von den Dominanzformeln der Technowissenschaft und Ökonomie abweicht. Mehr denn je bedarf es einer integralen und auch einer integeren Sprache, um die Landschaft auf neue Weise zu denken und wahrzunehmen. Ohne die Landschaften von der Leine der geometrischen und wirtschaftsmathematischen Vernunft loszubinden, besteht kaum Aussicht, ihren ästhetischen Reichtum zusammen mit ihrer natural-sozialen Vielfältigkeit zurückzugewinnen. Und damit ein vollkommen anderes Versprechen zu formulieren, als es die Moderne wahr machen zu müssen glaubte. Ein Versprechen ästhetischer und ökologischer Vernunft, das Versprechen einer wahrnehmungspräzisen Korrelation.

Landschaften außerhalb von Kultur und von Geschichte existieren nicht. Die Begegnung mit einer Landschaft geschieht stets innerhalb der sinnlichen Organisation unserer Wahrnehmung, die sich selbst wiederum innerhalb ästhetischer Ordnungen vollzieht, die unter gewissen historischen und symbolischen Bedingungen entstehen. Der aktive Umgang mit Landschaften, die auf diese oder jene Weise wahrgenommen werden, etwa als Ausbeutungsareal, erfolgt dann in nachgeordneten Schritten. Die ökologische Frage, aufgeworfen durch fortgesetzte und unerbittliche zivilisatorische Eingriffe in Landschaften, setzt das Vorhandensein einer ästhetischen Ordnung voraus, die alles andere als naturgegeben ist. In der Kunst im Allgemeinen, im Besonderen aber in der Literatur besitzt unsere Gesellschaft eine leistungsfähige Fachdisziplin zur Untersuchung und Erstellung ästhetischer Ordnungen und sprachlicher Modellierungen, die zu veränderten kulturellen Paradigmen und Handlungsweisen zu führen vermag. Das heißt nicht automatisch, Landschaftsgedichte zu Agitprop-Werkzeugen herzurichten. Doch in dem Augenblick, wo sie unserer Wahrnehmung etwas hinzufügen, sie irritieren oder verschieben, sind Gedichte politische Wirkstoffe. Durch die so gern verbreitete Polemik, es handle sich dabei um den selbstzufriedenen Output semantischer Spezialeffekte, schimmert genau diese Furcht vor der Kraft von Sprache.

Wie Landschaften eine doppelte Speicherstruktur aufweisen, kann jede Landschaft in zweifacher Weise als geschichtlich-natürliches Gebilde betrachtet werden: einmal wegen der Art ihrer Gestaltung durch eine bestimmte Kultur, zum anderen aber aufgrund ihrer besonderen kognitiven Formung. Weder praktische noch geistige Formatierungen lassen sich von Sprache trennen, beruhen doch beide auf Prozeduren und Konventionen der Vernunft, auf Syntax und Semantik. Landschaften für unmittelbar zugänglich zu halten, offen für unsere ureigensten Gefühle und Stimmungen, ist kaum mehr als sentimentale Selbsttäuschung. In Wahrheit ist keine Landschaft unter Umgehung der Sprache, oder weiter gefasst: von Zeichensystemen, zu erreichen.

Im symbolischen Raum, also dort, wo wir uns in jeder noch so großen Zivilisationsferne aufhalten, sind Landschaften keine Übersetzungen aus einem An-Sich der Natur, sondern aus anderen Landschaften und deren Aufzeichnungen. Meint Dichtung es ernst damit, ihre Zeit in Sprache zu erfassen, sieht sie sich der Anforderung gegenüber, die Landschaften aus festgefügten Ordnungen, kulturellen Überschreibungen und den versprachlichten Wahrnehmungen zu entfesseln, um sie im gleichen Atemzug in neuartige Ordnungen und Wahrnehmungen zu übertragen, vorzugsweise in solche, die den ausgewogenen Sinn von Landschaft auch und gerade dort aufscheinen lassen, wo es einer negativen Ästhetik obliegt, Verlust und Beschädigung zu verzeichnen. Was, weit mehr als Benennung, engagierte Aussage und korrekte Gesinnung, formale Qualitäten erfordert.

Jenseits wissenschaftlicher Denkweisen und über die mediale Sprachemission eines abgenutzten Katastrophismus hinaus, dessen emotionaler

Impuls in Angst liegt, die entweder zu Panik oder zur Lähmung führt, wird es darum gehen, eine Form des öffentlichen Redens zu finden, die uns berührt, bewegt, irritiert, aufweckt, neu ausrichtet. Mit einem Wort: die uns unmittelbar anspricht. Ein solches Reden kann nur Literatur sein. Doch lässt sich diese Sprache nicht einfach benutzen wie irgendein Werkzeug. Man muss sich vielmehr geradezu liebevoll um sie bemühen, sich mit ihr verabreden und ihr nachgehen. Eine Sprache, die wir lernen wie die Sprache eines anderen Landes, in das wir uns einzuleben beabsichtigen, um seine Andersheit und Schönheit, seinen Reichtum zu erfahren und zu teilen.

Reformulierung landschaftlicher Formeln, Überschreibung hegemonialer Konventionen und die Umlagerung eingeschliffener semantischer Evidenzen bahnen Pfade zu einer anderen Sinnhaftigkeit und Nähe des Anderen, die sich von der Grammatik dramatischer Landschaften abkehrt. Eine solche lyrische Pioniersprache verneint die Selbstabschaffung einer Zivilisation, die der weltumspannenden Überzeugung zum Durchbruch verhalf, Landschaften kontrollieren und einträglich steuern zu können, ohne bereit zu sein, sich von ihrer Herrschaftsideologie in jenem Moment, da die fatalen Konsequenzen sichtbar wurden, in einer radikalen Kehre abzuwenden.

Die Verwundbarkeit sämtlicher Lebenssysteme und symbiotischen Netzwerke, einschließlich der menschlichen, offenbart sich nicht allein anhand epidemischer Viren, sie zeigt sich ebenso durch eine epidemische Rationalität. Unsere Überzeugungen, Denkweisen und empirischen Modellierungen sind sprachgebunden, egal auf welcher Ebene von Reflexion und Selbstreferenz wir uns bewegen. Trotzdem liegt es nicht im Interesse zustandswahrender Sprachregelungen, die keineswegs hierarchisch vorgegeben sein müssen, sondern nicht minder wirkungsvoll systemintern erzeugt und abgeschirmt werden können, auf das unlösbare Band zwischen unserer Sprache und unserer Freiheit hinzuweisen, wie es Lyrik so präzise wie provokant tut.

Spätestens seit dem letzten Drittel des letzten Jahrhunderts hätte man wissen können, jeder Schneerest, der die Äcker verkettete, und jede Feldscheune, worüber der dreistellige Schrei des Milan ertönte, besaß eine die Allgemeinheit betreffende Bedeutung, eine gewissermaßen universelle Dimension. Weder das Interesse für Holzäpfel noch dasjenige für Wacholderheiden ließen sich weiterhin als abgedrehte Idiosynkrasie abtun. Auch die semantische Reichweite von Flussbiegungen, Sicheldünen, Wiesenrändern oder Krustenflechten änderte sich, weil sich deren globale Bedeutung erweiterte. Jene *»unendliche Verkettung von Tatsachen«*, die Borges in seiner Erzählung »Die Inschrift des Gottes« beschrieb: *»sagt man ›Der Tiger‹, so sagt man zugleich die Tiger, die ihn zeugten, die Rehe und Schildkröten, die er verschlang, die Weide, von der die Rehe sich nährten, die Erde, deren Mutterschoß die Weide hervorbrachte, der Himmel, der*

der Erde Licht spendete«. Am Vorabend des 21. Jahrhunderts tauchte auf der Mikroebene vehement ein aktueller, durch die planetarische Verbreitung eines bestimmten Typus von Zivilisation erneuerter Sinn von Makrokosmos auf. Die Verflechtungen wurden sichtbarer.

Wie Aktionäre sind all jene, die diese Erde bewohnen, am Wert von Landschaften beteiligt und besitzen folglich ein Mitspracherecht, was mit ihnen geschehen und wie mit ihnen umgegangen werden soll. Um mitzureden, bedarf es jedoch einer Sprache, die nicht einfach das längst Abgesprochene nachspricht und damit immer schon beipflichtet. Gott wird man, wie Nietzsche wusste, erst los, wenn man die Grammatik umkrempelt. Man kann einen zweifelhaft gewordenen Konsens und eine fragwürdige Mehrheitsmeinung nur in dem Maße verlassen, wie man für eine andere Sprache, für die Sprache des Anderen empfänglich wird. Und nirgendwo sonst schreibt Sprache so entschieden am Quellcode von Landschaften wie in Gedichten. In Verbindung mit dem angeblich Unberührbaren, dem An-sich, entstehen Bastarde gekreuzter Idiome und Lebensrealitäten, die für die Neuordnung verordneter Landschaften voller Anstöße sind.

Es macht mir Hoffnung zu sehen, wie die imaginären Landschaften sich vernetzen, internationale Myzele bilden, wie sie über Kontinente und Sprachgrenzen hinweg den zivilisatorischen Untergrund mit Verästelungen durchwachsen. Jene eigenartigen, polymorphen Fruchtkörper, die aus diesem Geflecht hervorgehen, Gedichte, sind ein Indiz für die Wirklichkeit unberechenbarer, jede Trennlinie durchdringender Gespräche. Sie verbinden postkoloniale Landschaften mit solchen des Exils, traurige Tropen mit Gebieten, die wie in einem Exploitationfilm anmuten, Zonen wuchernder Zerstörung und verborgene Widerstandsnester, hungrige, landschaftsfressende Zentren und vergessene Peripherien. Das Netzwerk einer lyrischen Logoshäre entgleitet regelmäßig den Instrumenten der Nutzbarmachung. Es ist wie der biosphärische Selbstzweck, als der jedes einzelne Lebewesen zu gelten hat.

Vielleicht ist es in einem Moment, wo die moderne Axiomatik der Landschaft vollständig zu hegemonialen Sätzen von Verfügbarkeit, Technisierung, Effizienz und Gewinnmaximierung hin verschoben und das natural-soziale Gefüge aus seiner integralen, ausgewogenen Form herausgerissen wurde, vielleicht ist es gerade da an der Zeit, darauf hinzuweisen, dass ästhetische Erfahrungen und Gewohnheiten insgesamt, insbesondere aber jene, die mit Sprache zu tun haben, unseren Spielraum für gesellschaftliche und politische Handlungsmöglichkeiten ausmessen. Wenn Gedichte eine eigentümliche Transparenz in Richtung auf jene Einzelperson besitzen, die als ihr Autor adressierbar ist, dann nicht, weil sie etwas Privates und rein Subjektives wären. Mit jedem authentischen Gedicht verbindet sich, im Gegenteil, ein nicht bestreitbarer Anspruch auf politi sche Öffentlichkeit. Das gilt in besonderer Weise für Landschaftsgedichte, wenn wir sie als poetisch eingerichtetes Sprachmaterial begreifen, das zur Beteiligung an dem aufruft, was wir in Landschaften sehen, hören, riechen, berühren und ahnen.

Im globalen Zeitalter der ›*displaced persons*‹, die durch Effekte des Anthropozän in immer größerer Zahl gezwungen sind, ihre Lebenslandschaften zu verlassen, ist Lyrik die Sprachform der ›*displaced words*‹. Auf den Entschluss der Moderne, Landschaften von Grund auf absichern und ordnen zu wollen, um sie sodann einer univeralen ›*Usability*‹ samt totalem ›*Access*‹ zu unterziehen, reagiert die Lyrik mit liquiden Sprachformen, die durch Bedeutungsräume mäandern und sich, da nicht unter die Kontrolle stabiler Begriffszugriffe zu bringen, wie natürliche Fließsysteme verhalten. Der Sinn, von unruhigen Landschaften zu reden, liegt in der Einsicht, dass sie mit jedem sprachlichen Akt erst formiert werden, auch wenn das nicht in jedem Fall auf eine Weise geschieht, wie sie uns bei den imaginären Landschaften von Dichtung begegnet. Poetisch mit Sprachzeichen umzugehen, bedeutet, an logischen Entwürfen für Materie zu arbeiten, sofern die Symbole wie eine Biomatrix, wie ein Scaffold gewoben sind, in welche die sozial-naturale Lebensrealität Zelle für Zelle organisch einwachsen kann.

Je effizienter, monotoner und gebrauchsfertiger die Konstruktion von Landschaften ausfällt, wofür geometrische Landschaften das rabiateste Beispiel abgeben, desto weniger taugen sie dazu, der ursprünglichen und biosystemisch notwendigen Strukturvielfalt gerecht zu werden. Im Umkehrschluss führt das zu der Einsicht, dass die ästhetische Realität einer Gesellschaft ökologisch von entscheidender Wichtigkeit ist, bildet sie doch in hohem Maße die Voraussetzung für reichhaltige, komplexe, uneinheitliche und dynamische Landschaften. Ästhetische Wirklichkeiten dieser Art entstehen zu lassen, scheint mir die vordringliche, womöglich sogar die alleinige Aufgabe des Landschaftsgedichts, das heute zu schreiben ist.

Die kybernetische Verkopplung von Lebensräumen lässt, soviel ist ins allgemeine Bewusstsein durchgedrungen, die gravierenden Beschädigungen von Landschaften auf die Lebensumstände ihrer Zerstörer zurückwirken. Was bis jetzt nicht begriffen wurde, ist, dass die Entkopplung von Wahrnehmungsmustern und Denksystemen, die zu all den Zerstörungen führen, eine andere Sprache, eine Sprache des Anderen zur Voraussetzung hat. So notwendig Protest und Rebellion sind, so unverzichtbar sind offene, ungesicherte Beschreibungsweisen, wenn wir umwälzende Wahrnehmungen und grundlegend veränderte menschlich-nichtmenschliche Beziehungen entwickeln wollen. Im 19. Jahrhundert konnte die Welt in Nietzsches Augen einzig als ästhetisches Phänomen gerechtfertigt werden. Offenbar lag in damaliger Zeit eine Anklage gegen den modernen Menschen vor, die darauf lautete, mit der Säkularisierung seien auch die hergebrachten Werte und Gewissheiten zerstört worden. Heute lautet die Anklage: Der Mensch ruiniert nach dem göttlichen Kosmos nun den Lebensraum zahlloser Wesen und mit den Landschaften auch den Ort seines eigenen Daseins. Zu unserer Verteidigung haben wir, wie es aussieht, keine andere Wahl, als die Welt als Ort koexistierenden Lebens ins Recht zu setzen. Mit diesem Recht verbindet sich die Unzulässigkeit, ohne Hoffnung zu sein, dass die sprachlich-sensuelle Ästhetik, und hier an vorderster Stelle die Dichtung, ihren Beitrag erbringen kann, die Tiefengrammatik eines beispiellosen zivilisatorischen Zerstörungswillens offenzulegen, um damit einer Landschaftspolitik Vorschub zu leisten, mit der sich der natural-soziale Glücksfall ausgewogener Landschaften endlich über die Erde ausbreiten kann.

Literatur

Henri-Frédéric Amiel, Fragments d'un journal intime, précédés d'une étude par Edmond Schérer, Bd. 1, Paris, Neuchâtel, Genf 1884.

Anaximandros, in: Die Vorsokratiker, hrsg. v. Wilhelm Capelle, Stuttgart 1968.

Hannah Arendt, Vita Activa oder Vom tätigen Leben, München 1967.

Ernst Moritz Arndt, Die Reisen durch einen Theil Teutschlands, Ungarns, Italiens usw. 1798 und 1799, Leipzig 1804.

Saul Ascher, Die Germanomanie. Skizze zu einem Zeitgemälde, Berlin 1815.

John Ashbery, Hotel Lautréamont. Gedichte, Salzburg 1995.

Miguel Asturias, Die Maismänner, Berlin 1977.

Charles Baudelaire, Die Blumen des Bösen, übertragen von Carlo Schmid, Frankfurt am Main 1976.

Jean Baudrillard, Videowelt und fraktales Subjekt, in: Ars Electronica (Hrsg.), Philosophien der neuen Technologien, Berlin 1989.

Zygmunt Bauman, Liquid Modernity, Blackwell Publishers, 2000.

Philippe Beck, Jacques Rancière et al., Die Furche des Gedichts, Berlin 2018.

Ulrich Beck, Risikogesellschaft, Frankfurt am Main 1986.

Gottfried Benn, Lyrik, in: Das Hauptwerk, Bd. 1, Wiesbaden und München 1980.

Ernst Blass, Die Straßen komme ich entlang geweht. Sämtliche Gedichte, München 1980.

Hans Blumenberg, Die Vollzähligkeit der Sterne, Frankfurt am Main 2000.

Hans Blumenberg, Schiffbruch mit Zuschauer, Frankfurt am Main 1979.

Jorge Luis Borges, Das Aleph. Erzählungen 1944–1952, Frankfurt am Main 1992.

Louise Bourgeois, Hans Belmer, Double Sexus, Katalog, Berlin 2010.

Joseph Brodsky, Brief in die Oase. Hundert Gedichte, hrsg. v. Ralph Dutli, München , Wien 2006.

Joseph Brodsky, Flucht aus Byzanz. Essays, Frankfurt am Main 1991.

Georges-Louis Leclerc Conte de Buffon, Histoire Naturelle, générale et particulière, Paris 1749–1804.

Hans Carl von Carlowitz, Sylvicultura oeconomica, oder Haußwirthliche Nachricht und Naturmäßige Anweisung zur Wilden Baum-Zucht, Leipzig 1713 (Nachdruck München 2013).

Paul Celan, Gedichte in zwei Bänden, Frankfurt am Main 1983.

Emil Cioran, Dasein als Versuchung, Stuttgart 1983.

Nicholas J. Conard, Alles wird anders? Innovation und kultureller Wandel, in: Eiszeit. Kunst und Kultur, Ausstellungskatalog, Ostfildern 2009.

Charles Darwin, Die Entstehung der Arten durch natürliche Zuchtwahl, Leipzig 1980.

Daniel Defoe, Robinson Crusoe: Seine ersten Seefahrten, sein Schiffbruch und sein siebenundzwanzigjähriger Aufenthalt auf einer unbewohnten Insel, Zürich 1985.

Volker Demuth, Topische Ästhetik. Körperwelten, Kunsträume, Cyberspace, Würzburg 2002.

Volker Demuth, Das wunderbar verschlungene Netz des Lebens. Oder: Einige Gründe, sich an Karl Christian Friedrich Krause zu erinnern, in: Weimarer Beiträge, Nr. 4, Wien 2021.

René Descartes, Entwurf der Methode. Mit der Dioptrik, den Meteoren und der Geometrie, Hamburg 2015.

Heinrich Detering, Menschen im Weltgarten. Die Entdeckung der Ökologie in der Literatur von Haller bis Humboldt, Göttingen 2020.

Lawrence Durrell, Leuchtende Orangen. Rhodos, Insel des Helios, Reinbek bei Hamburg 1978.

Günter Eich, Gesammelte Werke, Frankfurt am Main 1991.

Joseph von Eichendorff, Aus dem Leben eines Taugenichts, Stuttgart 1980.

Friedrich Engels, Dialektik der Natur, Berlin 1975.

Euripides, Bakchen, übersetzt von Oskar Werner, Stuttgart 2001.

Johann Gottlieb Fichte, Reden an die deutsche Nation, Hamburg 1978.

William Henry Fox Talbot, The Pencil of Nature, Da Capo Press New York 1969.

Sigmund Freud, Totem und Tabu, Frankfurt am Main 1990.

Édouard Glissant, Traktat über die Welt, Heidelberg 1999.

Johann Wolfgang Goethe, Tagebuch der ersten Schweizer Reise 1775, Frankfurt am Main 1985.

Johann Wolfgang von Goethe, Gedichte und Epen, in: Werke (Hamburger Ausgabe), Bd. 1, München 1981.

Willam Golding, Herr der Fliegen, Frankfurt am Main 1977.

William Golding, Die Erben, Frankfurt am Main 1983.

Gu Cheng, Quecksilber und andere Gedichte, hg. v. Peter Hoffmann, Bochum 1990.

Jorie Graham, Region der Unähnlichkeit. Gedichte amerikanisch – deutsch, Basel 2008.

Georg Wilhelm Friedrich Hegel, Vorlesungen über die Philosophie der Geschichte, in: Werke in zwanzig Bänden, Bd. 12, Frankfurt am Main 1970.

Ernst Haeckel, Generelle Morphologie von Organismen. Allgemeine Grundzüge der organischen Formen-Wissenschaft, Berlin 1866.

Martin Heidegger, Vom Wesen des Grundes, Frankfurt am Main 1995.

Martin Heidegger, Sein und Zeit, Tübingen 1979.

Heraklit, Fragmente. Griechisch und Deutsch, hrsg. v. Bruno Snell. München, Zürich 1986.

Hesiod, Theogonie, Stuttgart 1999.

Georg Heym, Dichtungen, Stuttgart 1964.

Friedrich Hölderlin, Hyperion oder Der Eremit in Griechenland, Frankfurt am Main 1979.

Friedrich Hölderlin, Sämtliche Gedichte, Bad Homburg 1970.

Homer, Ilias und Odyssee, deutsch von Johann Heinrich Voss, Eltville am Rhein 1980.

Peter Huchel, Gesammelte Werke, Frankfurt am Main 2017.

Alexander von Humboldt, Ansichten der Natur, Frankfurt am Main 2004.

Alexander von Humboldt, Kosmos. Entwurf einer physischen Weltbeschreibung, Frankfurt / M. 2004.

Alexander von Humboldt, Die Reise nach Südamerika. Vom Orinoko zum Amazonas, Göttingen 2002.

Edmund Husserl, Zur Phänomenologie des inneren Zeitbewußtseins : Mit den Texten aus der Erstausgabe und dem Nachlaß, Hamburg 2013.

Franz Kafka, Sämtliche Erzählungen, Frankfurt am Main 1969.

Immanuel Kant, Kritik der Urteilskraft, Frankfurt am Main 1974.

Johannes Kessler , Sabbata. Chronik der Jahre 1523–1539, hrsg. v. Ernst Goetzinger, St. Gallen 1870.

Thomas Kling, brennstabm. Gedichte, Frankfurt am Main 1991.

Karl Christian Friedrich Krause, Das Urbild der Menschheit. Ein Versuch, Dresden 1811.

Ders., Die Wissenschaft von der Landverschönerkunst, hg. von Paul Hohlfeld und August Wünsche, Leipzig 1883.

Wilhelm Lehmann, Gedichte, Frankfurt am Main 1977.

Claude Lévi-Strauss, Das wilde Denken, Frankfurt am Main 1968.

Detlev von Liliencron, Gedichte, Stuttgart 1981.

Erhard Mäding, Landespflege, Berlin 1942.

Lynn Margulis, Der symbiotische Planet. Wie die Evolution wirklich verlief, Frankfurt am Main 2017.

Mark Aurel, Selbstbetrachtungen, Leipzig 1985.

Henry Miller, Sexus, Frankfurt am Main 1970.

Alexander Mitscherlich, Die Unwirtlichkeit unserer Städte, Frankfurt am Main 1996.
Michel De Montaigne, Essais, Frankfurt am Main 1976.
Eugenio Montale, Satura – Diario. Gedichte aus den späten Zyklen, München, Zürich 1988.
Thomas Morus, Utopia, Stuttgart 2003.
Friedrich Nietzsche, Ecce homo, in: Werke in 3 Bänden, Bd. 3, Darmstadt 1966.
Elinor Ostrom, Governing the Commons: The Evolution of Institutions for Collective Action, Cambridge University Press, Cambridge 1990.
Francesco Petrarca, Dichtungen, Briefe, Schriften, Frankfurt am Main 1956.
August von Platen, Die Tagebücher, hrsg. v. G. v. Laubmann und Ludwig von Scheffler, Stuttgart 1896–1900.
Platon, Sämtliche Werke, in der Übersetzung von Friedrich Schleiermacher, Bd. 1–6, Reinbek bei Hamburg 1966.
Marcel Proust, Auf der Suche nach der verlorenen Zeit, Bd. 1, Frankfurt am Main 1979.
Jacques Rancière (Philippe Beck et al.), Die Furche des Gedichts, Berlin 2018.
Fuad Rifka, Das Tal der Rituale. Ausgewählte Gedichte, Straelen / Niederrhein 2002.
Gustav Riek, Die Mammutjäger vom Lonetal, Bad Schussenried 2000.
Joachim Ritter, Landschaft. Zur Funktion des Ästhetischen in der modernen Gesellschaft, Münster 1963.
Jean-Jacques Rousseau, Die Träumereien des einsamen Spaziergängers, Zürich 1985.
Friedrich Wilhelm Schelling, Brief an Hegel vom 11.7.1803, in: Friedrich Hölderlin, Große Stuttgarter Ausgabe, hg. v. Friedrich Beißner, Adolph Beck, Bd. 7,2, Stuttgart 1946–1985.
Friedrich Schiller, Die Räuber, Stuttgart 1966.
Friedrich Schiller, Über den Zusammenhang der tierischen Natur des Menschen mit seiner geistigen, in: Gesammelte Werke in fünf Bänden, Bd. 5, Gütersloh o.J.
Karl Friedrich Schimper, Lyrik und Lehrgedichte, hrsg. v. Wilhelm Kühlmann, Hermann Wiegand, Ubstadt-Weiher 2005.
Johann Gottfried Schnabel, Die Insel Felsenburg, Stuttgart 1986.
Schopenhauer, Über die vierfache Wurzel des Satzes vom zureichenden Grunde, Hamburg 1970.
Michel Serres, Der Naturvertrag, Frankfurt am Main 1994.
Georg Simmel: Philosophie der Landschaft, in: Die Güldenkammer. Eine bremische Monatsschrift, hrsg. v. Sophie Dorothea Gallwitz, Gustav

Friedrich Hartlaub und Hermann Smidt, 3. Jg., 1913, Heft II, S. 635–644.

Wole Soyinka, Samarkand und andere Märkte, Gedichte, Zürich 2004.

Spinoza, Die Ethik. Schriften und Briefe, hrsg. v. Friedrich Bülow, Stuttgart 1976.

Friedrich Leopold Graf zu Stolberg, Briefe, hrsg. v. Jürgen Behrens, Neumünster 1966.

August Stramm, Alles ist Gedicht, Zürich 1990.

Bruno Taut, Alpine Architektur (1919), Dresden 2017.

Thales von Milet, in: Die Vorsokratiker, hrsg. v. Wilhelm Capelle, Stuttgart 1968.

Kurt Tucholsky, Panter, Tiger & Co., Reinbek 1960.

Jules Verne, Die geheimnisvolle Insel, Frankfurt am Main 1984.

Guntram Vesper, Die Inseln im Landmeer, Frankfurt am Main 1984.

Eugène Emmanuel Viollet-le-Duc, Le Massif Du Mont Blanc, étude sur sa constitution géodésique et géologique sur ses transformations et sur l'état ancien et moderne de ses glaciers (1876), Kessinger Publishing Company, Whitefish Montana 2010.

Christian Wagner, Neuer Glaube, Warmbronn 2013.

Derek Walcott, Das Königreich des Sternapfels. Gedichte, Frankfurt am Main 1993.

Nachweise

Landschaftsentfaltung. Eine Geschichte vom Vorstellen und Herstellen natural-sozialer Räume, in: Lettre International, Nr. 135, Berlin 2021, S. 52–62.

Landschaft und Fotografie, in: Land_Scope, Ausstellungskatalog Münchner Stadtmuseum, Snoeck Verlag, Köln 2018, S. 8–17.

Die Zeit am Fluss, in: Lettre International, Nr. 113, Berlin 2016, S. 22–29.

»Landschaft, Zeit und Kultur« erschien zuerst unter dem Titel »Dem Ufer nah«, in: Lettre International, Nr. 119, Berlin 2017, S. 22–29.

Zeit der Kälte. Höhlenbewohner, Tiermenschen und die Entdeckung der Bilder, in: Lettre International, Nr. 93, Berlin 2011, S. 118–124.